# 新时代中国体育产业供给侧改革发展研究

孟国正 著

人民体育出版社

**图书在版编目（CIP）数据**

新时代中国体育产业供给侧改革发展研究 / 孟国正著. -- 北京：人民体育出版社，2024
ISBN 978-7-5009-6436-0

Ⅰ.①新… Ⅱ.①孟… Ⅲ.①体育产业—体制改革—研究—中国 Ⅳ.①G812

中国国家版本馆CIP数据核字(2024)第060564号

\*

人 民 体 育 出 版 社 出 版 发 行
北京中献拓方科技发展有限公司印刷
新 华 书 店 经 销

\*

710×1000　16开本　15.75印张　294千字
2024年7月第1版　2024年7月第1次印刷

\*

ISBN 978-7-5009-6436-0
定价：70.00元

社址：北京市东城区体育馆路8号（天坛公园东门）
电话：67151482（发行部）　　邮编：100061
传真：67151483　　　　　　　邮购：67118491
网址：www.psphpress.com

（购买本社图书，如遇有缺损页可与邮购部联系）

# 前 言

新时代，我国社会主要矛盾已经转化为人民日益增长的美好生活需要和不平衡不充分的发展之间的矛盾。加快发展体育产业，满足人民群众日益增长的多元化、多样化的体育消费需求，是供给侧结构性改革的应有之义。我国体育产业长期以来的外延扩张过快而内涵发展落后的问题导致体育产品无效供给过度，而有效供给不足，造成"供需错位"。因此，体育产业必须转变发展理念，认清目前影响产业发展的重要因素并非需求不足，而是无效供给过多和有效供给不足。基于此，以"新时代社会主要矛盾"为核心思想，结合我国体育产业发展面临的问题，创新"供给侧改革发展"的路径，进一步推动我国体育产业供给侧改革与发展。

时代是思想之母，实践是理论之源。本书立足中国特色社会主义进入新时代这一历史发展新方位，着眼新供给经济学理论，从供给经济学与需求经济学双向入手，辩证探究供给侧结构性改革下我国体育产业的发展之路。结合我国体育产业法规、体育产业规模、体育产业结构、体育产业布局等重点研究分支，对我国体育竞赛表演供给、体育健身休闲供给、体育场馆服务供给、体育中介服务供给、体育培训与教育供给、体育场地设施建设供给、体育用品与相关产业供给及体育传媒与信息服务供给八大体育产业供给块，分门别类展开可视化研究，继而信息统筹，制定有理可寻的体育产业发展目标和有计可施的发展战略。同时，为高校体育产业人才供给、我国体育产业因地制宜发展、体育产业发展新理念、互联网+体育和物联网+体育等研究提供学术视角。主要内容有以下几个模块：

（1）对新时代、体育产业、供给侧等核心概念进行界定，就供给侧结构性改革对体育产业发展的促进作用进行解析。只有当我国的体育产业高速发展、结构布局合理，体育产品与体育企业的服务能力不断地增强，能够采用多种途径为人们提供参与体育锻炼的服务，才能够吸引更多的人参与到体育健身活动中，进而提高人们参与体育锻炼的自觉性与主动性。随着参与体育健康休闲运动的群体越多，体育场地、体育活动的组织、体育器材等的需求也就越大，这就促使体育产业革新管理方法与服务方式更加适应市场发展并满足用户的个性化需求。

（2）以新时代我国社会主要矛盾转化背景下体育产业供给侧改革发展作为研究对象，在整个社会的经济、政治与文化大发展的背景下，探索新时代产业供给侧理论、社会矛盾转化体育产业供给侧的主要特征，进而提出新时代我国体育产业供给侧改革何去何从、如何发展、如何改善供给关系等问题。

（3）追寻时代，博古论今。分为国内体育产业主题演进研究与国际体育产业主题演进研究。运用CiteSpace软件，分别对体育产业研究发文量、体育产业发文高产作者、体育产业发文机构网络进行可视化分析，对生成的图谱展开直观信息数据总结，对其历史沿革进行宏观把控，以数据为声，揭示当前体育产业研究热点，与时俱进，奠定研究基调。

（4）凝聚共识，大有可为。我国体育产业的进步是国民需求也是国家发展的必要结果，从新环境、新需求与新任务三个方面剖析新时代体育产业的发展形势。经济环境、体育资源、体育需求以及低廉的劳动力创造了新的发展环境；丰富、多样及快速增长的体育需求提供了发展的新动力；而体育产业供需关系与结构的失衡以及相关人才的缺失为体育产业的发展提出了新的任务。

（5）把握现状，方兴未艾。在国家大力支持体育事业的大背景下，我国体育产业的发展犹如阪上走丸，日新月异。针对体育产业法规、体育产业规模、体育产业结构、体育产业布局四大产业发展评估要素，以国家政策为引领、以市场需求为导向、以实际数据为基础，科学合理、全面有效地归纳总结我国体育产业发展现状。

（6）审时度势，突破瓶颈。厘清目前我国体育产业的发展现状，找到问题所在，才能够突破瓶颈实现进一步发展。虽然近年来我国体育产业的发展势头较好，但是也存在着一些问题。研究提出：立法界限不清、需求供给错位、企业垄断束缚、本体产业滞后、专业人才缺失等问题是阻碍我国体育产业发展的主要因素。

（7）统筹兼顾，因势利导。突破我国体育产业供给侧结构性改革发展瓶颈，汲取新时代我国体育产业发展优势机遇，创生体育产业发展途径，提出"四步走"发展路径：一是"完善"，构筑利于我国体育产业法规环境，完善体育产业制度；二是"更新"，促进体育产业供给侧结构性变革，创生产业供给能力；三是"转型"，依托我国新时代的五大发展理念，引领产业转型升级；四是"助力"，积极培育我国体育产业相关人才，助力体育产业发展。

# 目 录

**第一章 导论** …………………………………………………（1）

第一节 选题依据 …………………………………………（1）
　一、新时代社会发展需要 ……………………………（1）
　二、国民经济增长需要 ………………………………（1）
　三、体育产业供给结构优化需要 ……………………（2）
第二节 文献综述 …………………………………………（3）
　一、相关核心概念界定与解析 ………………………（3）
　二、体育产业相关研究 ………………………………（10）
　三、国外相关研究 ……………………………………（13）
第三节 体育产业发展的成就与经验 ……………………（14）
第四节 研究目的与意义 …………………………………（19）
　一、研究目的 …………………………………………（19）
　二、研究意义 …………………………………………（19）
第五节 研究对象与方法 …………………………………（20）
　一、研究对象 …………………………………………（20）

二、研究方法 …………………………………………………（20）
三、提出问题 …………………………………………………（21）
四、总体框架 …………………………………………………（21）

## 第二章 追寻时代 博古论今：体育产业研究可视化分析 ……（23）

第一节 国内体育产业主题演进研究进展 ……………………（23）
 一、国内体育产业主题外部分析 ……………………………（24）
 二、国内体育产业主题内部分析 ……………………………（27）
第二节 国际体育产业主题演进研究进展 ……………………（33）
 一、国际体育产业主题外部分析 ……………………………（33）
 二、国际体育产业主题内部分析 ……………………………（38）

## 第三章 凝聚共识 大有可为：新时代体育产业发展愿景 ………（42）

第一节 新时代体育产业的发展新环境 ………………………（42）
 一、十分有利的宏观经济环境 ………………………………（42）
 二、丰富的体育资源 …………………………………………（43）
 三、迅速增长的体育需求 ……………………………………（43）
第二节 新时代体育产业的发展新需求 ………………………（44）
 一、多样化体育需求日益增多，体育消费市场活跃 ………（44）
 二、适应体育消费需求升级 …………………………………（45）
第三节 新时代体育产业的发展新任务 ………………………（46）
 一、增加体育产业的有效供给，扭转无效供给的局面 ……（46）
 二、加强创新理念，优化体育产业结构 ……………………（47）
 三、加强体育产业人才培养，引领行业竞争制高点 ………（48）

## 第四章　把握现状　方兴未艾：我国体育产业发展现实状况……（49）

### 第一节　体育产业法规全力支持……………………………（49）
一、体育产业政策全力推动体育产业发展………………（49）
二、国家体育产业法律法规颁布情况及发展变化研究……（51）
三、我国各区域体育产业法律法规颁布情况及发展变化研究
……………………………………………………………（53）

### 第二节　体育产业规模提速增效……………………………（62）
一、体育产业的从业规模…………………………………（62）
二、体育产业的结构规模…………………………………（64）
三、体育产业的服务规模…………………………………（66）
四、体育产业的需求规模…………………………………（68）
五、体育产业的发展规模…………………………………（70）

### 第三节　体育产业结构持续优化……………………………（71）
一、竞赛体育表演供给……………………………………（71）
二、体育健身休闲供给……………………………………（78）
三、体育场馆服务供给……………………………………（86）
四、体育中介服务供给……………………………………（94）
五、体育培训与教育供给…………………………………（104）
六、体育场地设施建设供给………………………………（112）
七、体育用品及相关产业供给……………………………（126）
八、体育传媒与信息服务供给……………………………（136）

### 第四节　体育产业布局日益完善……………………………（143）
一、体育产业布局的概述…………………………………（143）
二、体育产业布局的影响因素……………………………（143）
三、体育产业布局的机制…………………………………（146）

3

四、体育产业布局的发展前景 …………………………………… （147）

## 第五章　审时度势　突破瓶颈：我国体育产业发展瓶颈分析 … （154）

第一节　立法界限不清，不能体现体育产业法规的立法深度 … （154）
　　一、立法滞后，不能适应产业发展的需求 …………………… （154）
　　二、体育法律规范法阶较低，冲突多，约束差 ……………… （155）
　　三、体育法律与其他法律间缺少衔接性 ……………………… （156）

第二节　需求供给错位，无法满足人民群众对美好生活的向往 … （158）
　　一、我国体育产业中普遍存在无效供给的现象 ……………… （158）
　　二、有效供给不足制约了我国体育产业的发展 ……………… （160）
　　三、体育需求快速增长 ………………………………………… （162）

第三节　体育企业垄断，致使中小微企业介入体育产业门槛高 … （163）
　　一、垄断现象使市场环境趋于紧张 …………………………… （163）
　　二、中小微企业的自身问题 …………………………………… （165）

第四节　本体产业滞后，经济贡献力与体育强国地位难以相称 … （168）
　　一、总体发展概况 ……………………………………………… （168）
　　二、体育产业发展存在的问题 ………………………………… （168）

第五节　专业人才缺失，不能够匹配目前体育产业发展的速度 … （172）
　　一、体育产业发展类型及存在的问题 ………………………… （172）
　　二、专业人才缺失与体育产业发展 …………………………… （173）

## 第六章　统筹兼顾　因势利导：创生体育产业发展路径 ……… （177）

第一节　"完善"：构筑体育产业法规环境，完善体育产业制度
　　……………………………………………………………………… （177）
　　一、科学立法：完善体育相关立法，尊重人民主体地位 …… （177）

## 目　录

　　二、严格执法：强化体育法执行性，规范公正文明执法 … （179）

　　三、公正司法：提升司法人员素质，完备司法问责机制 … （181）

　　四、全民守法：加强体育法律教育，营造守法法治氛围 … （182）

第二节　"更新"：促进供给侧结构性变革，创生产业供给能力 …………………………………………………………… （184）

　　一、优先发展本体产业 …………………………………… （184）

　　二、着重发展相关产业 …………………………………… （189）

　　三、创新发展新兴力量 …………………………………… （194）

第三节　"转型"：依托新时代发展理念，引领产业转型升级 … （199）

　　一、创新引领：培养体育发展新动力 …………………… （200）

　　二、协调推进：推动体育发展新布局 …………………… （204）

　　三、绿色低碳：开启体育发展新模式 …………………… （207）

　　四、开放包容：拓展体育发展新空间 …………………… （209）

　　五、共享经济：谋求体育发展新成果 …………………… （211）

第四节　"延伸"：优化体育产业结构布局，加强产业开放力 … （213）

　　一、冰雪运动 ……………………………………………… （213）

　　二、水上运动 ……………………………………………… （215）

　　三、山地户外运动 ………………………………………… （218）

第五节　"助力"：积极培育体育产业人才，助力体育产业发展 …………………………………………………………… （221）

　　一、加强体育重点学科建设，提高人才质量 …………… （223）

　　二、发挥高等院校优势，培育体育产业人才 …………… （224）

　　三、体育产业人才培养策略分析 ………………………… （227）

**参考文献** ……………………………………………………… （230）

# 第一章 导论

## 第一节 选题依据

### 一、新时代社会发展需要

习近平总书记在党的十九大报告中提出，新时代我国社会主要矛盾已经转化为人民日益增长的美好生活需要和不平衡不充分的发展之间的矛盾。加快发展体育产业，满足人民群众日益增长的多元化、多样化的体育消费需求，是供给侧结构性改革的应有之义。

我国体育产业长期以来的外延扩张过快而内涵发展落后的问题导致体育产品无效供给过度，而有效供给不足，造成"供需错位"。因此，体育产业必须转变发展理念，认清目前影响产业发展的重要因素并非需求不足，而是无效供给过多和有效供给不足。体育产业供给侧改革具有必要性：一方面，由于我国体育的供给侧是政府部门及公益性组织，因而不能及时回应群众体育需求；另一方面，我国将从生存型消费向发展型消费升级，群众观赏和参与性体育消费增多，因此亟须满足新的供给。中共中央、国务院印发的《"健康中国2030"规划纲要》是继《关于加快发展体育产业促进体育消费的若干意见》（国发〔2014〕46号）之后更高级别的国家政策颁布，"全民健身，健康中国"成为国家最高战略。体育产业已成为经济发展的全新动力，体育产业将在全面建设小康社会和共同繁荣中发挥重要作用。

### 二、国民经济增长需要

国家体育总局2016年正式印发了《体育产业发展"十三五"规划》，为进一步提高产业总产值、完善产业体系和进一步扩大市场主体、夯实产业基础、优化产业环境作出政策指引。体育产业正在世界范围迅速发展，发达国家的体育产业已成为其国家新的经济增长点。2015年美国体育产业增加值为5000亿美元，是美国汽车产业产值的2倍、影视产业产值的7倍。在以美国和法国为代表的体育强国中，体育产业占GDP的2.5％以上，全球平均水平已达到2.1％。2020年，中国体育总产值仅占GDP的1.05％。中国体育产业在国民经济中所占比重相对较低，对国民经济的贡献并不突出，它并没有发挥出新兴产业的潜力和优势。

计划经济时期，从1949年到1978年，人们普遍收入低、消费低，除了日常必需品的消费外，几乎没有其他额外消费，体育对人们来说自然十分遥远；进入21世纪以来，国民经济总量快速增长，体育消费结构逐步合理、高级，之前并不多见的体育服务产品消费逐渐增多，人们更愿意走出家门，观看竞赛表演、参与各种健身娱乐活动。

### 三、体育产业供给结构优化需要

随着人们物质生活水平的不断提高，在国内消费结构不断转型升级的背景下，体育服务的需求也不断增加。但我国体育产业供给结构存在一定的不足，针对体育服务的供给相对较少，体育产业项目开发尚不完善。体育事业发展"十二五"规划期间，国务院颁布了《关于加快发展体育产业促进体育消费的若干意见》（国发〔2014〕46号），其中就体育整合的相关内容提出了要求，体育产业与旅游产业的整合也因此被列入其中，由此加快了体育产业化步伐，使体育产业规模逐步扩大，体育相关消费逐渐增加。2016年体育发展"十三五"规划制定的目标指出，要扩大体育产品与服务供给，探索产业化道路，大力发展"体育+"，并与旅游部门共同研制了《体育旅游发展纲要》。2020年体育服务业总产出为1.4136万亿元，增加值为7374亿元，占体育产业增加值比重68.7％；2021年10月25日《"十四五"体育发展规划》正式出台，指明了"十四五"期间体育产业的发展方向，发展总规模要达到5万亿元，进一步扩大居民体育消费与相关从业人员。这一系列要求对新历史时期下的体育产业提出了更高的标准。重视体育服务业的发展，这不仅需要各行各业的创新与合作，更需要广大体育消费者的投入与参与。

## 第二节 文献综述

### 一、相关核心概念界定与解析

#### （一）新时代

党的十八大以来，以习近平总书记为核心的党中央团结带领全党全国各族人民，接过历史的接力棒，开启了中国特色社会主义新时代。2017年10月18日，十九大在北京召开，会议总结过去、研判现在、谋划未来，在题为《决胜全面建成小康社会夺取新时代中国特色社会主义伟大胜利》的报告中，习近平总书记郑重宣示："经过长期努力，中国特色社会主义进入了新时代，这是我国发展新的历史方位。"新时代的宣示，是坚定的宣示、奋进的宣示，是搏击滚滚时代洪流的宣示。这一宣示，概括了中华民族的伟大飞跃，坚定了中国共产党的时代使命。这一宣示，明确了旗帜，更预示了未来[1]。这一时代是我国日益走向世界舞台中央、不断为人类做出更大贡献的时代[2]。这一重大政治判断的提出，有五个方面的依据：一是党的十八大以来的历史性新变革标志中国特色社会主义进入新时代；二是社会主义初级阶段社会主要矛盾的新变化决定中国特色社会主义进入新时代；三是中国社会发展变化的新特征显示中国特色社会主义进入新时代；四是历史交汇期新的历史任务和奋斗目标表明中国特色社会主义进入新时代；五是党的理论和实践实现与时俱进的创新说明中国特色社会主义进入新时代。时代是思想之母，实践是理论之源。十九大报告提出了中国发展新的历史方位——中国特色社会主义进入了新时代。这一伟大判断，是以党和国家事业的发展为全局视野，以马克思主义时代观为理论指导，以党的十八大以来全方位的、开创性的成就和深层次、根本性的变革为现实根据，所作出的科学的判断。这一判断实现了马克思主义同中国具体实际相结合的历史性飞跃，揭示了我国经济社会发展的阶段性特征。深刻认识这一伟大判断的科学性，对于准确把握当代中国的历史方位，以坚定自信的大国姿态开启新时代中国特色社会主义建设的伟大征程，实现中国特色社会主义伟大复兴具有长远的、深刻的意义。从实践层面来讲，应在科学的理论指导下，牢记使命，不忘初心，积极实践，不断丰富对现阶段国情的认识和社会主义现代化建设本领的掌握。进入新时代，实现伟大梦想，必须进行伟大斗争、建设伟大工程、推进伟大事业。

新时代推进新理论。十九大报告为中国特色社会主义的发展标注了新的历史方位——中国特色社会主义进入新时代。需要明确的是，新时代中国特色社会主义所使用的时代概念并不是历史观上的"大的历史时代"，而是从我们党和国家事业发展的角度提出来的。新时代特指中国特色社会主义发展已经站在一个新的历史起点上，表明了中国特色社会主义进入了一个新的历史阶段，处在一个新的历史方位上[3]，这必然迎来了新的社会主要矛盾，我们党也有了新的历史使命。基于这样的时代背景，党和国家迫切需要新的理论指导，新时代也呼唤和催生着能引领中国富强的关于各个领域的新思想。

从政治层面来讲，党的十九大将习近平新时代中国特色社会主义思想写入了党章，并将其正式地确立为党在全面统领社会主义建设过程中长期坚持的指导思想，实现了党的指导思想和理念的与时俱进。围绕这些问题，习近平总书记发表了一系列重要讲话，强调坚定不移地走中国特色政治发展道路，坚持中国共产党的领导、人民当家作主、依法治国有机统一；牢牢坚持党的基本路线——这个党和国家的生命线、人民的幸福线，坚持为人民服务的根本宗旨，不断推进国家治理体系和治理能力现代化等，谱写了中国特色社会主义政治学新篇章。习近平新时代中国特色社会主义思想的精神实质和实践内容，深入到社会主义现代化建设的各个方面，清晰、具体地阐述了八个"明确"和十四项基本方略，代表了马克思主义中国化理论的最新成果。

从经济层面来讲，十九大对我国经济发展作出了明确判断："我国经济正处在转变发展方式、优化经济结构、转换增长动力的攻关期。"习近平总书记深入分析国际经济形势和我国经济现状，作出了我国经济发展进入新常态的重大判断，解决了经济发展"怎么看"的问题。在经济发展的基础上提出了"以人民为中心"的发展思想和创新、协调、绿色、开放、共享的新发展理念。

从文化层面来讲，十九大报告中，习近平总书记提出，"坚定文化自信，推动社会主义文化繁荣兴盛"。文化是一个国家、一个民族的灵魂。建设社会主义文化强国，要以马克思主义思想为指导，坚定不移走中国特色社会主义发展道路。建设新时代社会主义文化强国，要坚定文化自信，坚持中国特色社会主义文化发展道路，激发文化活力，不断满足人民的美好生活需要，凝聚奋进力量，以文化繁荣兴盛助力民族伟大复兴。

从社会、生态文明层面而言，习近平总书记提出增进民生福祉是发展的根本目的，深入开展精准扶贫、精准脱贫，坚决打赢脱贫攻坚战，保证全体人民在共建共享中有更多获得感，提高保障和改善民生水平，加强和创新社会治理，实施健康中国战略，打造共建共治共享的社会治理格局。在生态文明领域，提出树立和践行绿水青山就是金山银山的理念，实行最严格的生态环境保护制度，建设美丽中国，明确指出人类必须尊重自然、顺应自然、保护自然等等，为推进新时代思想建设提供了根本原则，丰富和发展了中国特色社会主义新时代思想理念。

### （二）体育产业

体育产业在全球范围内的兴起催生了体育学者对体育产业的研究热潮。对于我国来讲，体育产业是一种新兴的朝阳产业，是在新的社会条件下随着市场经济发展应运而生的一项绿色产业、健康产业，是当今社会发展到一定阶段的必然产物，也是我国现代服务业的一个重要组成部分。体育作为一项产业，影响着一个国家的经济发展和产业结构，并对人民生活水平的提高、健身意识的增强，以及国际上的交流与合作起着积极的推动作用。习近平总书记提出了体育强国战略思想，并着力发展相关体育产业。但由于我国目前的体育产业体系并不十分完善，相关制度并不十分健全，很多体育产业数据经不起严格推敲[4]。依据时代的潮流、社会的现实需要、国家发展的基本走向，不少学者纷纷投入体育产业的研究热潮，针对体育产业的一系列问题各抒己见。目前，对体育产业概念的界定尚未达成一定共识，经查阅相关文献资料总结出以下特征。

#### 1. 从体育出发，并以体育为中心来定义

李明（2004）在相关研究中将体育产业定义为以体育为支撑点形成的基本产业，是围绕着推广体育的活动过程，通过推销企业产品或企业服务或企业知名度而形成的体育相关产业[5]。张瑞林（2008）界定体育产业是指为社会提供体育产品的同一类的经济活动的集合以及同类经济部门的总和，并将体育产业分为体育用品和体育服务两个部分[6]。

日本早稻田大学的原田宗彦认为体育产业是一个与体育本身存在直接关联的宽泛的复合产业，他将体育产业概括为：体育产业包括了体育相关设施、转播权费用、职业选手年薪，以及世界杯观赛和海外滑雪旅行之类体育旅游相关支出等名目繁多的项目[7]。这些定义都有一个共同的特点，就是以体育为中心。笔者认为此种定义类型，偏重于体育而对体育产业的服务对象来说有所忽视。

**2. 从人本身出发，以人的需求来定义**

杨文轩（2005）在研究体育功能并深入分析体育经济功能时，对体育产业的概念进行了界定，认为体育产业是指满足人们健身健美、娱乐休闲和精神需要而从事体育劳务产品的生产和经营服务的体育部分、机构、社会团体、企业和其他法人的总称[8]。杨叶红、方新普（2011）认为，体育产业表现的是一种服务或劳务，是专门从事围绕着直接作用于消费者的体育服务或劳务的生产经营活动。包含体育竞赛市场、体育健身娱乐市场、体育培训市场[9]。周波（2013）在分析体育产业核心竞争力时将体育产业概括为：以身体练习或运动为主要生产手段，以提供体育服务（或劳务）产品来满足消费者体育需要为直接目的，以获取经济利益为主要经营目标的企业经济活动集合[10]。这一定义和国内其他学者的认识有所不同，见解也很独特。

**3. 组织或机构的官方定义**

例如2006年国家体育总局对体育产业作出最新的界定：体育产业是指为满足人们各种体育消费需求，向社会提供体育产品和服务的所有单位集合，包括体育竞技表演业、体育健身休闲业、体育用品业等，其中体育竞技表演业和体育健身休闲业是其核心。联合国在《所有经济活动的国际产业分类标准》中对体育产业界定：主要包括组织和举办各种室内外专业和业余体育活动以及对这些活动的场地的管理。

## （三）供给侧改革相关研究

目前，我国的经济产能过剩，经济增长速度放慢，在新的时代寻求发展，需要借助新的动力，扩大内部需求，进行供给侧改革。2015年，习近平总书记就我国经济发展提出供给侧结构性改革，其改革的重点首先是制度的创新，在此基础上去产能过剩，调整产业结构，促进产业结构升级，从而实现从需求侧到供给侧的重大转变。体育与经济发展密切相关是现代体育发展的典型特点，我国体育产业在经济体制改革之后，进入了快速扩张阶段。经过几十年的快速发展，我国体育产业累积了很多深层次的结构性问题和矛盾。在满足人民群众消费需求的同时，出现了产品相对供给过剩的局面，深刻反映了体育产业结构、管理模式、产品质量方面存在的突出问题。因此，我国体育产业要做大做强必须顺应当前改革潮流，从供给侧改革方面着手，以调整体育产业供给侧结构为着力点，实现体育产业发展与经济社会发展相适应，不断满足人民群众日益增长的消费新需求[11]。

**1. 供给侧相关概念**

供给侧结构性改革旨在调整经济结构，使要素实现最优配置，提升经济增长的质量和数量。贾康（2018）在研究中认为，供给侧的五大要素有制度与管理、劳动力与自然资源、资本、科技成果应用、土地[12]。靳英华（2011）主编的《体育经济学》里，商品的供应是指生产者在一段时间里以各种可能的价格的意愿，并提供销售商品的数量[13]。需求侧认为传统投资、消费、出口三驾马车。供给侧要素包括土地、劳动力、技术创新及资本[14]。林卫斌（2016）认为供给指的是生产环节，包括中间产品的生产和最终产品的生产，是劳动力、技术和资本、自然资源等生产要素的配置与组合[15]。

从经济角度来看，供需是经济发展的两个方面。经济学中的许多概念都是以需求和供给为基础，并衍生出其他概念，例如从供给到需求的商品价格。供求关系是经济发展中硬币的两面。无论经济运行是供过于求还是供不应求，通过各种宏观调控手段，最终状态能够实现供需平衡，是经济的理想状态。

**2. 供给侧改革研究**

自2015年，我国提出供给侧结构性改革的发展目标后，2016—2018年的供给侧改革相关研究热度高涨。贾康（2016）在研究中考虑到供给侧改革是实际与理论创新的结合，结合我国的实际需求打破原规则。在动力需求方面提出自己的"元动力-三力"理论[16]。冯志锋（2016）认为供给侧结构性改革侧重于供应而非生产，其核心思想是降低机构交易成本[17]。胡鞍钢（2016）认为我国供给侧改革的核心是通过提供生产要素，提高供给结构的灵活性和适应性[18]。

对于上述不同角度的发展建议，李翀（2016）认为，为适应经济发展的需要，政府的政策支持只有通过紧急的结构改革，提高科技水平，加速人力资本和产业结构的积累[19]。在"十三五"时期贾康（2015）为优化供给侧环境和机制提出建议，其中有调整人口政策、土地改革、金融改革、激活企业活力、实施教育改革等[20]。随着中国经济进入"新常态"，投资、消费和出口"三驾马车"对中国经济增长的拉动作用逐渐弱化，中国经济增长随内需变化而变化的特征不再显著，中国的潜在经济增速在2015—2018年下降趋势减缓，反映出当前供给侧改革稍见成效。中国政府应高度重视科技创新，通过供给侧结构性改革实现中国经济持久稳健增长[21]。

### 3. 供给侧相关理论研究

美国供给学派认为，为促进生产发展，应实行税收减免政策。高税率将抑制资本和私人投资的供给，导致总产出降低。欧盟成员国实施的供给侧结构性改革措施的定量评估表明，这些措施对提高总产出和就业，特别是提高长期产出水平发挥了非常重要的作用。

我国新的供给经济学派提出了促进增长方式转变，促进供需平衡，优化结构和供给方面的经济。与此同时，有学者在引入交易成本理论进行"供方"改革时，认为降低机构交易成本（包括税收、融资成本、交易成本）可以帮助公司降低杠杆率，减轻负担，还可以提高资金的供给效率。

供给侧改革是整合了多种理论而形成的改革路径。尽管根据不同的经济理论，有不同的理解，但供给侧改革在宏观经济领域被学者普遍形容为经济结构的调整。

### 4. 供给侧结构性改革的内涵

供给和需求在生产环节中是不可拆分的，需求决定供给，但供给也会创造需求。过去政府在宏观调控中未能从社会生产的供给端发力，在市场经济中出现供过于求或供小于求的局面，造成供需失衡。所以当前用改革的手段推动经济结构调整，改善当前供给体系不能满足需求变化的局面，提高经济发展的灵活适应性。此外，改革的重点是"去产能、去库存、去杠杆、降成本和补短板"，改革的目标仍以解放和发展生产力为核心，通过优化劳动力、土地、资本、创新四大要素配置来提高供给体系的效率和质量，从而推动经济结构的转型升级[22]。

### 5. 供给侧结构性改革对体育产业发展的促进作用

供给与需求是经济市场的两个主要因素，二者共同作用决定着市场的发展，当供给与需要达到平衡时，市场的发展就处于一个稳定的状态。目前我国的体育产业发展还处在初期阶段，而随着生活水平的提高，人们对体育健康锻炼的需求也越来越迫切。因此，通过供给侧结构性改革，改变体育产业的发展结构与服务意识，能够促进体育市场的繁荣，吸引更多的人参与到体育锻炼活动中，进而增加体育消费，拉动我国市场经济的发展。

## （四）新供给经济学理论

供给是指生产者（主要指企业）对给定产品在一定价格（或供给条件）下希望并能够提供的产品。这个概念既包括了供给者的供给意愿，也包括供给能力[23]。随着中国经济的变化，人民的生活质量有了显著的提高，对社会发展过程中的需求也在不断发生变化，社会主义不均衡、不充分的主要矛盾愈显突出。习近平总书记曾在中央财经领导小组会议上着重强调了在社会发展过程中，在扩大需求的同时，也应该从供给侧着手进行改革，提高当前供给体系的质量与效率[24]。该问题曾在多项会议中被提起，并将此问题列为当前亟待解决的重点问题看待。新供给经济由此产生，主要是紧密围绕新时代下中国经济的发展方向，以及相应的一系列理论基础和政策制度而展开相关研究[25]。通过对供给侧进行改革，不断满足人民的需要，改善中国经济发展情况，实现中国经济的持续发展。

新供给经济主要是依据当前中国的国情，即国内经济的发展状况，分别从不同角度实现中国经济发展的创新。实行新供给经济改革主要目的是缓解经济供需矛盾，消除无效供给，为中国注入新的可持续发展动力。新供给经济的发展以供给侧结构性改革为主，主要表现在"去杠杆、去产能、去库存、降成本、补短板"。总之，无论是从需求侧还是从供给侧考虑中国经济的实际问题，其从根本上都是以满足人民的需求为前提，在适度范围内扩大人民需求，推进中国经济发展。

通过我国新供给经济学学者的全面反思和系统性的思考，认为我国新供给经济学理论观点有以下3个方面。一是从新经济的基本构成强化对供给侧的认知和了解，从社会发展中指出人类最基础的需求来作为新供给经济改革因素，对当前人民的需求进行有效的考察，并从供给能力方面展开对人类发展的不同时代进行划分。同时也应充分考虑到人们的需求，人只有在有所求时，才会有足够的动力，才会不断的进步，追求各种可用资源。他们从供给能力特征的视角分析，强调供给能力的形成与相关的制度供给之间的关系，使供给制度等理论知识更加具有使用性，并且不断攻克中国供给经济发展过程中存在的问题。二是强调供给经济理论的针对性，将供给侧方面的复杂关系理顺，使供给方向更加明确。还有更多牵涉政府—市场核心问题的关系，从这些就能看出新供给经济在模型扩展上所带来的难题，同时这些问题也是不可避免的。三是指出市场、政府和非盈利组织等在资源配置方面应通力合作。不仅要明确认同市场总体的资源配备，还要就主体问题展开合理的讨论，即市场、政府和第三部门，在资源配备上应该如何进行分工、合作、互动。强调公私合作伙伴关系，进一步诠释人类主体多样化关系与经济发展、文明提升之间的联系。最后特别强调制度供给的作用，中国供给侧的改革离不开相应政策制度的保障，在供给侧改革过程中应该将制度供给充分融合到供给侧中，并且把发展经济学、制度经济学、转轨经济学等研究成果融为一体，并以此作为回应转轨经济和中国的现实需求，将中国的新供给经济以"理性供给"的概念表达出来。

基于新供给经济的改革，体育产业的发展也随之进行了相应的调整。首先从减少无效供给开始，通过制度、技术方面的完善以及经营模式的改革有效地降低了无效供给率。体育行业的资源优化重组和更加精细化的发展降低了产业发展经营成本。并且伴随着企业经营者敏锐的商机观察和创新能力，新鲜产物的创造，用新产品去代替旧产品，不仅在制造成本上拥有优势，在科技创新层次也更具吸引力，增强了企业在同类产品中的竞争力。同时，在减少无效供给时，更应该加强有效供给。使之随着市场环境的需要而不断调整供给方向，在满足广大人民群众需要的前提下，不断提高供给质量管理，从质量上在同类供给中占据高地。其次，更重要的一点是法律和制度的完善，规范市场环境，强化政府管理职能，为企业的发展、中国经济的发展形成有效的保护。供给侧改革相对于体育产业的发展来说具有深远意义的影响，对中国体育产业的发展提出更高的要求，同时也加速了中国体育产业国际化的发展进程。

## 二、体育产业相关研究

通过中国知网，查阅、统计国内体育产业研究文献，从1986年开始出现，发文量持续上升，到2007年达到最高峰，年发文量159篇。研究文献年发文量与国家政策、社会经济发展、体育赛事举办有紧密联系，主要研究力量以高等院校为主，研究机构间缺少合作和交流。国内体育产业的研究热点受社会文化、经济水平的影响，同样社会文化对研究热点也有刺激作用。在加入WTO、体育赛事（奥运会、世界杯）等事件中显示，体育研究热点偏向于此。国内体育产业的研究热点具有较强的时代性，在不同的时期，我国经济发展状况、国家政策对体育产业研究有较大影响，从而催生了部分研究文献。

研究热点重复率较高，但各阶段侧重点有所不同，总体呈现递进趋势：1986—1995年研究主题主要是我国体育事业的发展，这个时期我国体育发展以

"体育事业"为主，国家财政支持、非营利性；1996—2005年研究主题主要是我国加入WTO对体育产业的影响、体育事业产业化、体育经济市场研究等；2006—2015年研究主题以体育市场、体育消费调查研究、体育产业现状，以及对体育产业发展对策的调查研究[26]；2015—2022年研究主题以体育产业高质量发展、体育产业结构改革、新发展阶段体育产业发展战略等方向为主。

### （一）体育产业的发展现状研究

体育产业现状的研究可以分为国内体育产业现状和国外体育产业现状研究。易剑东的《中国体育产业的现状、机遇与挑战》、廖培的《我国体育产业现状与发展前景》[27]、贺新家和潘磊的《高质量发展视域下我国体育产业发展动力演进与展望》[28]都是从国家层面对体育产业的现状进行研究和分析。何祖新[29]、杨年松[30]、臧连明[31]、兰迪和方春妮[32]分别对河南、广东、西北地区和珠江三角区、长江经济带体育产业的发展现状进行了研究。研究的重点放在地区本身，并结合地区优势，提出一些发展对策。国内对体育产业的多方面研究对我国体育产业的发展有着重要的影响和积极的导向作用。

### （二）体育产业的发展及存在的问题

国内学者普遍将我国体育产业的发展分为三个阶段：1978年末至1992年的初期阶段，初级阶段（1992年至1997年）、起飞阶段（1997年至今），有些学者在时间段上的见解可能不同，但阶段类型是相同的[33]。三个阶段都有显著的代表性的事件，1978年改革开放、1992年确立市场经济发展目标、1997年以中共"十五大"为时间点对体育产业的发展进行划分。北京申办2008年第29届夏季奥运会为中国体育的长远发展提供了新的历史机遇[34]。

全民健身上升为国家战略，党的十九大报告中提出"体育强国建设"，体育产业迎来大发展的良机。易剑东（2016）在研究中得出我国体育产业结构短板依然存在，体育产业区域结构存在不平衡现象等问题[34]。鲍明晓（2016）以"十二五"工作总结、"十三五"发展环境和需求变动为分析基础，认为我国体育产业存在以下薄弱环节：体育经营单位综合实力不强，体育企业具有无法根据市场需求等问题创新产品和产品结构的弱点[35]。黄海燕（2022）提出未来我国体育产业将处于发展模式"混杂"，体育服务业主导、产业融合深入、主场效应突出、治理体系完善、消费需求爆发性增长等发展阶段，同时也面临国际外部环境不稳定、新旧产品服务迭代、社会人口结构变动、新冠肺炎疫情持续等诸多挑战[36]。

从专家学者的研究中可以看到，目前我国体育产业存在发展水平仍不高，结构尚不完善，体育产品和服务有效供给不足等问题。对于如何发展我国体育产业这一系列问题上，专家学者们仁者见仁，智者见智，但是不容置疑的是，新时代我国体育产业的发展已经对体育、经济和社会产生了深刻的影响。

### （三）体育产业发展方式研究

在发展方式的研究中有些学者研究的内容是国内的体育产业发展方式。例如丛湖平、杨涛都是从我国某些地区出发对体育产业的发展模式进行研究。从我国的一些地区开始，我们研究体育产业的发展模式。此外还有许多专家学者借鉴国外优秀经验，为我国体育产业又快又好地发展提供理论基础依据。在国外体育产业发展方式的研究方面，姜同仁发表的文章具有一定的代表性。王慧（2013）在研究中提到我国体育产业具有浓厚的政府色彩，认为我国的体育产业发展模式是"政府参与型"[37]。政府根据市场，对体育产业进行政策指导和发展规划。任波和黄海燕（2021）认为数字经济成为时代发展主流，要加快促进数字与产业的高质量融合发展[38]。

回顾和展望我国体育产业发展态势和前景，"十四五"是体育产业加速成长为国民经济支柱性产业的关键时期，也是体育产业转变发展方式、优化产业结构、转换增长动力的攻坚期，紧密结合新时期体育产业发展面临的新环境、新机遇、新挑战和新要求，是推进体育产业实现高质量可持续发展的有效保障[39]。总体而言，一个适合我国国情的发展方式，才能使我国体育产业更快更好地走向可持续的良性发展道路。

### （四）体育产业的政策研究

体育产业的发展离不开国家政策的引导扶持，在中国特色社会主义体制下，政府出台的政策对体育产业的发展具有积极导向作用，能够促进体育产业快速发展，所以国内学者对体育产业的相关政策研究也并没有间断过。例如姜同仁（2016）[40]、黄海燕（2016）[41]在研究中都对《关于加快发展体育产业促进体育消费的若干意见》这一政策文件进行过解读，分析他们对体育产业带来的机遇和挑战，丛湖平（2013）[42]在相关研究中对"东部省份体育产业行业结构布局的政策""我国职业体育发展政策""我国公共体育场馆运营政策""我国健身服务业的产业组织发展政策"和"商业性体育赛事产业的国际化发展政策"五大领域政策进行了深入分析，从政策的选择、政策运行存在的问题等方面进行研究，并提出相对可行的调整建议。李明（2021）在研究中对近30年我国体育产业政策执行态势进行了全面梳理与分析，研究认为逐步提高不同部门与层级之间的协同治理水平，体现了公共体育政策高质量执行驱动的中国特色[43]。刘建明等（2022）立足于特色冰雪产业，分析了相关政策法规，为冰雪产业政策发展打下基础，促进了产业政策多样性发展[44]。

## 三、国外相关研究

体育产业在人类历史上已经存在了一百多年。20世纪以来，西方主要资本主义国家的经济持续增长，产业结构不断调整升级，人们的消费水平和生活质量明显提高，体育消费需求迅速上升。

美国学者莉萨·马斯特拉莱思在她1998年出版的《体育管理理论与实践》一书中提出"英国是现代体育和体育产业的出生地"[45]。随着工业革命中产生了一系列先进技术，英国备受喜爱的户外运动逐渐渗透到美国、欧亚大陆等许多国家，并在这些国家迅速传播和发展，无形中为发达国家体育的逐步商业化制定了管理计划。2016年美国体育产业的GDP占比为2.67%。现在美国体育产业的产值已经是世界上最高的。

从体育政策的历史和体育产业的发展来看，体育产业的发展分为三个阶段：一是从1945年到20世纪60年代上半叶的准备阶段；二是从20世纪60年代后半期到70年代的基本阶段；三是从20世纪80年代以来的扩张和发展阶段[46]。日本体育产业发展的历史可以追溯到明治初期阶段[47]。杰·奥加[48]认为日本经济的持续增长和闲暇时间的增加改变了日本人的生活方式。随着对体育用品和服务的需求增加，日本的体育产业也快速增长，目前总体销售额已超过国民生产总值的1%。

研究国外体育产业发达的国家，其目的都是为了分析其发展特点从中得到启示，使我国体育产业发展少走弯路，在正确的发展道路自信前行。

国外的体育产业研究，Marketline数据库提供公司、产业、金融和世界各国的市场信息。每年都会对世界上体育用品进行数据统计分析，从市场价值、类别分割、地理分段、市场竞争等方面以图和表的形式来表现出来。

金大恩分析了智能运动装置对体育产业的影响,集体效应对联合生产的价值产生了积极影响,需要一个新的平台,与快速变化的市场营销中的客户建立共同价值环境[49]。马赫迪耶·罗汉姆使用调查来分析伊朗在体育产业的投资。影响投资者投资的最大因素之一是政治因素试图解除对伊朗的经济制裁[50]。埃伦杜强调了恐怖主义对体育以及体育产业的影响,基于反恐提出保护体育社会不受恐怖主义的侵害,并为所有人提供安全保障[51]。M·约阿基米迪斯分析了体育产业环境责任的重要性,通过履行其环境责任,体育组织可以在增强其形象和品牌的同时创造积蓄机会[52]。史蒂文·波普,作者支持用理性和反思性的理论以及实践管理理论,这种理论和实践根植于"文化"问题[53]。奥利维亚·沃尔法特的研究探讨了体育产业所需要的能力与体育管理专业学生的能力之间的契合(或缺失)[54]。据统计,1986年美国体育产业总产值为472亿美元,占GDP的比重不到1%,1999年增至2125亿美元,占GDP的2.4%,2010年美国的产值为41.4亿美元,约占GDP的3%[55]。研究表明,美国体育产业的产值正在健康发展。

国外的体育产业的研究主要从科技、环保、恐怖袭击、文化、财政等一些角度进行研究。国内和国外的研究方向有相同之处也有些不同之处。这也为我国体育产业的研究方向提供新的思路和新的窗口。

## 第三节 体育产业发展的成就与经验

"十三五"时期是我国体育产业发展取得较大成绩的历史阶段。在党中央、国务院的高度重视和正确领导下,体育产业发展乘势而上,为国民经济发展和全民健康水平的提高起到了重要作用。第一,产业规模逐步扩大。2016年全国体育产业总规模为1.9万亿元,产业增加值6475亿元,产业增加值占同期GDP的比重达0.9%,凸显出成为国民经济新兴产业的巨大潜力。第二,产业体系日益健全。体育产业初步形成了以竞赛表演和健身休闲为驱动,体育与科技、文化、传媒、健康、养老、旅游等相关行业日益融合。第三,产业结构明显优化。体育用品业稳定增长,体育服务业比重逐步提升,体育产业呈现出多种经济成分并存,非公有制经济占据主体的格局。第四,产业政策取得重大突破。2019年国务院办公厅《关于促进全民健身和体育消费推动体育产业高质量发展的意见》,指出推动体育产业成为国民经济支柱性产业。第五,体育产业各项工作稳步推进。大力推进体育消费，满足人民消费需求。

根据2006—2015年中国体育产业增加值及增速的大数据显示，我国在2006—2015年体育产业增加值分别为983亿元、1265亿元、1555亿元、2100亿元、2220亿元、2745亿元、3136亿元、3563亿元、4049亿元、5494亿元；2007—2015年体育产业增速分别为28.69%、22.92%、35.05%、5.71%、23.65%、14.24%、13.62%、13.64%、35.69%。我国体育产业增长值于2006年到2015年逐年增加；而体育产业增速从2007年至2009年持续提高，到2010年增速有所降低，从2011年至2015年体育产业有所回升。2010年体育产业增加值由2220亿元增加至2013年的约3563亿元，年均复合增长率接近20%。根据国家体育总局预测，2015年中国体育产业增加值将达到4000亿元，基本实现占国内生产总值比重0.7%的目标。实际上2014年我国体育产业增加值已达到4000亿元，但尚未完成占国内生产总值比重0.7%的目标。2015年体育产业增长值为5494亿元，增加值占国内同期生产总值的比重为0.8%，完美完成"十二五"发展目标。

"十三五"期间，我国体育产业增加值分别为6475亿元、7811亿元、10078亿元、11248亿元、10735亿元。2016—2020年体育产业增速分别为17.86%、20.63%、29.02%、11.61%、-4.56%（表1-1）。"十三五"期间我国体育产业增加值总体呈上升趋势，2020年受新冠肺炎疫情影响，体育产业增加值与增速在15年中首先出现下降。2017—2018年体育产业增加值与增速达"十三五"期间最大值。但总体来看，中国体育产业发展仍呈现总体上升态势。

表1-1 2006-2020年中国体育产业增加值及增速

| 年份 | 体育产业增加值 / 亿元 | 体育产业增长占比 / % |
| --- | --- | --- |
| 2006 | 983 | - |
| 2007 | 1265 | 28.69 |
| 2008 | 1555 | 22.92 |
| 2009 | 2100 | 35.05 |
| 2010 | 2220 | 5.71 |
| 2011 | 2745 | 23.65 |
| 2012 | 3136 | 14.24 |
| 2013 | 3563 | 13.62 |
| 2014 | 4049 | 13.64 |
| 2015 | 5494 | 35.69 |

(续表)

| 年份 | 体育产业增加值/亿元 | 体育产业增长占比/% |
|---|---|---|
| 2016 | 6475 | 17.86 |
| 2017 | 7811 | 20.63 |
| 2018 | 10078 | 29.02 |
| 2019 | 11248 | 11.61 |
| 2020 | 10735 | -4.56 |

中国体育人口基数较大，2017年我国体育人口约为4.34亿，占全国总人口31%，相比于欧美国家全民健身的市场情况，中国的体育人口占总人口比例仍有巨大的上升空间。2013年美国的人均体育消费为620美元，是中国同期数据的六倍多，伴随我国体育产业发展的脚步，2020年我国成年人人均体育消费为1758.2元。除了国民经济消费水平的差异之外，中国居民体育消费意识不强，体育附加产品开发不完善等问题是中国与发达国家差距较大的重要原因。中国体育产业79%的收入来自于体育制造业，而赛事运营、体育培训、转播权等的体育服务业仅占18%[56]。中国体育产业的发展前景非常广阔，潜力巨大。据中国报告大厅发布的2016—2021年中国体育运动行业市场需求与投资咨询报告数据显示，2016全民健身已经上升为国家战略，据悉，2012年中国体育产业增加值为3136亿元，约占GDP的0.6%，2020年，中国体育总产值仅占GDP的1.05%，期望2025年中国体育产业占GDP的比重超过2%，整个产业未来市场规模值得期待。

国家体育总局经济司在体育总局官网公布2021国家体育产业基地评选名单，此次公布的名单里有9个国家体育产业示范基地（表1-2）、19个体育产业示范单位（表1-3），以及5个体育产业示范项目（表1-4）。

表1-2 2021年国家体育产业示范基地

| 序号 | 国家体育产业示范基地（9个） |
|---|---|
| 1 | 浙江省宁波市鄞州区，命名为"鄞州国家体育产业示范基地" |
| 2 | 上海市嘉定区安亭镇，命名为"安亭国家体育产业示范基地" |
| 3 | 江苏省南京市江宁区，命名为"江宁国家体育产业示范基地" |
| 4 | 湖南省岳阳市临湘市，命名为"临湘国家体育产业示范基地" |
| 5 | 河北省承德市围场满族蒙古族自治县御道口牧场管理区，命名为"御道口国家体育产业示范基地" |

(续表)

| 序号 | 国家体育产业示范基地（9个） |
|---|---|
| 6 | 山西省运城市河津市，命名为"河津国家体育产业示范基地" |
| 7 | 山东省威海市荣成市，命名为"荣成国家体育产业示范基地" |
| 8 | 新疆维吾尔自治区阿勒泰地区阿勒泰市，命名为"阿勒泰国家体育产业示范基地" |
| 9 | 四川省成都市金牛区，命名为"金牛国家体育产业示范基地" |

数据来源：国家体育总局

表1-3　2021年国家体育产业示范单位

| 序号 | 体育产业示范单位（19个） |
|---|---|
| 1 | 江苏天马网络科技集团有限公司 |
| 2 | 浙江力玄运动科技股份有限公司 |
| 3 | 江苏新金菱体育产业集团有限公司 |
| 4 | 亚光科技集团股份有限公司 |
| 5 | 浙江金棒运动器材有限公司 |
| 6 | 厦门钢宇工业有限公司 |
| 7 | 四川领跑体育用品有限公司 |
| 8 | 德州盛邦体育产业集团有限公司 |
| 9 | 北京火炬生地人造草坪有限公司 |
| 10 | 江苏省体育产业集团有限公司 |
| 11 | 重庆市奥林匹克体育中心 |
| 12 | 福州文体产业开发运营有限公司 |
| 13 | 九江中体体育管理有限公司 |
| 14 | 芮城圣天湖生态旅游开发有限公司 |
| 15 | 安徽鹏翔生态农业集团有限公司 |
| 16 | 上海洛合体育发展有限公司 |
| 17 | 北京千森体育文化投资发展有限公司 |
| 18 | 陕西互健互联科技有限公司 |
| 19 | 武汉知行健身管理股份有限公司 |

数据来源：国家体育总局

表1-4　2021年国家体育产业示范项目

| 序号 | 体育产业示范项目（5个） |
| --- | --- |
| 1 | Keep全民健身运动科技平台项目 |
| 2 | 建瓯福松体育文化产业园 |
| 3 | 西村大院体育综合体 |
| 4 | 绍兴马拉松 |
| 5 | 宁海越野挑战赛 |

数据来源：国家体育总局

近年来在体育建设和体育消费的大潮面前，各地也已经出台一系列支持政策。上海市体育产业发展实施方案（2016—2020年）正式印发，方案提出制定《体育赛事制度改革的实施意见》《体育赛事产业发展实施方案》《足球改革发展意见》等配套政策，形成"1+X"体育产业政策体系。《方案》提出，到2020年体育产业总规模突破1500亿元，实现增加值400亿元左右。另外，2016年北京市体育局牵头起草《北京市人民政府关于加快冰雪运动发展的意见（2016—2022年）》和7项配套规划，是全国首个以地方政府名义出台冰雪运动的发展规划。

中国体育产业在国民经济中的重要性日益凸显，比如《国务院关于加快发展体育产业促进体育消费的若干意见》（简称"国发〔2014〕46号"）、《国务院办公厅关于加快发展健身休闲产业的指导意见》（简称"国办发〔2016〕77号"）等一系列重要文件的相继出台，点燃了体育产业快速发展的激情。同时国家领导对体育的日益重视，"体育强则中国强，国运兴则体育兴"的重要批示，2016年国家领导在出席夏季达沃斯论坛时明确将体育和旅游、文化、健康、养老合称为"五大幸福产业"，这些都足以让中国体育人为之骄傲。

如今，第四次全国经济普查工已经结束，近年来涌现出了诸如体育小镇、可穿戴运动装备等一批新生事物亟待发展。所以，国家统计局和体育总局对《国家体育产业统计分类》进行了细节修订，大、中、小类别尽量保持了原有数量，但增补了体育特色小镇、体育产业园区、体育主题公园管理服务，科技助力体育发展的体育智能设备和可穿戴运动装备制造，体育活动中出现越来越多的体育保险经纪服务等。我们有理由相信，未来在2025年前后，体育产业很有机会实现5万亿的目标，并真正成为国民经济的支柱产业之一[57]。

## 第四节 研究目的与意义

### 一、研究目的

新时代我国社会主要矛盾转化背景下对体育产业供给侧改革展开研究,对于正确理解我国国情、新时代社会主要矛盾,制定正确的体育产业发展目标和战略,实现"体育强国"的梦想有着重要意义。把握"新时代社会主要矛盾"的核心思想,结合我国体育产业发展面临的问题,对"供给侧改革发展"进行研究,针对我国体育产业供给侧改革发展提出相应的方案和路径,以期进一步为我国体育产业的供给侧全面深化改革提供理论依据,为我国体育产业发展提供一定的参考和借鉴,也为体育产业供需、发展动力、市场转化及体育产业政策的研究提供了学术视角。

### 二、研究意义

#### (一)理论意义

针对供给侧视角下我国体育产业发展提出相应的发展对策,期望进一步为我国家体育产业全面发展提供理论参考,也为高校体育产业人才供给、我国体育产业因地制宜发展、体育产业发展新理念、互联网+体育和物联网+体育等研究提供学术视角。

#### (二)实践意义

本研究从产业结构、经济贡献力和供需结构方面进行体育产业分析,探究我国体育产业的供给方面存在的问题。从而归纳阐释其中的不同点,借鉴国外体育产业发展的经验,并为针对我国体育产业发展中存在的具体问题提出相应的对策和建议。不仅是学理层面的探讨,更是正确处理体育产业发展的现实问题,对推动高校体育产业人才供给、政府职能的定位、体育产业项目的因地制宜发展具有一定的实践意义。

# 第五节 研究对象与方法

## 一、研究对象

在新时代我国社会主要矛盾转化背景下，体育产业供给侧改革发展为研究对象。

## 二、研究方法

### （一）文献资料法

通过检索中国知网、国家体育总局、国家统计局等相关网站，参考体育产业相关政策、法规、领导讲话、文件解读等，进行归纳、提炼，做到理论与实践互证，并进行整理分析，为本研究奠定了良好基础。

### （二）数理统计法

在调查所获得的有效数据基础上，对数据进行科学整理，统计分析，使数据结果得到量化，保证研究的客观性和科学性。

### （三）比较分析法

采用对比、归纳、比较等手段，对新时代我国社会主要矛盾转化与体育产业供给侧改革发展态势进行比较分析。

### （四）专家访谈法

利用学术会议和专家讲学的机会拜访相关知名教授，包括面对面访谈、电话访谈和邮件等不同形式。主要访谈内容包括体育产业目前存在的问题、体育产业在我国各种气候地貌的发展、高校在体育产业人才培养,以及城镇居民运动场所等。从而获得有效的信息和建议,为本课题的撰写提供珍贵的第一手材料,以确保研究的可行性和严谨性。

### (五) 可视化分析

CiteSpace 是美国德雷塞尔大学信息科学与技术学院陈超美博士开发的,适用于多元、分时、动态复杂网络分析的国际领先可视化应用软件。在Java的平台上安装CiteSpace V,将在CNKI及Web of Science 数据库保存的ref格式文件转换成ISI格式。阈值设置为50,年份切片为1年,对作者、发文机构、关键词生成图谱。可以突出高产作者、高产机构、高频词,以及它们间的网络关系等进行分析,并且运用EXCEL对数据进行整理分析。

### (六) 逻辑分析法

在掌握大量文献资料的基础上,综合分析论文相关观点,进行逻辑分析与推敲论证,通过我国体育产业及供给侧相关文献数据,在综合分析论文相关观点的基础上,进行逻辑分析与推敲论证,结合新时代我国社会主要矛盾转化背景下体育产业供给侧改革发展进行分析研究。

## 三、提出问题

本研究以新时代我国社会主要矛盾转化背景下体育产业供给侧改革发展作为研究对象,在整个社会的经济、政治与文化大发展的背景下,探索新时代产业供给侧理论、社会矛盾转化体育产业供给侧的主要特征,提出体育产业供给侧改革发展的有效方案和实施路径。具体来说,本研究主要回答以下两个问题:
(1) 新时代我国体育产业供给侧改革何去何从?
(2) 如何发展、如何改善供给关系?

## 四、总体框架

从专业知识与社会热点相结合的角度,确定对"体育产业"领域的研究;通过广泛阅读国内外体育产业基础理论的知识,掌握基本的体育产业理论知识，运用已掌握的理论知识对新时代我国体育产业供给侧改革进行研究，分析其价值与意义，最终确定以"我国体育产业供给侧研究"为主题。本研究综合考虑了撰写论文的可行性、研究方法、实施方案等。其次，建立研究的基本框架结构，通过对研究框架各项内容的具体实施和对数据的整理，找出存在的具体问题。依据当前现状提出合理的对策，结合新时代我国体育产业供给侧发展特点，构建模型。技术路线如图1-1所示。

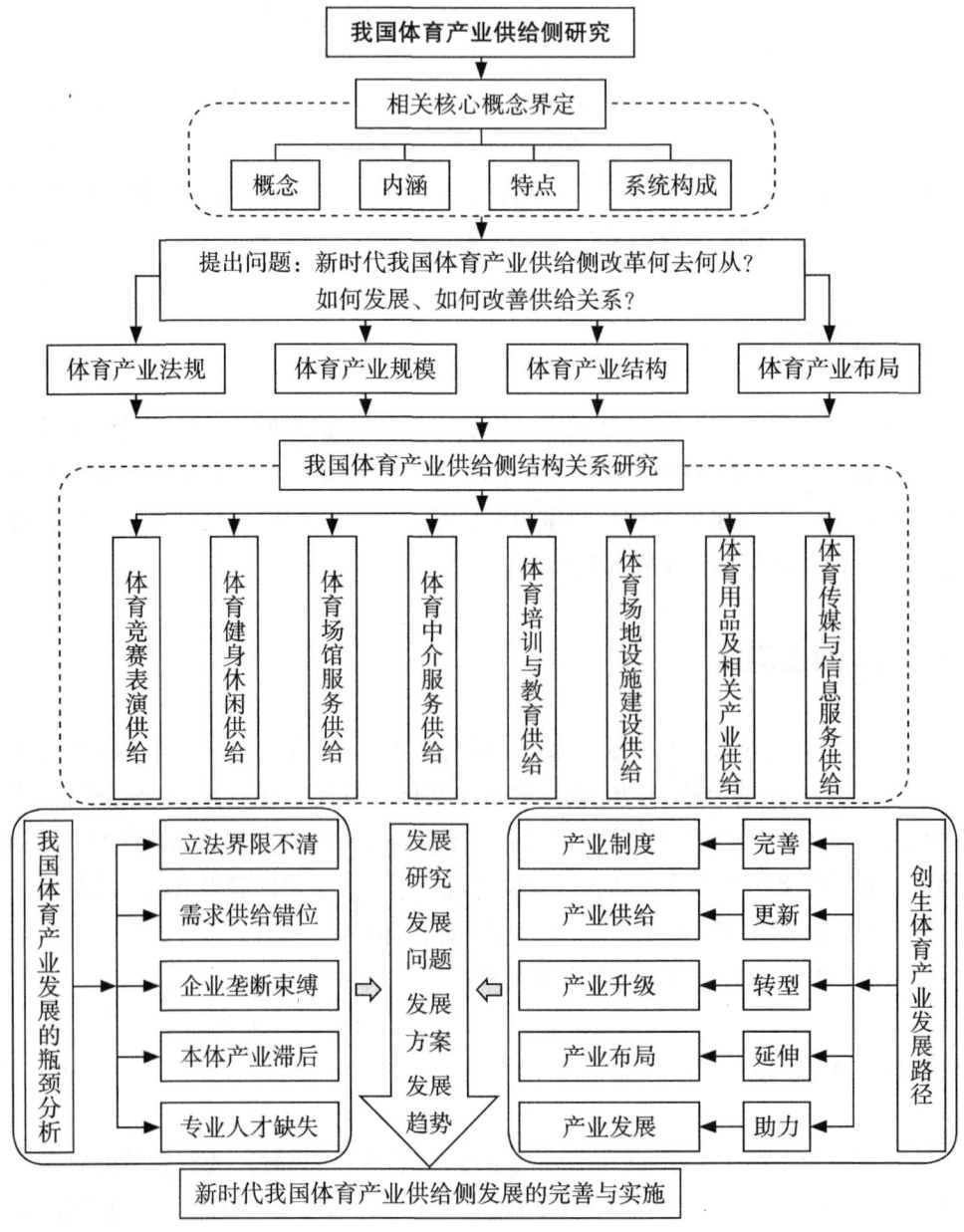

图1-1 技术路线图

# 第二章 追寻时代 博古论今：
## 体育产业研究可视化分析

科学知识的"可视化"是近年来学界的研究热点，采用科学知识图谱的可视化分析方法。CiteSpace是由美国雷克赛尔大学（Drexel University）陈超美（Chaomei Chen）博士研发的，是一款应用于科学文献中识别并显示科学发展新趋势和动态的软件[58]。此外，科学知识图谱也是适用于多元、分时、动态复杂网络分析的国际领先可视化应用软件[59]，它综合运用数学统计和计算机辅助技术等多学科知识，可以清晰地呈现不同学科科学知识发展进程与结构关系。借助现代计算机科学技术绘制各个研究领域中的可视化图谱，可以发现本学科中最吸引研究者关注的前沿问题，帮助人们认识本领域的知识发展，并突显相关热点之间的关系和发展历程。

随着计算机技术的进步，相关科学知识的可视化软件应用也日臻成熟，其中华裔学者陈超美基于Java平台开发设计的CiteSpace引文分析可视化软件受到学界的关注。本章内容采用CiteSpace V进行可视化分析，分析当前我国体育法的研究前沿以及相关的知识基础。在Java的运行平台上安装并运行版本，对保存的统一文本格式数据进行一系列操作，并将年份切片设置为1年，阈值设置为50，对发文机构（dispatch agency）、作者（author）、关键词（keyword）等生成图谱，以便对高产机构、高产作者、高频词以及它们之间相互关联的网络关系进行相应的分析。

## 第一节 国内体育产业主题演进研究进展

体育产业是20世纪70年代左右在美、英等西方经济发达的国家兴起的一门新兴产业。1984年洛杉矶奥运会美国获得了巨大的经济效益，足球世界杯风靡全球，以及世界各大体育赛事影响力逐渐扩大，体育产业借机迅速发展。在我国，体育产业是新兴产业，改革开放后才逐渐发展起来，虽然起步较晚但发展较快[60]。随着北京申奥成功以及中国加入WTO，21世纪中国的体育产业发展前景非常广阔，潜力巨大，是中国经济中具有强大生命力的新兴产业[61]。2008年北京奥运会更使中国体育产业发展临近沸点[62]。随着国家出台的体育产业相关政策支持——2010年3月国务院办公厅《关于加快发展体育产业的指导意见》、2011年4月《体育产业"十二五"规划》、2014年10月国务院《关于加快发展体育产业促进体育消费的若干意见》等，我国的体育产业发展进入黄金时期。现今，体育产业研究具有怎样的特征趋势？研究热点是什么？在体育产业领域研究主题是如何演进的？则需要通过分析相关领域文献才能正确地了解体育产业研究领域前沿。本节通过对CNKI所收录的核心期刊的体育产业相关研究进行可视化分析，为我国体育产业研究者提供新的研究角度和方向，对体育产业研究主题的演进进行分析，进一步为体育产业研究提供理论和实践的参考依据。

## 一、国内体育产业主题外部分析

### （一）体育产业研究发文量分析

1986年1月1日—2022年12月31日，检索体育产业相关文献2265篇。我国体育产业发展相对国外较晚，1992年之前，我国体育产业处于萌芽时期。1992年第25届巴塞罗那奥运会，中国军团共获得16金22银16铜，金牌数列第四位，取得了历史最好成绩。从这时起，中国的体育实力开始快速增长，体育的发展也得到人们更多的关注。2000年以后我国体育产业研究文献量略有起伏，但总体呈现增长趋势，2007年发表158篇体育产业为主题的文献，达到了顶峰（图2-1）。随着国家经济实力的提升以及2008年北京奥运会的成功举办，体育产业得到极大的发展。政府出台相关政策法规：十届全国人民代表大会第四次会议批准通过的《中华人民共和国国民经济和社会发展第十一个五年规划纲要》提出了"深化体育改革，鼓励社会力量兴办体育事业和投资体育产业"[63]。在这一时期，我国体育产业处在全方位发展阶段。十八大以来，在全面深化改革的背景下，经济和政治环境的变化在不同程度上对体育产业的发展产生了多维度、全方位的影响。2010年3月国务院办公厅《关于加快发展体育产业的指导意见》、2011年4月国家体育总局《体育产业"十二五"规划》、2013年9月国务院《关于促进健康服务业发展的若干意见》[64]和2014年10月国务院发布《关于加快发展体育产业促进体育消费的若干意见》，对我国体育产业进行规划整理并提出权威标准化、具体措施性文件[65]。我国体育产业的发展与相关产业政策的扶持引导息息相关。《"十四五"时期全民健身设施补短板工程实施方案》《全民健身计划（2021—2025年）》等政策，推动体育产业发展、实现全面健身的目标。体育产业的发展得到政府政策的支持，引起了更多的研究者关注体育产业的发展动态，发文量也较高。上述分析表明，我国体育产业研究的文献量与我国经济发展水平、国家政策、体育赛事有密切关系，国家经济水平和国家政策促进了体育产业的发展，体育比赛吸引了大众的目光，聚焦了社会的关注度。

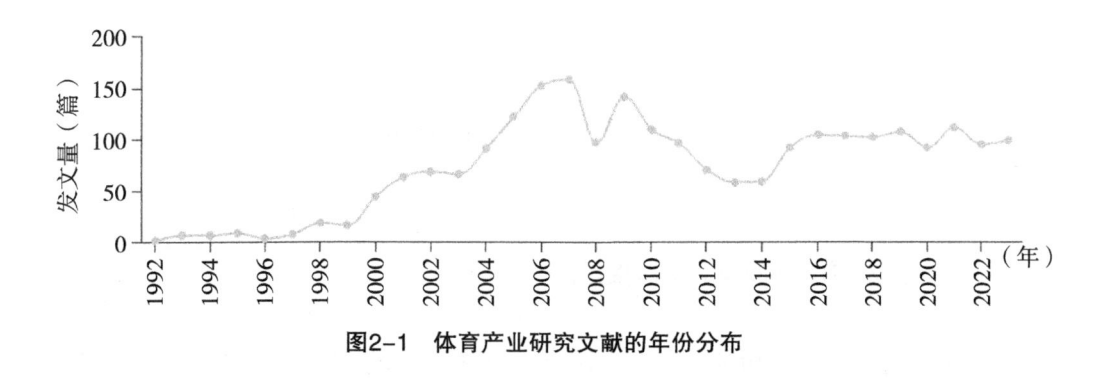

图2-1 体育产业研究文献的年份分布

### （二）体育产业发文高产作者分析

对我国体育产业研究作者共现网络数据进行分析，体育产业研究领域近30年发表篇数最多的是黄海燕，发表文章42篇。任波、沈克印、张林和任保国发文数量次之。

从图2-2可以看出，网络中共有节点736个，连线353条，网络密度为0.0013。国内体育产业研究作者的合作网络较小，以鲍明晓为中心的作者合作网络、丛湖平为核心的作者合作网络相对较大。其他研究者多为独自进行研究，网络图谱节点分布较为分散，合作的作者多来自高校。体育产业方面的研究可以查阅这些研究者的文献或找他们共同合作者，以获取更多的相关研究文献。

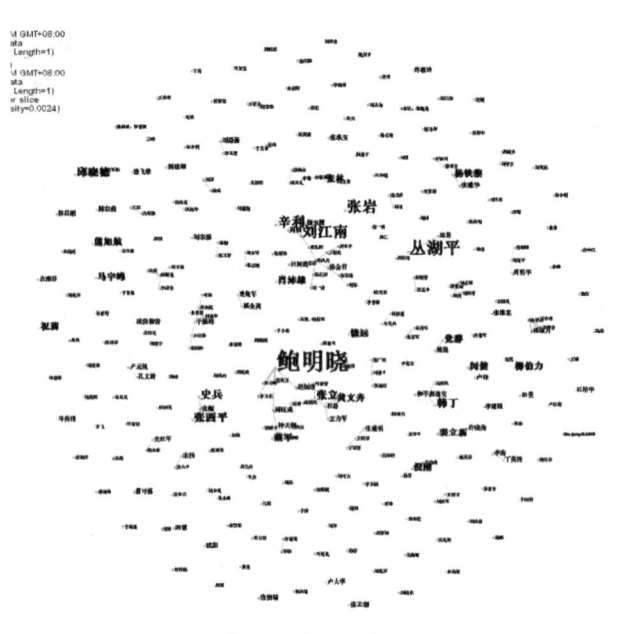

图2-2　国内体育产业研究作者合作网络

### （三）体育产业发文机构网络分析

对发文前20的机构进行统计，体育产业研究的高产机构大多数分布在高校内，比较突出的研究单位是上海体育学院（91篇）、武汉体育学院（48篇）、北京体育大学（31篇）等。值得注意的是以盐城师范大学（28篇）为主的非体育类院校对体育产业的研究同样不容小觑。体育产业研究的主要核心机构仍然是体育专业院校，对体育产业进行了相当多的研究。在体育产业研究方面取得丰硕的成果，例如团队建设、科研项目、专著数量、论文数量，都遥遥领先其他的研究机构，在体育产业研究方面有很强的实力。运用CiteSpace V呈现发文机构图谱（图2-3），图中共有588个节点，连线198条，网络密度0.0011。可以看出有两个重要的中心点，一个是上海体育学院，一个是北京体育大学。上海体育学院和国家体育总局、天津体育学院的都有研究上的合作和联系。北京体育大学、华南师范大学体育学院和苏州大学体育学院以及东北师范大学体育学院有网络连接，有共同研究合作。其他的节点比较孤立，没有较大的中心点，说明在体育产业研究方面没有合作，各个研究机构，各研究群体之间合作研究较少，不同机构之间协同合作研究平台尚未形成。

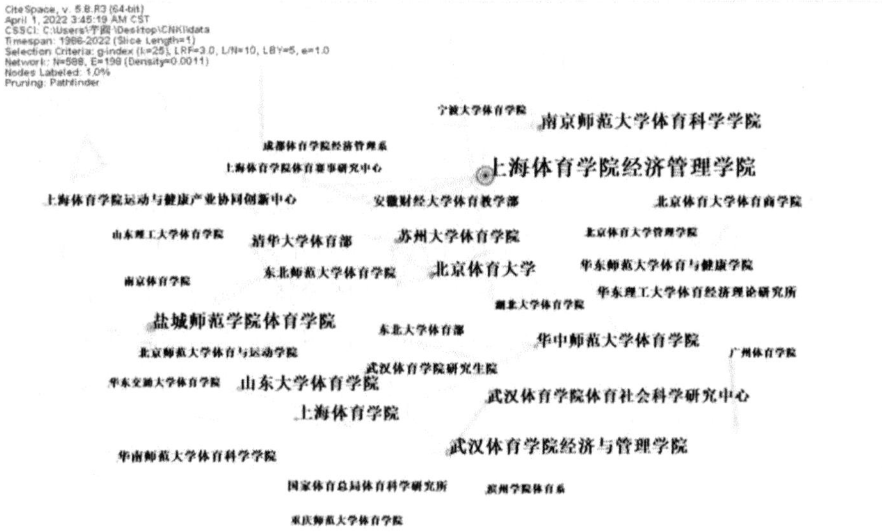

第二章　追寻时代　博古论今：体育产业研究可视化分析

图2-3　国内体育产业发文机构的共现网络

## 二、国内体育产业主题内部分析

目前主要运用定量分析研究一个领域的前沿和趋势，对引文分析、关键词分析。研究主要运用陈超美教授CiteSpace V对关键词形成的图谱分析[66]。关键词是对文章主题的概括，也是作者对主要研究内容的高度总结，对于从整体上掌握体育产业研究领域的研究主题具有一定代表意义[67]，可在一定程度上揭示研究领域知识扩张的态势[68]。本研究从时间演进分三个阶段对体育产业研究主题演进进行分析，即1992—2002年、2003—2012年、2013—2022年。使用CiteSpace V和Excel对国内体育产业文献的关键词进行可视化分析和数据统计。

（一）1992—2002年中国体育产业研究主题演进分析

1992—2002年研究者主要研究核心是市场经济下体育产业的发展，与当时的时代背景有紧密的关系。1992—2002年共发表了504篇核心文献。其中"体育产业"（231篇）、"体育产业发展"（92篇）、"体育产业化"（70篇）、"体育消费"（48篇）和"体育市场"（39篇），作为关键词出现的频次较

27

高。按照231篇"体育产业"相关核心文献进行检索，有效文献229篇，其中频次和中心性较高的两个词是"体育产业"和"体育市场"，频次分别为212和24，中心性值为1.17和1.25。图2-4中不同位置、大小不同的圆圈是节点，表现出关键词在研究范围内出现频次的多少，圆圈越大的关键词出现的频次越多，圆圈的大小和关键词出现次数成正比关系[69]。该图谱共有节点219个，连线335条，网络密度为0.014，相对较低，有孤立节点出现。在图谱中可以看出，节点大的几个关键调主要是"体育产业""体育市场""发展""中国"和"体育消费"，这几个词出现的频次和中心性值较高。其他中心性低的节点也和"体育经济""体育消费"有间接的联系。说明这是我国体育产业研究的重点，"体育产业"是有营利的，"体育事业"是非营利的、国家财政支持、公益性，在这个时期我国体育发展主要是以"体育产业"为主，"体育产业"的文献偏多。

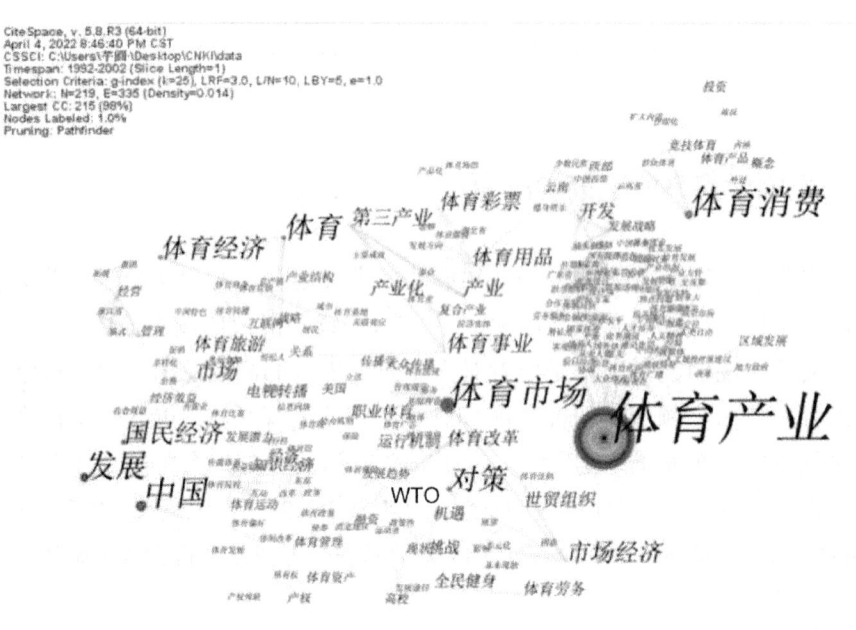

图2-4　1992—2002年国内体育产业文献关键词共现网络图

1992—2002年关键词共分为14个聚类（图2-5）。在图谱中关键词比较多的、聚类图形比较大的聚类有以下几个："中国""电视转播""体育市场""发展""体育挑战"和"经营"。还有一些比较小的聚类，比如体育用品、职业足球俱乐部，是这个时期体育产业新兴的研究方向。

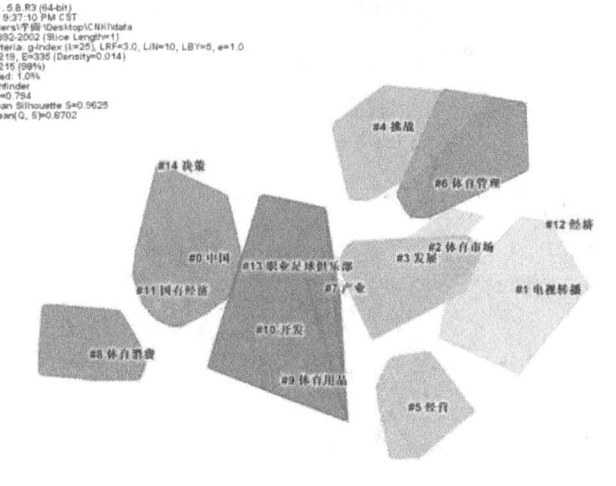

图2-5　1992—2002年国内体育产业关键词聚类图

## （二）2003—2012年国内体育产业研究主题演进分析

2003—2012年共检索关于体育产业的文章1084篇。其中"体育产业"作为关键词出现的频次高达1010次。高频的关键词有"体育产业"（1010）、"发展"（88）、"中国"（73）、"对策"（71）等。在2003—2012年高频关键词里除了"体育产业"其他都不属于高频关键词。说明这个阶段的体育产业研究的方向发生了改变。这个时期的国内体育产业在市场经济的推动下，逐渐由体育产业"事业型"向"产业型"转变。事业型政府出资发展体育，是一种公共事业，而产业型则是市场调控，具私有性质满足市场需求。中心性值较高的几个关键词有"发展"（0.94）、"体育产业"（0.80）、"对策"（0.64）等。这个时期除了"体育事业"和"体育产业"是研究重点，"WTO"也是这个时期研究体育产业的焦点。2001年中国正式成为WTO的成员，国家扩大对外开放，加快国内政治和经济改革，创造良好的投资环境，推进市场化的进程，适应市场经济的要求，促进体育产业化，加速体育产业的发展，为体育产业发展营造良好的经济环境[70]。图2-6中共有节点438个，连线500条，网络密度为0.0052，网络密度和节点均比1992—2002年这个时段高。在图谱中，节点最大的是"体育产业"，为了更清楚地分析其他节点，把"体育产业"这个节点摘除。除了"体育产业"这个最大的节点外，还有几个大小相当的节点"发展""中国""对策""体育经济"和"现状"。其中"发展"作为关键词出现的频次高达88次，"中国"和"对策"在这个时期是高频关键词，分别出现了73

29

次和71次，体育产业在这个时期得到了发展，研究文献向市场和消费方面倾斜。"体育经济"和"现状"也属于高频关键词，体育产业的发展仍是这个时期的主题，在发展中寻找不同的对策。

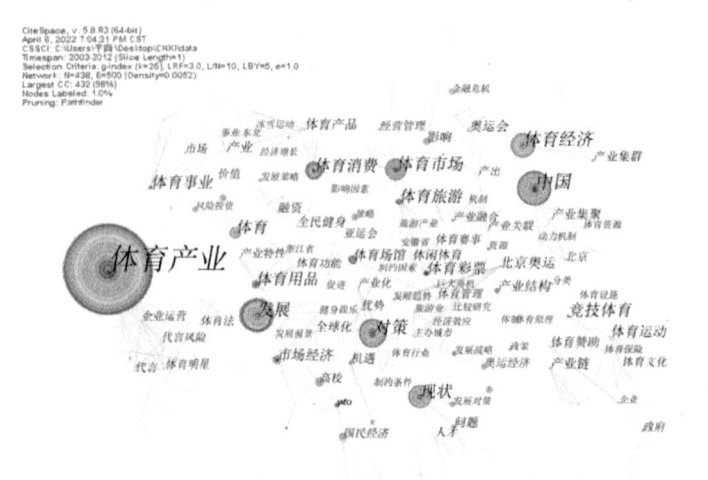

图2-6　2003—2012年国内体育产业文献关键词共现网络图

图2-7显示，2003—2012年关键词分为18个聚类。其中几个聚类图形较大、包含关键词比较多："体育产业""奥运竞技""中国""体育用品"。随着国家经济的发展，人们生活水平逐渐提高，人们对生活质量要求也逐渐提高，人们对体育的需求也日益扩大，这些是我国体育产业潜在的优势。

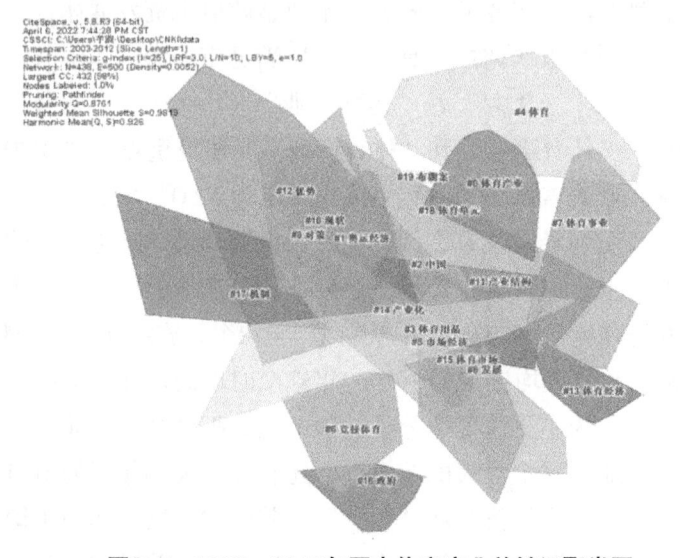

图2-7　2003—2012年国内体育产业关键词聚类图

## （三）2013—2022年国内体育产业研究主题演进分析

2013—2022年是我国体育产业第二次发展高峰，体育产业规模迅速扩大，体育产业市场也逐渐成熟，体育产业已经渐渐成为全社会新的消费热点，体育产业的发展达到黄金时期，体育产业的发展速度呈现激增的态势[71]。

在这个时期，文献数量比较多，共检索到核心论文835篇。以"体育产业"作为关键词，共有节点418个，连线554条，网络密度为0.0064（图2-8）。从节点的大小可以看出"体育产业"（804）、"体育经济"（129）、"体育消费"（41）、"产业融合"（30）在文献中出现的频次较高。中心性比较强的节点有"体育强国"（0.94）、"体育产业"（0.83）、"指标体系"（0.73）、"体育场馆"（0.62）。这个时期我国体育产业总体的发展水平已经接近一些西方中等发达国家20世纪90年代初的发展水平，但是仍存在一些问题，比如管理体制不完善，有效需求不足，体育产业市场发展不成熟，缺乏体育经营人才等一系列问题[72]。中国体育产业发展现状研究、发展对策和战略研究是这一时期的研究主题。

图2-8　2013—2022年国内体育产业文献关键词共现网络图

2013—2022年关键词共分为16个聚类（图2-9）。其中"体育产业""体育经济""体育消费""产业融合""体育赛事""全民健身"包含节点较多。随着体育产业的规范化发展，"体育治理""体育法"等逐渐成为学界研究的热点；同时，为了我国体育产业的良好发展，"产业融合""产业结构""发展路径"在文献中出现的频次也有了显著的增加。"产业融合"有利于体育产业发展，为体育产业的发展提供更宽阔的空间和丰富的资源，这表明优化体育产业结构要注重产业的多元融合，在追求效益的基础上，坚持以人为本的发展原则，不断创新发展路径，协调不同区域内体育产业的平衡发展，并努力培养具有民族特色的国际化体育品牌。由于我国体育产业发展起步相对较晚，未能形成完善的管理体系及消费投资模式，在聚类图中可以看到研究文献中有所涉及，能够说明业内的研究者已关注到此方面的重要性。

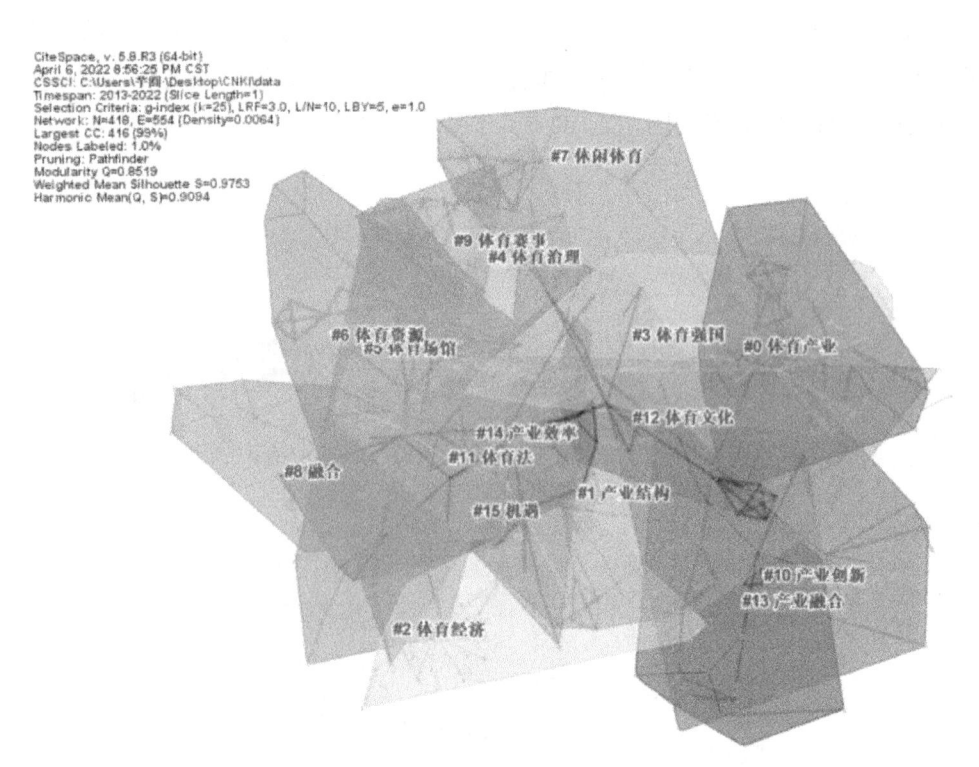

图2-9　2013—2022年国内体育产业文献关键词聚类图

## 第二节 国际体育产业主题演进研究进展

西方是体育产业的先发之地，也是当今全球体育产业最活跃、最发达的区域[73]。在欧美，国家体育产业是重要的经济增长点。20世纪60年代美国体育产业迅速发展，到20世纪80年代成为美国十一大产业[74]。1999年体育产业总产值2125亿美元，占GDP比重2.4%；2010年产值为4140亿美元，约占GDP比重3%[75]。足球产业在欧洲有重要的观众市场，2011年12月赛季"五大"英超联赛总收入高达93亿欧元[76]。就目前来看，世界体育产业呈现出欧、美、日三方鼎力发展态势[77]。2013年统计体育产业占各国GDP的比重为：占美国GDP的2.80%，占欧盟GDP的2.49%，占日本GDP的2.54%，占中国GDP的0.68%[78]。

我国的体育产业发展比较晚，是新兴的产业，在改革开放后才逐渐发展起来的，起步较晚，但发展较快[60]。在"十二五"结束之际，过去的五年政府为了促进体育产业的发展国务院出台了许多相关政策：2011年《体育产业"十二五"规划》、2014年《关于加快发展体育产业促进体育消费的若干意见》、2015年《中国足球改革发展总体方案》。2016为"十三五"的开始之年，冯建中（前国家体育总局副局长）表示，体育总局已编制体育产业"十三五"规划。"十三五"将成为我国体育产业发展的黄金时期。目前，我国正处于"十四五"发展阶段，将在"十三五"发展的成果上进一步深化发展，促进体育产业发展。探索当前国际上体育产业研究的热点与前沿，具有较好的理论价值和现实意义，有助于我国体育产业研究者树立新视角，为进一步研究体育产业提供参考依据，为中国的体育产业发展提供理论指导。基于此，本节对Web of Science数据库中近10年核心文献运用CiteSpace分析软件进行可视化分析。

### 一、国际体育产业主题外部分析

#### （一）体育产业研究发文量分析

国外近10年体育产业研究发表情况如图2-10所示。近10年共发文252篇，年平均发文量为25.2篇。从图2-10中可以看出2013—2022年的发文量是一个不断上升的趋势，但2021—2022年出现明显下降的趋势。2021年在统计范围内发文量最大，年发文量达到81篇。

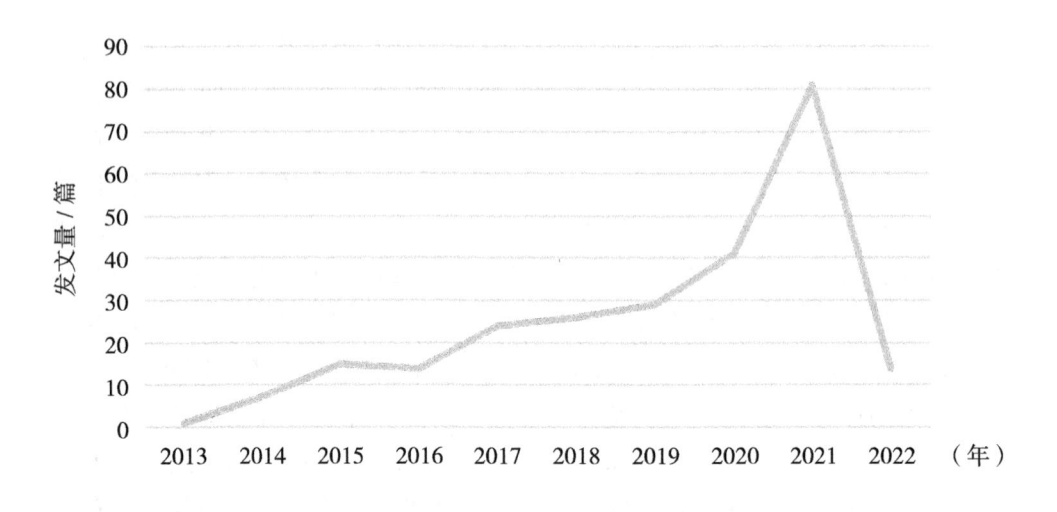

图2-10　2013—2022年体育产业研究年发文量

## （二）体育产业研究国家（地区）分析

根据检索的252篇文献共来自47个国家/地区。表2-1为文献量排序前十名的国家。从表2-1可以看出文献量排行前三的国家分别为中国、美国和韩国，中国位居第一，表明体育产业的相关理论研究在我国有着良好的基础，这也从侧面反映出与我国体育产业相关的实体经济也在逐渐缩短与发达国家的差距；而排名第二、三位的美国与韩国体育产业研究的发文量与我国存在较大的差距。在检索过程中发现2006—2015年美国的体育产业相关研究的发文量位居第一，发文量为101篇，由此可见，美国目前体育产业市场的发展已经接近饱和状态。从表2-1中可见前十名中大部分是欧美国家，北美国家有2个，美国和加拿大；欧洲国家有4个，英国、西班牙、德国和土耳其；还有一个来自大洋洲的澳大利亚。我国发表体育产业的文献最多，占总数的51.587%，占有绝对优势，这也说明我国近年来在体育产业发展方面取得了丰硕的成果。而作为第二名的美国，其体育产业的繁荣是过去两个多世纪的发展结果，与现代社会的发展息息相关[79]。体育产业文献量高产国家其中7个是发达国家，经济发展水平较高，体育产业发展比较好，所以对体育产业研究的文献也比其他国家多。我国作为发展中国家，在体育产业方面的研究空间大，且随着中国经济的迅速增长，社会各个方面都得到了长足的发展，而体育产业作为新的经济增长点自然受到学界的重视。这些排名前十的国家对体育和体育产业都比较重视。这些国家是研究体育产业的高产国家，也是体育产业研究的核心国家。

表2-1 体育产业文献高产国家统计

| 排行 | 国家/地区 | 发文量/篇 | 占比/% |
| --- | --- | --- | --- |
| 1 | PEOPLES R CHINA中国 | 130 | 51.587 |
| 2 | USA美国 | 38 | 15.079 |
| 3 | SOUTH KOREA韩国 | 24 | 9.524 |
| 4 | ENGLANG英国 | 15 | 5.952 |
| 5 | SPAIN西班牙 | 12 | 4.762 |
| 6 | GERMANY德国 | 10 | 3.968 |
| 7 | AUSTRALLA澳大利亚 | 9 | 3.571 |
| 8 | CHINESE TAIPEI中国（台湾） | 7 | 2.778 |
| 9 | TURKEY土耳其 | 6 | 2.381 |
| 10 | CANADA加拿大 | 5 | 1.984 |

从Web Of Science数据库检索并下载的数据，运用CiteSpace V对体育产业文献进行分析。设置TimeSlicing：From2013to2022 Year，PerSlice为1，Node Types选为Author，Top50。进行分析并生成可视化图谱，如图2-11。图中共有48个节点，连线74条，中心度为0.0656。其中比较突出的几个节点是PEOPLES R CHINA（中国）、USA（美国）和SOUTH KOREA（韩国），这三个国家年轮比其他国家节点大，代表他们发文量较大，在体育产业方面研究最多。连线代表国家之间的国际合作，由图可知，主要围绕中美两国之间的合作研究。孤立节点比较多，多数国家仍是独自发表文献。

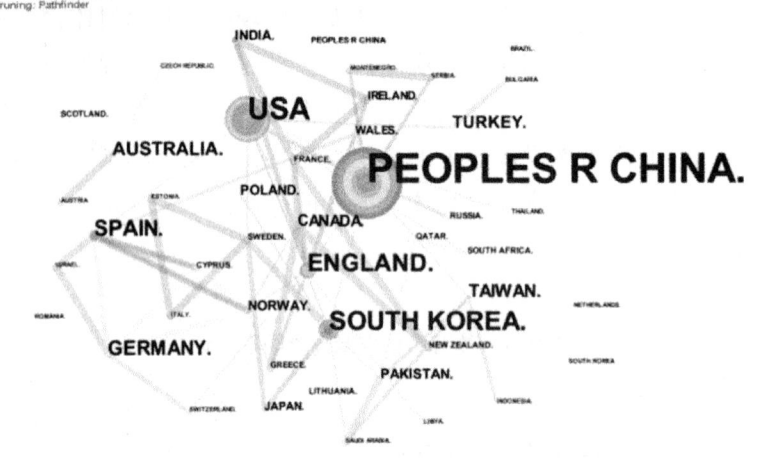

图2-11　2013—2022年体育产业研究高产国家知识图谱

### (三) 体育产业发文高产作者分析

从表2-2可以看出，高产作者的发文量没有超过10篇，其中Youm S发表了4篇，占总发表篇数的1.587%，是Web of Science数据库体育产业研究近10年发表最多的研究者，也是这方面的核心人物，学者可通过研读他们的文献，了解相关研究。

表2-2　体育产业文献高产统计

| 排名 | 作者 | 发文量/篇 | 占比/% |
| --- | --- | --- | --- |
| 1 | Youm S | 4 | 1.587 |
| 2 | Anagnostopoulos C | 3 | 1.190 |
| 3 | Gonzalez-serrano MH | 3 | 1.190 |
| 4 | Liu L | 3 | 1.190 |
| 5 | Nauright J | 3 | 1.190 |
| 6 | Park SH | 3 | 1.190 |
| 7 | Wang Y | 3 | 1.190 |
| 8 | Xu JF | 3 | 1.190 |
| 9 | Yang RY | 3 | 1.190 |
| 10 | Yang SX | 3 | 1.190 |

## （四）体育产业发文机构网络分析

从表2-3中可以看出，体育产业来源机构排名前十的均为大学。所以Web Of Science数据库体育产业研究文献主要来源机构是大学。前十名有4所中国的大学、有3所美国的大学、1所韩国的大学、1所西班牙的大学。韩国的东国大学、西班牙的瓦伦西亚大学和中国的郑州大学发表的文章数量最多，均占总发表文章的2.381%。

表2-3 体育产业研究主要来源机构

| 机构 | 所在国 | 发文量/篇 | 占比/% |
| --- | --- | --- | --- |
| 东国大学DONGGUK UNIVERSITY | 韩国 | 6 | 2.381 |
| 瓦伦西亚大学UNIVERSITY OF VALENCIA | 西班牙 | 6 | 2.381 |
| 郑州大学ZHENGZHOU UNIVERSITY | 中国 | 6 | 2.381 |
| 福建江夏学院FUJIAN JIANGXIA UNIVERSITY | 中国 | 5 | 1.984 |
| 欧洲研究型大学联盟LEAGUE OF EUROPEAN RESEARCH UNIVERSITIES LERU | 欧洲 | 5 | 1.984 |
| 上海体育学院SHANGHAI UNIVERSITY OF SPORT | 中国 | 5 | 1.984 |
| 北德克萨斯大学UNIVERSITY OF NORTH TEXAS DENTON | 美国 | 5 | 1.984 |
| 北德克萨斯大学系统UNIVERSITY OF NORTH TEXAS SYSTEM | 美国 | 5 | 1.984 |
| 格鲁吉亚大学UNIVERSITY SYSTEM OF GEORGIA | 美国 | 5 | 1.984 |
| 安徽财经大学ANHUI UNIVERSITY OF FINANCE ECONOMICS | 中国 | 4 | 1.587 |

设置TimeSlicing：From 2006 to 2015 Year，PerSlice为1，Node Types选为Author，Top 50，分析并生成可视化图谱，如图2-12。图谱中共有节点217个，连线122条，网络密度为0.0066，节点比较分散，中心性比较弱。节点与节点的连线表示它们之间存在合作关系，图中用椭圆圈出了3个机构合作比较紧密，分别是DONGGUK UNIVERSITY（东国大学；韩国）、UNIVERSITY OF VALENCIA（瓦伦西亚大学；西班牙）和ZHENGZHOU UNIVERSITY（郑州大学；中国）。东国大学近10年间最早发文时间为2014年；瓦伦西亚大学近10年间最早发文时间为2015年；郑州大学近10年间最早发文时间为2013年。在图谱中，节点名称的大小可以反映出发文量的多少，而且这几个合作机构都是世界上排名靠前的知名的大学，不管在发文数量还是合作机构的知名度，都显

示出这个合作网络是体育产业研究的核心合作网。这三个高产的合作机构中，UNIVERSITY OF VALENCIA（瓦伦西亚大学）来自西班牙，其他两个机构是来自亚洲的大学，一个DONGGUK UNIVERSITY（东国大学）来自韩国，另外一个ZHENGZHOU UNIVERSITY（郑州大学）来自中国，说明同区域合作研究比较简便且合作比较多。其他的合作网络发文量和合作网络都比较小，大部分都是两所机构合作和独自做体育产业研究。

图2-12　2013—2022年体育产业研究发文机构知识图谱

## 二、国际体育产业主题内部分析

### （一）国际体育产业研究的主题分析

关键词是对文章主题的概括，对从整体上研究某领域的热点具有一定代表意义[66]。以2013—2022年一年为一个切片，选择Minimum Spanning Tree And Pruning sliced networks，对246篇文章的关键词进行共现分析，生成图2-13。图谱中共有220个节点，连线480条，中心度为0.0199。由图2-13可知，近10年国际体育产业研究重点关键词主要是performance（表演）、system（系统）、model（模型）、impact（冲击）、football（足球）等。

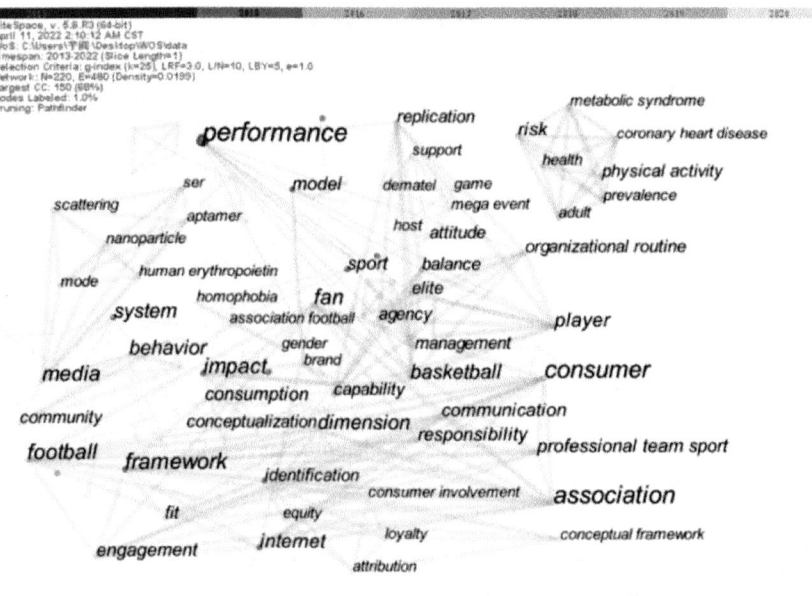

图2-13　2013—2022年体育产业关键词图谱

表格中显示的高频关键词performance（表演）和system（系统），检索的主题是sport industry，所以performance（表演）和system（系统）这两个关键词的频次比较高，分别是14和10，除了这两个关键词之外，国际体育产业研究中出现频次高的词汇有model（模型）和impact（冲击），体育竞赛表演业和体育产业管理是体育产业研究的重点。在欧洲，欧盟的竞争规则和政策框架是体育运动的重要体制限制。2007年，相关法律法规新增了竞争政策对体育协会和俱乐部的辐射范围[80]。在国际上的学者在研究体育产业方面也当作研究的重点。performance（表演）、behavior（行为），体育娱乐化现象在如今已成为世界各地的普遍现象，在体育表演过程中注重体育动作的行为演示，并成为体育产业中不可忽视的部分。system（系统）、model（模型）这几个方面都是和体育产业紧密相关，体育产业系统与产业模型在一定程度上影响着体育产业的健康可持续性发展。football（足球）作为高频词汇出现在体育产业的研究中，一方面足球健康和运动，就离不开体育产业，包括运动场馆、运动服装、运动器材等；另一方面也可以看出，国内外对足球运动发展的重视程度。education（教育）出现在研究中，表明各个国家已经重视到体育产业的可持续发展问题，通过教育培养后备人才以达到体育产业的长久发展；internet（互联网）出现在高频词中，反映出大数据已经被运用到体育产业当中。

39

表2-4 体育产业高频关键词

| 序号 | 频次 | 关键词 | 中心度 |
| --- | --- | --- | --- |
| 1 | 14 | performance（表演） | 0.41 |
| 2 | 10 | system（系统） | 0.12 |
| 3 | 8 | model（模型） | 0.10 |
| 4 | 7 | impact（冲击） | 0.21 |
| 5 | 6 | football（足球） | 0.09 |
| 6 | 5 | framework（框架） | 0.07 |
| 7 | 5 | behavior（行为） | 0.05 |
| 8 | 4 | identification（鉴定） | 0.07 |
| 9 | 4 | education（教育） | 0.02 |
| 10 | 4 | internet（互联网） | 0.05 |

## （二）国际体育产业研究主题的时区分布

在CiteSpace V中，以关键词为分析对象，以一年为一个分割点，阈值设置为（2，2，20）（4，3，20）（3，3，20），进行分析，得到图谱后选择timezone（时区）。对图谱中不同年代分布关键词的字体和图的大小进行调整，如图2-14所示。

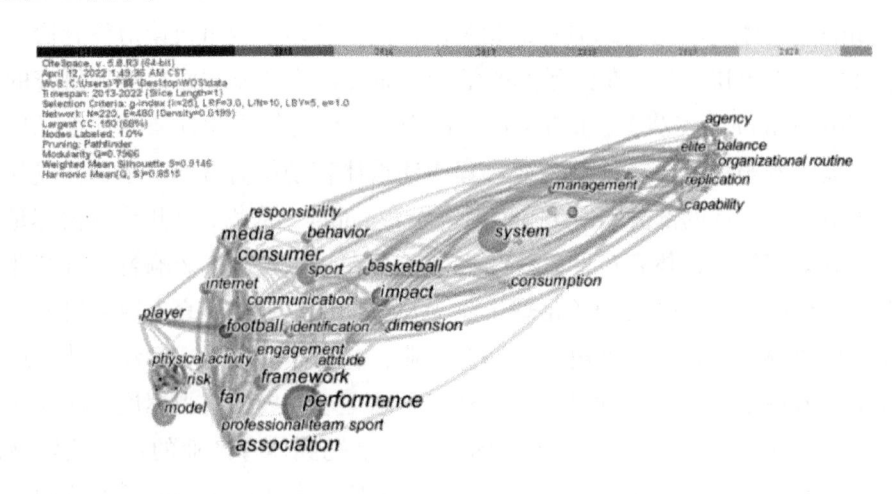

图2-14 2013—2022年国际体育产业研究主题时区分布

图2-14中的关键词和图下方的年代相互对应。通过不同时区分布的关键词，可以分析在不同年代，国际体育产业研究的主题和热点，以及在整个研究历程中，研究主题的演变。

2013—2016年这个时区内主要分布的关键词有：performance（表演）、behavior（行为）、framework（框架）、association（协会）等。在这个时区内研究的主题除体育产业之外，"performance（表演）"为竞赛表演业，竞赛表演业在不同的国家有不同的赛事，其中发展比较好、影响力比较大的有美国橄榄球联盟（1920）、美国篮球联盟（1925）相继成立，加上冰球和棒球组成的北美四大职业联赛[81]。"美国的体育产业就是围绕着几大精品赛事产品，发展大众体育及相关服务，在此基础上扩展体育产业"[82]，以及欧洲的F1赛车也是相同的模式。

在这一时期突出的主题和当时的国际上体育产业的主体产业密切相关，在这一时区研究的主题重在外部的表现形式。

2013—2016年，国际体育产业研究主体与当时国际上体育产业的主体产业类目息息相关。从而，在这一时期形成了以研究国际体育产业外部表现形式为主体的研究趋向。

2017—2019年分布的关键词有：impact（冲击）、basketball（篮球）、dimension（规模）等，体育产业的发展不断接受各个方面的冲击，规模也有所变化。这一时期的研究主题明显偏向体育产业内部发展，体育产业的发展规模、体育产业的相关管理，以及公共体育有关的体育产业。

2020—2022年分布关键词有：system（系统）、management（管理）、consumption（消费）、education（教育）等。在这些词中可以看出体育产业的研究重点逐渐向更专一的方向发展，无论是体育产品或者体育服务，研究越专一，研究的内容也就越详尽，更能满足不同人的需要。

从整体上看国际体育产业的研究过程是从外部的表现到内部的发展，近些年的研究主题更加具体，针对不同年龄、不同职业的体育需求，体育产业也会发展得更符合人们对体育活动的需要。

# 第三章　凝聚共识　大有可为：新时代体育产业发展愿景

## 第一节　新时代体育产业的发展新环境

在新时代社会主要矛盾已经转化的历史条件下，全党全国各族人民更加自觉地增强文化自信，始终坚持和发展中国特色社会主义，切实推进"四个伟大"，坚持中国特色社会主义体育文化发展道路。众所周知，国际奥林匹克运动会已经成为全民关注的体育赛事，每一届的夏季奥运会和冬季奥运会的举办都能被大众所关注。在我国，由于2008年北京奥运会的成功举办，奥运会成为一项深入人心和具有深远影响的国际赛事。时至今日，2008年北京奥运会的影响仍在持续，在政策上主要表现为：将每年8月8日设置为"全民健身日"，由此每年的8月8日，全民健身就会掀起一股浪潮，也带动了许多体育产业的发展。2022年我国已成功举办第24届冬季奥林匹克运动会和许多国际大小赛事，体育热潮方兴未艾，体育产业发展将迎来新一轮机遇与挑战。

国家的繁荣昌盛也为体育的良性发展提供了基础性支撑，在新时代社会矛盾已经转变的条件下，体育为人们的生活带来健康、带来娱乐，满足了人民群众对美好生活向往的需求，具有非常大的潜力和社会价值。截至2020年底，我国的人均收入水平已经达到了32189元。通过欧美等发达国家的发展经验来看，这一阶段国民对于体育、文化等方面的消费需求急剧增长，而我国是一个人口大国，体育人口数量庞大，加之政府政策的支持，具有强大的推动力，由此可以推断，我国已经迈入了体育产业快速增长的时期。

### 一、十分有利的宏观经济环境

大数据时代的到来、供给侧改革、"丝绸之路经济带"和"21世纪海上丝绸之路"的提出都可以作为新的经济增长点。目前，我国物质生活水平大幅度提高，科技创新水平不断攀升，这为我国后续发展创造了源源不断的动力支持。我国作为世界人口第一大国，人口众多，这为体育产业发展提供了充足的人力支持和消费环境。我国体育产业的发展具有体制保证，逐渐完善的社会主义市场经济体制，是我国社会主义发展历程上的一次创新，是我国社会主义探索道路上的一次伟大尝试。我国体育产业的发展具有良好的国际环境。和平与发展是当今时代发展的主题，综观当下国际形势，会有很长一段时间保持和平与发展的国际环境，这为我国体育产业的发展提供了良好的发展环境。

## 二、丰富的体育资源

体育产业的发展在某些方面是对体育资源的开发和利用，从而最大限额满足消费者需求的过程[83]。就目前国际体育产业发展态势来看，我国距离体育产业大国尚有一些差距，落后于美国、德国、英国等发达国家。但是我国是名副其实的体育资源大国，丰富的体育资源代表着我国体育产业拥有着极大的发展空间。由于我国特殊的体育体制，我国现阶段体育资源配置较之以往并没有质的改变，资源的分配更倾向于金牌的获得。我国竞技体育水平毫无疑问已处于世界先进水平，而体育产业发展还尚有不及，我国体育产业发展规模、质量、结构等虽然达到中等发达国家水平，但还有很大的发展空间。

## 三、迅速增长的体育需求

1978年12月，党的十一届三中全会召开，改革开放开始实行。改革开放40多年后的今天，我国社会经济发展水平不断提高，人民物质生活条件不断改善，尤其是信息化时代的到来，促进了整个社会的飞速发展。体育作为集强身健体、休闲娱乐、陶冶情操、培养意志品质和竞争意识于一体的社会文化现象，吸引了广大人民群众的积极参与。传统的体育活动形式已经无法满足人民日益增长的体育需求。其一，群众的体育参与性需求提升。以往传统的广播体操、跑步、跳绳等运动项目已经无法满足当代社会群众的体育需求，更多迎合时代的运动项目普及开来。例如，当下红遍网络的"网红桥"、滑沙、滑草、"水上飞人"等体育运动项目，吸引了大批青少年的积极参与，"网红桥"更是被湖南卫视搬上了荧屏，推广开来。其二，群众对于体育观赏性需求提升。随着大数据时代的到来，人们的生产和生活方式发生了翻天覆地的变化，对于体育运动的观赏也不再满足于电视直播中少数的体育项目和比赛内容。过去，国民受限于不充足的物质条件，难以观赏到令人叹为观止的体育动作、接触到丰富多彩的运动项目。随着互联网时代的飞速发展，观赏各种体育赛事都不再是奢望，如奥运会、世界杯、欧冠联赛、NBA、F1锦标赛、澳网公开赛、法网公开赛、斯诺克世界锦标赛、超级碗等不同项目、不同级别的比赛应有尽有。可以说，改革开放40多年来，我国人民快速增长的体育需求是推动我国体育产业快速发展的强劲动力。

## 第二节 新时代体育产业的发展新需求

体育强则中国强，国运兴则体育兴，这是社会主义强国建设的重要组成部分。我国体育强国建设的主要工作内容包括竞技体育、群众体育、体育产业和体育文化，四者需要协调前行。增强体育产业的综合实力，可以推动竞技体育、群众体育以及体育文化的发展，对于体育强国建设也具有重要的意义。

体育可以强身健体、休闲娱乐、陶冶情操，培养竞争意识、团队意识、坚强的意志品质和良好的思想素质，在人民生活中占据着重要的地位，不可或缺。体育产业对于竞技体育、群众体育、体育文化的发展能够起到助推器的作用，能够有效地推动体育事业的发展。2007年我国体育产业增加值为982.89亿元，近10年来持续快速增长，尤其是2014—2015年度出现了飞跃式的增长，2015年达到了5494亿元。然而，相比发达国家来说，我国体育产业的发展还存在一定的差距。美国、瑞士、英国、德国、日本等国家体育产业占本国GDP的比重分别是2.80%、1.80%、1.56%、1.25%、1.10%，而我国体育产业占本国GDP比重仅有0.56%，远远低于国际平均水平；2020年，我国体育总产值仅占GDP的1.05%。但是，我国体育产业正处于快速发展时期，具备良好的发展环境。

### 一、多样化体育需求日益增多，体育消费市场活跃

随着我国经济的飞速发展、大数据时代的到来，人民生活水平已摆脱温饱，步入小康。马斯洛需求层次理论指出，人在满足了第一层次的生理需要之后，就会追求更为高级的需要。改革开放40多年来，我国经济飞速发展，人民生活水平不断提高，科教兴国、乡村振兴等战略为全面建设小康社会起到了极大的促进作用。体育产业作为国民经济的重要组成部分，可以极大地推动国民

经济的发展，我国体育产业虽然起步较晚，还达不到美国体育产业的GDP占比（2016年美国体育产业的GDP占比为2.67%）[84]，但它已逐渐地推动我国的经济增长，其市场潜力正逐步被发掘。

目前，我国已经逐步迈入小康社会，满足人民群众对于美好生活需要的追求已经成为我国今后工作的重心。体育可以强身健体、休闲娱乐、陶冶情操，培养竞争意识、团队意识、坚强的意志品质和良好的思想素质，在人民生活中占据着重要的地位。体育产业对于竞技体育、群众体育、体育文化的发展能够起到助推作用，能够有效地推动体育事业的发展。

体育消费处于体育产业链末端环节，对经济产业结构优化升级具有积极意义。国家统计局《2020年国民经济和社会发展统计公报》显示，人均国内生产总值（GDP）超过7.2万元，相当于1.05万美元。世界高收入国家标准人均GDP为1.2万美元左右。

## 二、适应体育消费需求升级

需求和供给的关系密不可分，体育用品消费者的需求影响着体育产业的发展。需要运用供给侧思维来推动体育消费市场的改革。体育消费市场的改革需要企业及时调整从研发、生产到服务的一系列服务措施，优化市场资源配置，对于产品及时更新，在品牌和服务上更要求精准，不仅可以改善供给问题，更能刺激消费，在某个方面体育消费的提高又促使体育产业的更进一步发展。

随着我国经济新常态和供给侧的日趋深入，体育消费需求也随之发展创新，并不断适应当前大背景，智能化、便捷化、健康化等新型体育消费在人民的日常生活当中越来越显著。人民生活水平日渐提高，大众开始注重身体健康，体育运动理所当然地成为了人们的首选，体育消费水平开始大大提升。不仅如此，群众的体育消费也在适应新型大背景，环保、大众体验等体育消费观逐渐形成并不断深入。这就要求我们不仅在体育产业上适应大背景，还要与体育消费群体的需求升级做好完整的对接。根据大众体育消费人群的消费方式及时更新企业服务，这一点大大体现了体育消费需求对体育市场供给侧的引领，促使体育企业加快创新，做好产品的同时更要做好服务。随着供给侧改革和"全民健身"在民众生活中的日渐深入，体育人群日渐摆脱了水平低、用品单一的传统消费，随之而来的更是综合体育场馆、专业健身等高层次、多元化的消费方式，这就为体育产业的创新发展提供了一个良好的指引作用。

## 第三节 新时代体育产业的发展新任务

新时代我国人民的生活水平大幅提升，物质生活水平有了保障并且还在持续上升，这种条件下，人们开始追求精神生活，美好的生活不仅表现在丰衣足食上，精神的充盈更是必不可少的。因此，目前人民生活的新要求便是精神生活的丰富、内心的满足。健康的身体是精神生活丰富的首要，于是体育锻炼便成了人们的首选，这就为新型的体育产业创造了机会，不仅关系到体育产业自身的发展创新，更关系着体育消费群体的消费水平的高低。客观条件下，体育产业的发展需要一大批相应人才来满足当前的体育产业需求，这在一定程度上也解决了一部分人的就业问题，推动了经济水平的提高，使更多的人认识到体育运动的重要性。综上所述，体育产业的发展与人民的生活息息相关，能产生良好的产业链效应。第三产业本就是为人们提供更好的服务，协调好企业发展与人民需求的关系，给人民创造更好的福利。

### 一、增加体育产业的有效供给，扭转无效供给的局面

当前，需求不足是我国经济态势下各个产业发展的最主要问题，而造成此现象的原因与传统的体育产业发展体制有着直接联系。如果传统的企业管理模式不能积极适应新的经济态势，就无法满足新的体育市场需求，造成供给不足或者无效供给，给目前我国的体育产业创新发展造成了一定的困扰。虽然说在一般的市场运行中，无效供给是不可避免的，但是如果要改善发展体制、减少无效供给的占比，就需要企业管理者创新企业管理模式，从技术上到管理上都要进行优化升级，全方位转变企业发展理念。体育产业结构的优化升级，具体要求为合理利用有效资源，降低企业运营成本，将无效供给转化为有效供给。体育企业的内部管理与合理把握体育市场动向是体育企业优化升级工作的重要组成部分。在技术、管理、服务、创新的基础上对现代化体育产业进行整体改革，积极满足体育消费的需求，降低无效供给，优化产业结构。

降低无效供给、实现有效供给和需求平衡是我国经济结构改革的重点。体育产业的改革需要更大的上升空间，其可持续发展更是离不开有效供给的不断增长。体育产业积极适应我国经济产业的供给侧改革，全面落到实处，从内而外的整体优化升级，增加有效供给，主要内容有以下几个方面：

第一，具体实施体育企业的全方位优质管理。从各个方面对体育企业进行整体管理，应用现代化科学技术大力提高产品质量、节约产品成本，实施有效管理系统，不但保证了体育产品的质量，又提高了整体服务水平，使整个体育企业体系升级，真正转型成功。从管理的供给方面看，要保证体育产品质量和服务的优质，必须全面、全程等多角度管理，全面综合发展。

第二，迅速转变企业运行机制。目前我国许多体育企业仍然存在传统粗放式发展模式，这就需要体育产业管理机制的及时改革，引进先进技术、构建自己的新型体系，把传统的粗放式运行模式转换为新型的集约式模式，以优化产品质量和企业服务水平。在产品质量认证体系上，通过高标准要求引导企业生产优质体育用品。

第三，积极打造国内、国际实力体育品牌。品牌的核心竞争力始终占据重要地位，尤其是在飞速发展的现代社会。品牌效应在人们的生活中占据着不可估量的地位，生活质量日渐提高，人们追求丰富的精神生活，注重自身健康。一个商品的品牌想要进入千家万户，需要过硬的质量、优质的企业服务、环保优质的材质等，才能成为真正具有影响力的实力品牌。同时，品牌的打造又能促进企业的发展：扩大企业产品推广路径、提升企业的有效供给。①体育品牌的形成是体育产品质量过硬的有利证据，也是体育企业服务优质的有利说明。好的产品不仅需要企业自身的努力，还需要体育消费者的生活体验，二者结合就能产生更大能量的品牌信息，引导更多体育消费者使用，又促使企业更加注重产品质量和服务，互利互惠。②体育品牌的打造实际上是一种提升企业有效供给的行为。品牌首先是企业生产销售，其次需要消费者自身形成对产品的体验感觉、对市场上各类别产品划分确认等级。这时，企业就可以追踪调查产品使用反馈，定位市场消费人群，改革创新自身各个机制，为打造更好的企业品牌做准备，制定各群体精准市场计划，改变产品生产、销售策略。③体育品牌效应促进企业扩大规模，提升企业竞争力。体育品牌产生的一系列效应，促使企业优化升级，降低供给成本，发展规模不断扩大，持续增强企业的核心竞争力。

## 二、加强创新理念，优化体育产业结构

我国体育产业结构目前呈现出不平衡的发展态势，体育用品制造业在体育产业总值中所占比重远超体育服务业，体育服务业的发展水平距离欧美以及日本等体育发达国家还有很大的差距，而且，我国的体育产业因为政府部门的不重视以及职能部门的失职，经历了很长一段集约化程度低、产品质量差、市场

秩序混乱的时期，因此体育产业难以高质量发展。在体育产业结构失衡的问题上，首先，需要政府进行宏观调控，积极引导。通过出台相关政策引导体育产业结构进行优化升级，同时引进新型理念，鼓励创新创业，加速体育产业结构优化升级。其次，我国在2015年提出供给侧结构性改革，其目的在于调整经济结构，实现生产要素的最佳配置。体育企业应该紧跟党和国家的步伐，抓住这次机遇，借此东风加速体育产业结构调整、优化和升级，淘汰落后、无生机的企业，注重理念和技术创新，提高体育企业的核心竞争力。

### 三、加强体育产业人才培养，引领行业竞争制高点

体育产业的发展与新兴产业的高科技专业人才培养息息相关，从管理人员到生产、销售、服务人员，都需要进行专业的培养。由于我国政府角色转变，不再参与企业的资源配置，因此，体育行业的经营管理更需要专业化的人才。

体育产业不同于其他产业，各个部门划分细微、专业技能要求高、价值链较复杂，体育产业人员不仅需要对体育产品研发技能和各个相应体育项目有所了解，对当下的体育项目发展市场趋势也必须有一定程度的把握，这就对体育企业的人才要求有了更大的定位。不仅如此，体育企业人才的专业素质技能还需要一定的跨领域要求，一种体育项目从体育运动员到体育器械、体育场馆都有很高的要求，体育企业人才在各个领域都必须有一定的知识技能储备，在此过程中，培养大量的体育专业人才尤为重要。

由于我国人口众多，拥有巨大的体育市场规模，如果政府和市场同时发挥各自力量，发挥体育企业自身优势的同时，增加服务供给，促进其快速发展，我国体育产业在今后的发展中会呈现更好的态势。

# 第四章 把握现状 方兴未艾：我国体育产业发展现实状况

## 第一节 体育产业法规全力支持

### 一、体育产业政策全力推动体育产业发展

自《关于加快发展体育产业促进体育消费的若干意见》（国发〔2014〕46号）颁布之后，政府和体育总局大力发展体育，从各个方面对体育进行了规划和要求。之后，国务院近些年陆续颁布了众多有关体育产业的政策文件（表4-1）。

表4-1 体育产业的部分相关政策文件

| 发布机构 | 文件名称 | 年份 |
| --- | --- | --- |
| 中共中央、国务院 | "健康中国2030"规划纲要 | 2016年10月25日 |
| 国务院 | 关于加快发展体育产业促进体育消费的若干意见（国发〔2014〕46号） | 2014年10月20日 |
| 国务院 | 关于印发全民健身计划（2016—2020年）的通知（国发〔2016〕37号） | 2016年06月15日 |
| 国务院办公厅 | 关于加强全民健身场地设施建设发展群众体育的意见（国办发〔2020〕36号） | 2020年09月30日 |
| 国务院办公厅 | 关于促进全民健身和体育消费推动体育产业高质量发展的意见（国办发〔2019〕43号） | 2019年09月04日 |
| 国务院办公厅 | 关于进一步扩大旅游文化体育健康养老教育培训等领域消费的意见（国办发〔2016〕85号） | 2016年11月20日 |
| 国务院办公厅 | 关于加快发展健身休闲产业的指导意见（国办发〔2016〕77号） | 2016年10月28日 |

（续表）

| 发布机构 | 文件名称 | 年份 |
| --- | --- | --- |
| 国家体育总局等9部委 | 水上运动产业发展规划（体经字〔2016〕690号） | 2016年10月21日 |
| | 山地户外运动产业发展规划（体经字〔2016〕691号） | 2016年10月21日 |
| | 航空运动产业发展规划（体经字〔2016〕692号） | 2016年10月21日 |
| | 冰雪运动发展规划（2016—2025年）（体经字〔2016〕645号） | 2016年8月29日 |
| | 体育产业"十三五"规划（体经字〔2016〕417号） | 2016年6月27日 |
| | 关于体育场馆房产税和城镇土地使用税政策的通知 | 2015年12月17日 |

在中共中央、国务院印发的《"健康中国2030"规划纲要》中要求：到2030年要具体实现健康服务能力大幅提升。明确了健康中国建设的主要指标，其中在健康水平领域，城乡居民达到《国民体质测定标准》合格以上的人数比例：2015年为89.6%，2020年90.6%，2030年92.2%[85]。2016年5月，国家体育总局发布了"体育发展十三五规划"，为促进中国体育总体协调可持续发展，努力实现体育强国建设目标，发挥体育在健康中国建设中的作用，促进经济转型升级，增强国家凝聚力和文化竞争力等独特作用，是按照中共中央、国务院的统一部署制定："十三五"期间中国体育发展面临的新形势、新任务和新要求。除政府颁布体育产业"十三五"规划外，政府近年来先后出台了多项政策性文件，推动体育产业发展。

2016年10月14日，李克强总理召集国务院常务会议，确定进一步扩大内需的措施，促进服务业发展，促进经济转型升级，要求各级政府出台加快推进发展健身休闲产业，根据当地情况发展冰雪、山地、水上运动、航空等户外运动和民间健身项目等[86]。体育产业的各个方面都在计划之中，对体育产业的下一步发展有巨大的推动作用。

2017年3月，"一带一路"国际合作高峰论坛开幕。习近平总书记在开幕式上致辞。提到的"一带一路"倡议符合时代潮流，符合各国人民的利益，适应发展规律，前景广阔。我们要抓住这一趋势，顺应潮流，推动"一带一路"建设行稳致远，迈向美好的未来[87]。"一带一路"贯穿亚洲、欧洲和非洲。一个是活跃的东亚经济圈，另一个是发达的欧洲经济圈。中部腹地国家经济发展潜力巨大。丝绸之路经济带重点关注中国经中亚、俄罗斯至欧洲；中国经过中亚、西亚到波斯湾和地中海[88]。

在2017年全国体育旅游产业发展大会上，国家体育总局和国家旅游局联合下发了《"一带一路"体育旅游发展行动方案》。到2020年，体育旅游在该地区游客总数中的比例将超过15%。通过体育旅游的全方位交流与互动，促进"一带一路"地区内的政策沟通、产业互助、各国人民之间的联系，将使体育旅游成为"一带一路"的亮点[89]。

2021年"十四五"规划指出要进一步推动高质量发展，深化落实供给侧与需求侧管理。《"十四五"体育发展规划》部署了我国体育产业的发展方向、战略任务和具体措施，是推动体育产业成为国民经济支柱性产业的未来发展蓝图[90]。

## 二、国家体育产业法律法规颁布情况及发展变化研究

1992年6月16日，中共中央、国务院印发《关于加快发展第三产业的决定》。2014年《政府工作报告》中首次提出发展体育产业，随后国务院发布了《关于加快发展体育产业促进体育消费的若干意见》，我国体育产业开始进入全面发展阶段。1995年6月16日，国家体育总局出台了《体育产业发展纲要（1995—2010年）》（以下简称《纲要》），《纲要》规定的具体目标是到本世纪末，基本上形成以主体产业为基础，多业并举，多种所有制并存，共同发展的产业发展新格局。

2010年3月24日国务院办公厅《关于加快发展体育产业的指导意见》（国办发〔2010〕22号）。文件构建出体育产业六个重点任务，分别包括：大力发展体育健身市场、努力开发体育竞赛和体育表演市场、积极培育体育中介市场、做大做强体育用品业、大力促进体育服务贸易、协调推进体育产业与相关产业互动发展。该文件有利于加快体育产业发展，对促进我国由体育大国向体育强国的转变、促进经济社会协调发展具有重要意义。

2011年11月22日，国家体育总局关于印发《国家体育产业基地管理办法（试行）》的通知，第一章第四条提出：注重在全国范围内的合理布局，兼顾区域分布，协调类型布局，依据资源禀赋，合理定位。管理办法对推动体育产业创新、带动体育产业跨越、实现体育产业优化布局具有积极的意义。

2013年12月23日由财政部、国家体育总局印发《中央集中彩票公益金支持体育事业专项资金管理办法》（以下简称《办法》），该《办法》第

二十三条决定，废止1998年9月1日《体育彩票公益金管理暂行办法》；该《办法》第三章第十八条规定：公益金主要用于落实《全民健身计划纲要》和《奥运争光计划纲要》范围的开支，为扶持体育事业奠定了现实基础。

此外，国家体育总局相继在2007年3月12日发布《体育产业"十一五"规划》、2011年4月1日发布《体育事业发展"十二五"规划》、2011年4月29日颁布《体育产业"十二五"规划》、2016年7月13日发布《体育产业发展"十三五"规划》。2021年国家体育总局发布《"十四五"体育发展规划》，进一步加大体育产业宣传力度，营造良好的政策环境、法制环境和社会氛围，加快体育产业发展步伐，推动体育强国建设。要以培育壮大体育市场主体、扩大体育产品和服务供给、深挖体育消费潜力为发展目标，坚持供需两端发力，推动体育产业高质量发展（表4-2）。

表4-2 国家体育产业法律法规颁布情况表

| 制定主体 | 名称 | 制定时间 |
| --- | --- | --- |
| 国务院 | 关于加快第三产业发展的决定 | 1992年6月12日 |
| 国务院办公厅 | 关于加快发展体育产业的指导意见 | 2010年3月24日 |
| 国务院 | 关于加快发展体育产业促进体育消费的若干意见 | 2014年10月20日 |
| 国家统计局 | 国家体育产业统计分类 | 2015年8月27日 |
| 国家体育总局 | 体育产业发展纲要（1995—2010年） | 1995年6月16日 |
| 国家体育总局 | 国家体育产业基地管理办法（试行） | 2011年11月22日 |
| 财政部、国家体育总局 | 中央集中彩票公益金支持体育事业专项资金管理办法 | 2013年12月23日 |
| 国家体育总局 | 体育产业"十一五"规划 | 2006年12月15日 |
| 国家体育总局 | 体育事业发展"十二五"规划 | 2011年4月1日 |
| 国家体育总局 | 体育产业"十二五"规划 | 2011年4月29日 |
| 国家体育总局 | 体育产业发展"十三五"规划 | 2016年6月27日 |
| 国家体育总局 | 关于推动运动休闲特色小镇建设工作的通知 | 2017年5月9日 |
| 国家体育总局 | "十四五"体育发展规划 | 2021年10月25日 |

## 三、我国各区域体育产业法律法规颁布情况及发展变化研究

### （一）我国华北地区体育产业法律法规颁布情况

由表4–3可知，我国华北地区体育产业法律法规共颁布23件，北京市6件、天津市3件、山西省5件、河北省6件、内蒙古自治区3件。

表4–3 我国华北地区体育产业法律法规颁布情况

| 制定主体 | 名称 | 制定机构 | 制定时间 |
| --- | --- | --- | --- |
| 北京市 | 北京市"十二五"时期体育发展改革规划 | 北京市体育局 | 2011年10月25日 |
|  | 北京市体育产业基地管理办法 | 北京市体育局 | 2015年2月6日 |
|  | 北京市服务业发展规划（2015—2020年） | 北京市体育局 | 2015年2月16日 |
|  | 北京市人民政府关于加快发展体育产业的实施意见 | 北京市人民政府 | 2012年5月25日 |
|  | 北京市人民政府关于加快发展体育产业促进体育消费的实施意见 | 北京市人民政府 | 2015年7月9日 |
|  | 北京市人民政府办公厅关于促进全民健身和体育消费推动体育产业高质量发展的实施意见 | 北京市人民政府 | 2021年6月10日 |
| 天津市 | 天津市体育事业发展"十一五"规划 | 天津市人民政府 | 2006年10月20日 |
|  | 天津市人民政府关于加快发展体育产业促进体育消费的实施意见 | 天津市人民政府 | 2015年7月21日 |
|  | 天津市体育局关于印发天津市关于促进全民健身和体育消费推动体育产业高质量发展的若干措施的通知 | 天津市体育局 | 2020年11月12日 |

（续表）

| 制定主体 | 名称 | 制定机构 | 制定时间 |
| --- | --- | --- | --- |
| 山西省 | 山西省人民政府关于加快体育产业发展的意见 | 山西省人民政府 | 2001年2月23日 |
| | 山西省人民政府办公厅关于加快发展体育产业的实施意见 | 山西省人民政府 | 2011年8月11日 |
| | 山西省体育事业"十二五"发展规划 | 山西省人民政府 | 2012年8月8日 |
| | 山西省人民政府关于加快发展体育产业促进体育消费的实施意见 | 山西省人民政府 | 2015年7月31日 |
| | 山西省人民政府办公厅关于促进全民健身和体育消费推动体育产业高质量发展的实施意见 | 山西省人民政府 | 2021年2月10日 |
| 河北省 | 河北省体育事业发展"十一五"规划 | 河北省体育局 | 2007年3月12日 |
| | 河北省体育事业发展"十二五"规划 | 河北省体育局 | 2011年1月27日 |
| | 河北省人民政府办公厅关于扶持体育产业发展的通知 | 河北省人民政府 | 2012年5月10日 |
| | 河北省人民政府办公厅关于扶持体育产业发展的通知 | 河北省人民政府 | 2013年1月6日 |
| | 河北省人民政府关于加快发展体育产业促进体育消费的实施意见 | 河北省人民政府 | 2015年5月29日 |
| | 河北省人民政府办公厅关于印发河北省体育产业发展"十三五"规划的通知 | 河北省人民政府 | 2016年12月17日 |
| 内蒙古自治区 | 内蒙古自治区党委、政府关于加快体育事业发展的决定 | 内蒙古自治区体育局 | 2003年11月24 |
| | 内蒙古自治区体育市场管理条例 | 内蒙古自治区体育局 | 2012年12月31日 |
| | 内蒙古自治区人民政府关于加快发展体育产业促进体育消费的实施意见 | 内蒙古自治区人民政府 | 2015年9月30日 |

## （二）我国华中地区体育产业法律法规颁布情况

由表4-4可知，我国华中地区体育产业法律法规共颁布13件，河南省6件、湖北省5件、湖南省2件。

表4-4 我国华中地区体育产业法律法规颁布情况

| 制定主体 | 名称 | 制定机构 | 制定时间 |
| --- | --- | --- | --- |
| 河南省 | 2001—2010年河南省体育事业发展规划 | 河南省体育局 | 2001年6月28日 |
| | 河南省人民政府办公厅关于加快发展体育产业的意见 | 河南省人民政府 | 2011年2月12日 |
| | 河南省体育事业发展"十二五"规划 | 河南省体育局 | 2011年3月16日 |
| | 河南省人民政府办公厅关于加快发展体育产业的意见 | 河南省人民政府 | 2015年7月1日 |
| | 河南省人民政府关于加快发展体育产业促进体育消费的实施意见 | 河南省人民政府 | 2015年7月28日 |
| | 河南省人民政府办公厅关于促进全民健身和体育消费推动体育产业高质量发展的实施意见 | 河南省人民政府 | 2021年1月8日 |
| 湖北省 | 体育产业"十一五"规划 | 湖北省体育局 | 2007年11月5日 |
| | 关于印发《关于湖北省体育事业单位岗位设置管理的指导意见》的通知 | 湖北省体育局 | 2009年2月13日 |
| | 湖北省人民政府关于印发《湖北省激励和保障竞技体育拔尖人才的政策规定》的通知 | 湖北省人民政府 | 2012年1月4日 |
| | 湖北省人民政府关于加快发展体育产业促进体育消费的实施意见 | 湖北省人民政府 | 2015年8月7日 |
| | 湖北省人民政府办公厅关于促进全民健身和体育消费推动体育产业高质量发展的实施意见 | 湖北省人民政府 | 2020年6月28日 |
| 湖南省 | 湖南省体育事业"十二五"发展规划 | 湖南省体育局 | 2011年11月14日 |
| | 湖南省人民政府关于加快发展体育产业促进体育消费的实施意见 | 湖南省人民政府 | 2015年10月9日 |

## （三）我国华南地区体育产业法律法规颁布情况

由表4–5可知，我国华南地区体育产业法律法规共颁布9件，广东省3件、海南省1件、广西壮族自治区5件。

表4–5 我国华南地区体育产业法律法规颁布情况

| 制定主体 | 名称 | 制定机构 | 制定时间 |
| --- | --- | --- | --- |
| 广东省 | 广东省体育事业发展"十二五"规划 | 广东省体育局 | 2011年6月28日 |
|  | 广东省人民政府办公厅关于加快体育产业发展的意见 | 广东省人民政府 | 2012年12月26日 |
|  | 广东省人民政府关于加快发展体育产业促进体育消费的实施意见 | 广东省人民政府 | 2015年7月28日 |
| 海南省 | 海南省人民政府关于加快发展体育产业促进体育消费的实施意见 | 海南省人民政府 | 2015年8月7日 |
| 广西壮族自治区 | 广西壮族自治区体育事业发展"十二五"规划 | 广西壮族自治区体育局 | 2011年8月19日 |
|  | 广西壮族自治区人民政府关于加快发展体育产业的意见 | 广西壮族自治区人民政府 | 2011年11月3日 |
|  | 广西体育产业城规划纲要 | 广西壮族自治区人民政府 | 2012年4月24日 |
|  | 广西壮族自治区人民政府关于加快发展体育产业促进体育消费的实施意见 | 广西壮族自治区人民政府 | 2015年7月4日 |
|  | 广西壮族自治区体育局关于印发《广西体育产业发展"十四五"规划》的通知 | 广西壮族自治区体育局 | 2021年12月9日 |

## （四）我国华东地区体育产业法律法规颁布情况

由表4–6可知，我国华东地区体育产业法律法规共颁布37件，上海市4件、江苏省6件、浙江省7件、安徽省6件、福建省6件、江西省5件、山东省3件。

表4-6 我国华东地区体育产业法律法规颁布情况

| 制定主体 | 名称 | 制定机构 | 制定时间 |
| --- | --- | --- | --- |
| 上海市 | 上海市人民政府办公厅关于加快发展体育产业的实施意见 | 上海市人民政府 | 2012年4月20日 |
| | 上海市体育事业与体育产业发展"十二五"规划 | 上海市人民政府 | 2012年4月23日 |
| | 上海市人民政府关于加快发展体育产业促进体育消费的实施意见 | 上海市人民政府 | 2015年7月1日 |
| | 上海市体育局关于印发《2021年上海市体育产业工作要点》的通知 | 上海市体育局 | 2021年3月19日 |
| 江苏省 | 江苏省体育事业发展"十一五"规划 | 江苏省体育局 | 2006年3月7日 |
| | 江苏省关于加快发展体育产业的实施意见 | 江苏省人民政府 | 2010年9月10日 |
| | 江苏省体育产业发展"十二五"规划 | 江苏省体育局 | 2011年8月10日 |
| | 江苏省体育产业基地管理办法 | 江苏省体育局 | 2011年9月1日 |
| | 江苏省人民政府关于加快发展体育产业促进体育消费的实施意见 | 江苏省人民政府 | 2015年6月9日 |
| | 关于印发《江苏省"十四五"体育产业发展规划》的通知 | 江苏省体育局 江苏省发展和改革委员会 | 2021年12月23日 |
| 浙江省 | 浙江省人民政府办公厅关于加快发展体育产业的实施意见 | 浙江省人民政府 | 2010年8月3日 |
| | 浙江省体育产业发展规划（2011—2015年） | 浙江省体育局 | 2011年11月25日 |
| | 浙江省海洋体育发展规划（2011—2020年） | 浙江省体育局 | 2011年12月7日 |
| | 浙江省体育产业发展资金项目库管理试行办法 | 浙江省体育局 | 2014年9月20日 |
| | 浙江省人民政府关于加快发展体育产业促进体育消费的实施意见 | 浙江省人民政府 | 2015年6月25日 |
| | 浙江省体育产业发展"十三五"规划 | 浙江省人民政府 | 2016年7月19日 |
| | 浙江省人民政府办公厅关于促进全民健身和体育消费推动体育产业高质量发展的实施意见 | 浙江省人民政府 | 2020年4月17日 |

（续表）

| 制定主体 | 名称 | 制定机构 | 制定时间 |
| --- | --- | --- | --- |
| 安徽省 | 安徽省人民政府办公厅关于加快发展体育产业的实施意见 | 安徽省人民政府 | 2011年9月20日 |
| | 安徽省体育产业发展"十二五"规划 | 安徽省体育局 | 2012年2月2日 |
| | 安徽省省级体育产业专项扶持资金管理暂行办法 | 安徽省人民政府 | 2012年2月23日 |
| | 安徽省省级体育彩票公益金使用管理办法 | 安徽省财政厅、安徽省体育局 | 2017年9月11日 |
| | 安徽省人民政府关于加快发展体育产业促进体育消费的实施意见 | 安徽省人民政府 | 2015年6月25日 |
| | 关于印发《安徽省体育产业"十四五"发展规划》的通知 | 安徽省体育局 | 2022年2月15日 |
| 福建省 | 福建省人民政府关于加快发展体育产业的实施意见 | 福建省人民政府 | 2011年3月17日 |
| | 我省制定体育产业专项资金管理办法 | 福建省财政厅 | 2011年11月1日 |
| | 福州市人民政府关于印发福州市体育事业"十二五"发展规划的通知 | 福州市人民政府 | 2012年3月5日 |
| | 厦门市人民政府关于加快发展体育产业的实施意见 | 厦门市人民政府 | 2012年3月9日 |
| | 福建省发展和改革委员会、福建省体育局关于印发支持和促进我省体育产业发展措施的通知 | 福建省发展改革委员会、福建省体育局 | 2013年1月16日 |
| | 福建省人民政府关于加快体育产业发展促进体育消费十条措施的通知 | 福建省人民政府 | 2015年8月7日 |
| 江西省 | 中共江西省委、江西省人民政府关于进一步加快体育事业发展的决定 | 中共江西省委、江西省人民政府 | 2003年10月17日 |
| | 江西省体育事业"十一五"发展规划 | 江西省体育局 | 2008年3月26日 |
| | 江西省体育事业"十二五"发展规划 | 江西省体育局 | 2011年5月25日 |
| | 江西省人民政府关于加快发展体育产业促进体育消费的实施意见 | 江西省人民政府 | 2015年8月10日 |
| | 江西省人民政府办公厅关于促进全民健身和体育消费推动体育产业高质量发展的实施意见 | 江西省人民政府 | 2020年8月28日 |

(续表)

| 制定主体 | 名称 | 制定机构 | 制定时间 |
|---|---|---|---|
| 山东省 | 山东省人民政府关于加快发展体育产业的实施意见 | 山东省人民政府 | 2012年9月12日 |
| | 山东省人民政府关于贯彻国发〔2014〕46号文件加快发展体育产业促进体育消费的实施意见 | 山东省人民政府 | 2015年8月24日 |
| | 山东省人民政府办公厅关于促进全民健身和体育消费推动体育产业高质量发展的实施意见 | 山东省人民政府 | 2021年12月16日 |

## （五）我国东北地区体育产业法律法规颁布情况

由表4-7可知，我国东北地区体育产业法律法规共颁布8件，黑龙江省3件、吉林省2件、辽宁省3件。

表4-7 我国东北地区体育产业法律法规颁布情况

| 制定主体 | 名称 | 制定机构 | 制定时间 |
|---|---|---|---|
| 黑龙江省 | 关于印发《黑龙江省体育事业十二五发展规划》的通知 | 黑龙江省体育局 | 2011年11月30日 |
| | 黑龙江省人民政府办公厅关于加快发展体育产业的实施意见 | 黑龙江省人民政府 | 2012年1月29日 |
| | 黑龙江省人民政府关于加快发展体育产业促进统一下发的实施意见 | 黑龙江省人民政府 | 2015年8月21日 |
| 吉林省 | 吉林省体育事业发展"十二五"规划 | 吉林省体育局 | 2012年12月30日 |
| | 吉林省人民政府关于加快发展体育产业促进体育消费的实施意见 | 吉林省人民政府 | 2015年12月21日 |
| 辽宁省 | 中共辽宁省委、辽宁省人民政府关于加快我省体育事业发展意见 | 辽宁省体育局 | 2011年1月25日 |
| | 辽宁省体育事业发展"十二五"规划 | 辽宁省体育局 | 2011年8月25日 |
| | 辽宁省人民政府关于加快发展体育产业促进体育消费的实施意见 | 辽宁省人民政府 | 2015年8月16日 |

## （六）我国西北地区体育产业法律法规颁布情况

由表4-8可知，我国西北地区体育产业法律法规共颁布11件，陕西省2件、甘肃省2件、青海省4件、宁夏回族自治区2件、新疆维吾尔自治区1件。

表4-8 我国西北地区体育产业法律法规颁布情况

| 制定主体 | 名称 | 制定机构 | 制定时间 |
| --- | --- | --- | --- |
| 陕西省 | 陕西省人民政府办公厅关于加快发展体育产业的意见 | 陕西省人民政府 | 2010年11月29日 |
| | 陕西省人民政府关于加快发展体育产业促进体育消费的实施意见 | 陕西省人民政府 | 2015年5月13日 |
| 甘肃省 | 中共甘肃省委、甘肃省人民政府关于进一步加快发展体育事业的决定 | 中共甘肃省委、甘肃省人民政府 | 2003年2月12日 |
| | 甘肃省人民政府贯彻国务院关于加快发展体育产业促进体育消费若干意见的实施意见 | 甘肃省人民政府 | 2015年1月28日 |
| 青海省 | 青海省体育事业"十一五"规划 | 青海省体育局 | 2008年4月22日 |
| | 青海省人民政府办公厅转发省体育局关于促进青海省体育产业发展若干意见的通知 | 青海省人民政府 | 2009年9月25日 |
| | 青海省人民政府关于加快发展体育产业的指导意见 | 青海省人民政府 | 2012年10月29日 |
| | 青海省人民政府关于加快发展体育产业促进体育消费的实施意见 | 青海省人民政府 | 2015年6月1日 |
| 宁夏回族自治区 | 宁夏回族自治区体育事业发展第十一个五年规划的通知 | 宁夏回族自治区人民政府 | 2007年11月24日 |
| | 宁夏回族自治区人民政府关于加快发展体育产业促进体育消费的实施意见 | 宁夏回族自治区人民政府 | 2015年7月17日 |
| 新疆维吾尔自治区 | 新疆生产建设兵团办公厅关于促进全民健身和体育消费推动体育产业高质量发展的实施意见 | 新疆生产建设兵团办公厅 | 2021年4月9日 |

## （七）我国西南地区体育产业法律法规颁布情况

由表4-9可知，我国西南地区体育产业法律法规共颁布18件，四川省6件、贵州省2件、云南省5件、重庆市4件、西藏自治区1件。

表4-9 我国西南地区体育产业法律法规颁布情况

| 制定主体 | 名称 | 制定机构 | 制定时间 |
| --- | --- | --- | --- |
| 四川省 | 体育产业"十一五"规划 | 四川省体育局 | 2007年12月21日 |
| | 四川省体育产业基地管理办法（试行） | 四川省体育局 | 2011年8月30日 |
| | 四川省人民政府关于加快发展体育产业的意见 | 四川省人民政府 | 2012年10月2日 |
| | 四川省体育产业发展规划纲要（2011—2020年） | 四川省体育局 | 2013年3月22日 |
| | 四川省人民政府关于加快发展体育产业促进体育消费的实施意见 | 四川省人民政府 | 2015年7月6日 |
| | 四川省人民政府办公厅关于促进全民健身和体育消费推动体育产业高质量发展的实施意见 | 四川省人民政府 | 2020年7月28日 |
| 贵州省 | 贵州省体育事业发展"十一五"规划 | 贵州省人民政府 | 2009年10月14日 |
| | 关于加快发展体育产业促进体育消费的实施意见 | 贵州省人民政府 | 2015年8月5日 |
| 云南省 | 云南省体育事业"十一五"规划 | 云南省体育局 | 2007年3月12日 |
| | 云南省人民政府关于加快发展体育产业的意见 | 云南省人民政府 | 2011年3月11日 |
| | 体育事业发展"十二五"规划 | 云南省体育局 | 2011年5月 |
| | 云南省人民政府关于加快发展体育产业促进体育消费的实施意见 | 云南省人民政府 | 2015年6月12日 |
| | 云南省人民政府办公厅关于促进全民健身和体育消费推动体育产业高质量发展的实施意见 | 云南省人民政府 | 2020年4月29日 |
| 重庆市 | 重庆市体育市场管理条例 | 重庆市体育局 | 2005年3月25日 |
| | 重庆市体育事业发展"十二五"规划 | 重庆市人民政府 | 2012年2月20日 |

(续表)

| 制定主体 | 名称 | 制定机构 | 制定时间 |
| --- | --- | --- | --- |
| 重庆市 | 重庆市人民政府关于加快发展体育产业促进体育消费的实施意见 | 重庆市人民政府 | 2015年6月24日 |
| | 关于印发《重庆市体育产业加快发展行动计划（2018—2022年）》的通知 | 重庆市体育局 | 2018年10月8日 |
| 西藏自治区 | 西藏自治区人民政府关于加快体育产业促进体育消费的实施意见 | 西藏自治区人民政府 | 2015年8月8日 |

由我国各地区体育产业法律法规颁布情况可知，华北地区共颁布23件、华中地区共颁布13件、华南地区共颁布9件、华东地区共颁布37件、东北地区共颁布8件、西北地区共颁布11件、西南地区共颁布18件。从我国体育产业颁布数量来看，华东地区位居第一位，其次是华北地区，依次是西南地区、华中地区、西北地区、华南地区、东北地区。对我国的体育产业法律法规统计发现，我国体育产业规模逐步扩大，产业体系日益健全。但是也存在一些不足之处：现行立法制定时间较晚、数量相对不足；产值规模小，与发达国家存在较大差距；产业结构不均衡，过度依赖体育用品制造；行政化管制下，产业化尚处于发展初期。结合我国的经济、社会、法治和体育等方面的发展，笔者反思了时代发展对我国体育产业相关法律法规进一步完善的要求。虽然文中是从宏观上对我国的体育产业法律法规进行研究与分析，相信本文对我国体育产业法律法规的进一步研究与完善具有一定理论意义。

## 第二节　体育产业规模提速增效

### 一、体育产业的从业规模

我国是一个制造大国，显然在体育用品制造方面同样是世界加工制造大国。对此，我国的体育产业比重中体育用品制造业占据较大部分，体育产业的相关从业人员也比较多。2006年我国体育从业人员为256万人，2014年我国体育相关的就业人员达425万人，增长了169万人。随着体育产业的快速发展，人们对体育活动的需求逐渐加大，体育服务行业的发展速度越来越快，就业人员也逐渐增多。

2015年1月,中国田协取消马拉松赛事审批,国内越来越多的马拉松赛事逐渐发展起来。据统计,2016年由田协注册的马拉松赛事共计328场,是2015年的2.45倍、2011年的15倍。赛事数量和参赛人次均呈现井喷式增长。2011—2019年国内马拉松赛事数量及参赛人次数据统计,从2011年到2016年来看,我国举办的马拉松赛事数量呈逐年上升的趋势,2016—2019年马拉松赛事数量发展稳定,但参与马拉松赛事的人数仍在不断增长,由此可以看出,这些年国内大众对马拉松赛事持续狂热,马拉松赛事的发展处于不断上升态势(图4-1)。

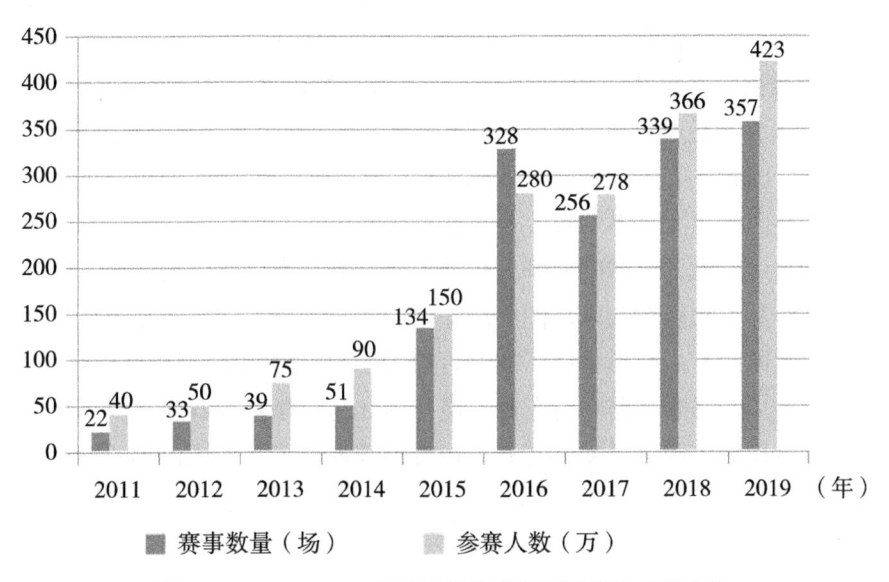

图4-1 2011—2019年国内马拉松赛事数量及参赛人次

根据调查数据显示,2019年全球最具价值的体育经纪公司排行榜,共有来自世界各地的43家体育经纪公司上榜,其中创新艺人经济公司(Creative Artists Agency,简称CAA)以106亿美元,高于对手两倍多的合同总额位居首位,CAA帮助职业运动员签下了总计106亿美元的合同,比去年增加了13亿美元;佣金达到4.142亿美元,比去年增加了6500万美元。在各大体育项目中,CAA签下的合同总额在橄榄球(43亿美元)、篮球(23亿美元)领域位列第一,在冰球(18亿美元)、棒球(16亿美元)领域位列第二,在足球(4.5亿美元)领域位列第九。这是高水平运动员和商业化赛事的一个标志。经纪业务是确保运动员专注竞技水平,同时提升运动员商业价值的环节。随着整个市场的成熟,未来中国体育经纪业务将会进入职业化和公司化的阶段,直到完成高度规模化,出现第一梯队。目前，国内体育经纪产业刚刚起步，易凯资本估算2016年中国体育明星经纪市场为10亿元。中泰证券预测，2025年中国体育经纪业有望达2500亿元。根据《Goal》统计，中超2015—2016赛季转会费在各大联赛总排名第一。随着足球、篮球联赛的市场化以及搏击、电子竞技等产业的崛起，中国体育经纪业将进入高速发展期。赛事活动数量与影响力不断提升。国家体育总局颁布的《竞技体育"十三五"规划》中鼓励与支持有条件的"三大球"等大球与乒乓球、羽毛球等小球项目的发展，逐渐引领这些球类项目走向专业化道路，不断将这些球类项目向成熟化与职业化方向上推进。2016年11月中篮（北京）体育有限公司（简称CBA公司）成立，CBA公司"管办分离"改革"两步走"正式迈出第一步。北京市以2008年北京夏季奥运会为切入点，举办了一系列国际知名的体育品牌赛事。例如，中国网球公开赛、北京马拉松、国际铁人三项联盟世界杯等。上海作为国际化的城市，把城市作为举办各类国际顶级赛事的重要名片和宣传平台；2022年北京成功举办冬季奥运会，北京成为了全球唯一举办夏季奥运会和冬季奥运会的城市，从而很大程度上提升了北京在全球范围内的知名度和影响力。依据数据统计，2002年至2021年期间，广州市举办了超过百项国际与全国知名的体育比赛。除此之外，包括环青海湖公路自行车赛、厦门国际马拉松赛等赛事也日渐成为亚洲乃至世界顶级的赛事活动，并有力地带动和提升了举办城市相关产业的协调发展。

## 二、体育产业的结构规模

运动鞋服行业作为体育产业当中的一个相关产业，其标准化程度高，容易形成规模效应，因此在中国体育产业中迅速成为支撑行业。但随着2011年起行业一直下滑，市场持续冷却。虽然2014年起有上升的趋势，但是从整体来看，体育行业的驱动力量势必减弱，整个体育产业结构未来会有新的变化。据官方数据统计，2014年我国体育产业规模大致由体育场馆、休闲健身、体育赛事、体育用品、体育彩票组成。其中体育用品所占体育产业结构比例最大为79%，依次是体育赛事占8%、休闲健身占6%、体育场馆占5%、体育彩票占2%。研究结果可以得出，我国体育产业结构中体育用品所占比例太大，而体育场馆、休闲健身、体育赛事、体育彩票所占比例相对较少，出现了严重失衡现象（图4-2）。

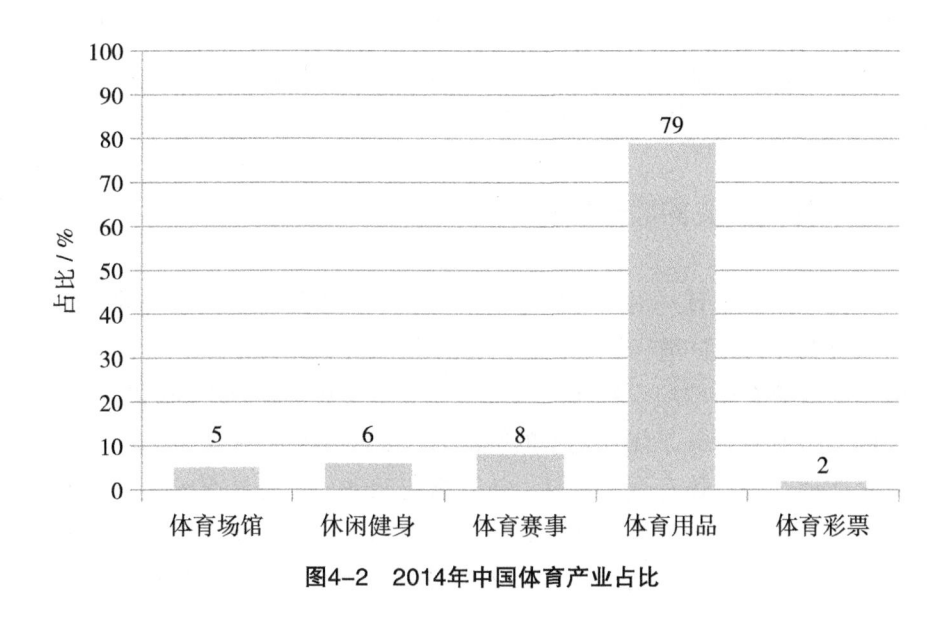

## 第四章 把握现状 方兴未艾：我国体育产业发展现实状况

图4-2 2014年中国体育产业占比

我国体育产业结构失衡的原因，一方面是因为目前我国体育服务产业的有效供给不足，在体育服务领域，缺乏大型企业，而中小型企业中又普遍存在经营场所不合理、设施不足的问题，这些问题直接导致了我国居民体育服务消费需求得不到释放。另一方面，是因为人们的体育消费意识不强，仍有一部分人认为没有必要在体育服务上花费，这导致我国中低端体育服务消费不足；同时受到土地、环境等限制，一些高端体育服务消费项目供应存在大量缺口，如高尔夫等。

未来，随着居民消费水平的普遍提高和健康意识的增强，我国居民在健康管理方面的需求将进一步被激活。调查数据显示，2020年全国体育产业总规模为27372亿元，增加值为10735亿元，与2019年相比，总产出下降7.2%，增加值下降4.6%；受新冠肺炎疫情影响，多数体育产业类别增加值出现下降，其中，体育场地和设施管理增加值下降20.2%，体育经纪与代理、广告与会展、表演与设计服务下降16.9%，体育用品及相关产品制造下降8.1%。以非接触性聚集性、管理活动为主的体育服务业增加值保持增长，其中，增速最高的是体育传媒与信息服务，增长18.9%，其次是体育教育与培训，增长5.7%。

发展体育服务业，首先要认识到体育服务业的发展是体育产业结构的一次转型升级，同时，也是现有制度的改革和转换的过程，因此必须首先在制度上取得突破，逐步建成开放、竞争的体育市场体系。未来体育产业由体育制造向体育服务业延展，应以运动项目为中心，积极寻求体育产业与其他产业的融合发展，如体育旅游、运动医疗等。

### 三、体育产业的服务规模

2014年国家统计局对20岁以上的人群做了关于体育健身活动的问卷调查。超过50%的人群进行体育健身活动，与2013年调查相比，进行体育健身活动的人数有所增加。目前我国不同人群对体育市场有不同的需求，如儿童群体一般更青睐于体育相关的智能玩具；中学生和大学生一般更青睐于体育运动服饰、体育运动器材、体育智能软件、体育社交等；工作者一般更青睐于体育健身锻炼、体育娱乐、体育赛事等；老年人更青睐于体育锻炼社区、体育医疗辅助用品等。从发展的基础条件、市场和政府的意愿等各方面看，增加体育服务供给潜力巨大。目前的新形势已经形成了互联网与体育相结合的局面，各种各样的体育消费与互联网联系密切。例如，过去服饰用品、体育器材等用品都是通过市场、商店来进行交易的；而在当今这个互联网发达的阶段，随着淘宝、京东等众多互联网交易平台的出现，有更多的人青睐于在这些交易平台上购买自己喜欢的体育用品。当然这些互联网交易平台，不仅仅局限于这些体育服饰和体育器材物品，而且还有相关的体育书籍、体育玩具等种类多样的与体育相关的物品。当前，随着数字化、信息化发展期，各种体育消费不仅仅局限于吃与穿阶段的追求，体育赛事的不断发展，越来越多的大众群体也非常愿意参与进来。体育企业融资成功包括体育在线服务业是主要的投资方向；运动社交和记录类产品的产业链环节短、门槛低，更易获得资本方青睐；足球、高尔夫、健身、骑行是热门的服务项目。

2010—2020年中国体育服务业产值规模统计分别得出，2010年为335亿元、2011年为445亿元、2012年为570亿元、2013年为693亿元、2014年为835亿元、2015年为1060亿元、2016年为6827.1亿元、2017年为8018.9亿元、2018年为15686亿元、2019年为14929亿元、2020年为14136亿元。由此看来，中国体育服务业得到了较好的发展（图4-3）。但是在中国体育产业中，体育服务行业没有占据较大的比重。由于过去中国是制造大国，当前的体育产业更多的倾向于服装、制造和销售等体育用品。要想提高国家的知名度,不能仅仅依靠发展这些制造业,当下中国应更加重视发展硬实力。只有依靠科技创新,才能提高国家的国际地位、更好地提高中国的话语权。

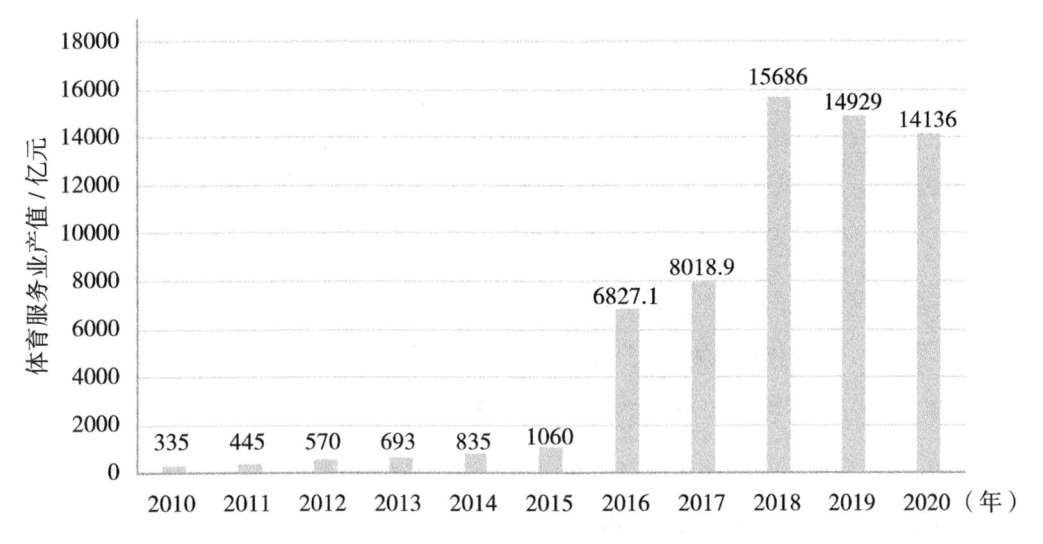

图4-3 2010—2020年中国体育服务业产值统计

当前科技水平的不断加速,人民生活水平逐渐提高,人们更加关注自己的健康生活,越来越多的人们愿意参与到体育活动中去,这必将促使广大消费者对体育需求不断增加,更多地带动相关体育产业的消费,拉动体育相关产业不断增长。近年来,群众体育也在逐渐的开展,越来越多的群众积极投入到体育活动当中,更好地促进了体育事业的发展。未来几年,我国体育服务行业仍将保持快速发展,体育服务行业发展较为迅速。在今后的发展过程中,我国体育产业产值还会持续上涨,所占体育产业比重将会越来越多。

在2013—2015年互联网体育行业投融资金额方面,2013年我国互联网体育行业整体获得投资金额为0.4亿元,创业项目获得投资金额为0.4亿元;2014年我国互联网体育行业整体获得投资金额为24.1亿元,创业项目获得投资金额为4.9亿元;2015年我国互联网体育行业整体获得投资金额为65.5亿元,创业项目获得投资金额为30.6亿元。由此看来,我国呈现互联网体育行业整体获得投资金额与创业项目获得投资金额逐渐增长的趋势,并且出现互联网体育行业整体获得投资金额大于创业项目获得投资金额的现象(图4-4)。

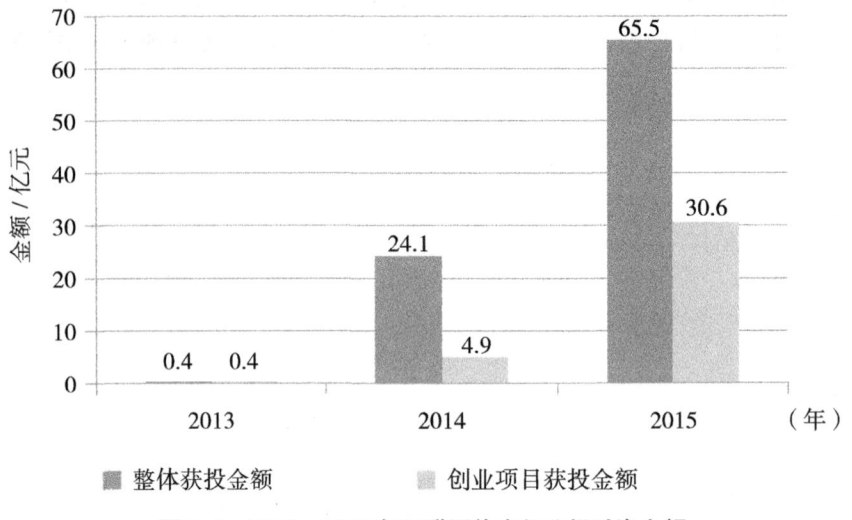

图4-4 2013—2015年互联网体育行业投融资金额

## 四、体育产业的需求规模

体育作为有效需求并达到一定规模，要以较高的收入水平作为支撑。2014年统计网络电视、手机彩票、社会化媒体等移动应用的使用率显著提升——以世界杯大赛为例。数据显示，网络电视增长103.50%、手机彩票增长46.77%、微博增长32.10%、体育资讯增长24.98%、移动M增长14.06%、日程备忘增长13.24%、新闻资讯增长9.31%、综合类视频增长8.34%（图4-5）。

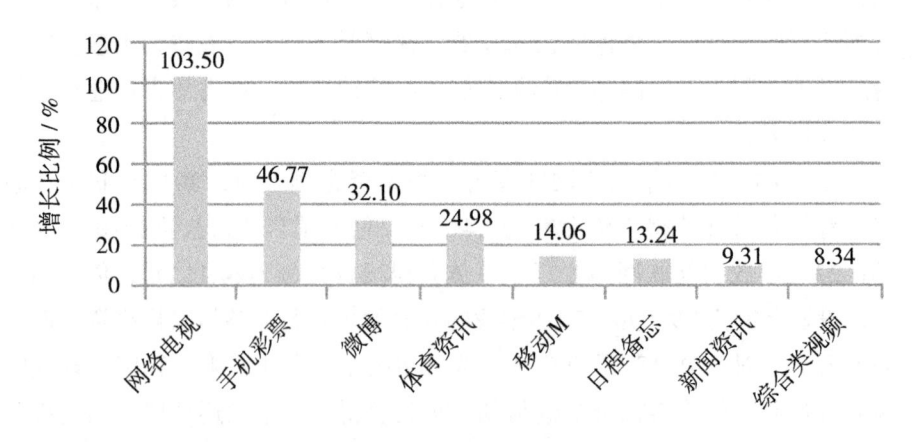

图4-5 2014年用户使用移动应用的次数增长情况

（数据说明：统计时间为2014年6月6日—6月8日与6月13日—6月15日的对比数据）

## 第四章 把握现状 方兴未艾：我国体育产业发展现实状况

根据艾媒数据中心调查统计，2012—2019年中国互联网体育用户规模不断增加，在2018年超过5亿人，2019年人数达到5.8亿，近几年增长速度有所放缓，但仍有较大的发展空间，中国体育网民数量占整体网民数量的50%，网民在全国人口中占比54.3%。一方面说明现有互联网体育用户占据了最优市场，消费潜力较大；另一方面，新用户的挖掘需在年龄和地域的维度上下沉，从中心区走向外延区。

北京2022年冬奥会的申办成功，政府提出让更多的人参与到冰雪运动中。结合特色旅游的冰雪经济，可能会成为当地的高潜力项目。国家体育总局提出，2025年我国冰雪产业规模将增至1万亿元，将占到体育产业总规模的1/7。考虑到产业协同，在部署场地、交通和文化资源的同时，也应该加强冰雪从业人员、上下游配套产业的培育发展。

我国2006—2018年国内滑雪运动参与人数和人次的数据表明，2006—2018年的参与人次分别为210万、225万、235万、248万、270万、300万、348万、408万人、460万、568万、646万、703万、742万人；参与人数分别为440万人、470万人、500万人、550万人、630万人、700万人、800万人、900万人、1030万人、1250万人、1510万人、1750万人、1970万人。由此可得我国近些年国内滑雪运动参与人数与人次逐年增加，呈现一个良性的发展趋势。（图4-6）

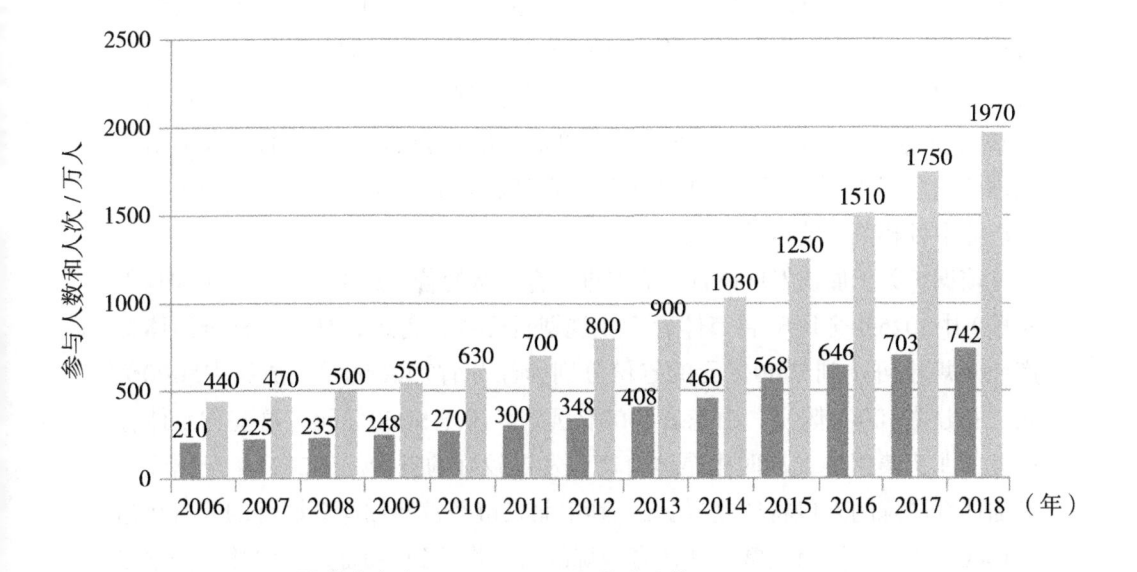

图4-6　2006—2018年国内滑雪运动参与人数和人次

（数据来源：万科，《中国体育滑雪产业白皮书》）

根据相关数据显示，2020年受新冠肺炎疫情影响，全国范围内健身场馆经历了长短不一的歇业，这期间淘汰了不少经营状况欠佳的健身场馆。截至2020年12月，中国健身俱乐部门店数约44305家，比2019年的49860家减少了11.1%。2020年中国健身人口数量达到7029万，在14亿的总人口基数下，中国的健身人口渗透率约为5.02%，目前会员在全部健身人群中渗透率为1.47%，而美国的这一数据为17.6%。专业健身市场的另一个分支在快速发展，具备社交属性的健身App，总体用户渗透率（不去重）可能超过1亿。轻量化、娱乐化、社交化的特殊性使得移动电竞快速吸引了大量没有电竞经验的新用户。电竞赛事对移动电竞起到巨大的推广作用。

### 五、体育产业的发展规模

据统计，由2006至2015年我国体育产业平均增速来看，2006年我国GDP增加值为216314.00亿元，2015年我国GDP增加值为689052.00亿元，平均年增长率为13.74%；体育产业2006年增加值为982.89亿元，2015年增加值为5494.39亿元，平均年增长率为21.07%；体育服务业2006年增加值为168.15亿元，2015年增加值为2703.62亿元，平均年增长率为36.15%；体育制造业2006年增加值为781.57亿元，2015年增加值为2755.46亿元，平均年增长率为15.03%；体育建筑业2006年增加值为33.17亿元，2015年增加值为35亿元，其中，平均年增长率为0.7%。在2013年实现增加值3563亿元，同比增长13.6%，2006—2013年复合增长率为20.2%。由此可以得出，体育产业的增加值逐渐增多，中国体育产业近年来始终保持较快的增长，但要意识到平衡体育产业中各相关产业链的发展。

依据《关于加快发展体育产业促进体育消费的若干意见》（国发〔2014〕46号）中2025年全国31省市体育产业规划目标统计得出，规划目标全国体育产业总规模可达到5000亿元的省份分别为江苏省7200亿元、浙江省5000亿元、福建省10000亿元、山东省6000亿元、广东省9000亿元，这些省是体育产业的龙头集聚地，同时也是体育产业发展较好的省份。到2025年全国经常参加体育锻炼的人口将达到5亿人。其中北京市经常参加体育锻炼的人口将达到1500万人，天津市经常参加体育锻炼的人口将达到730万人，河北省经常参加体育锻炼的人口将达到2700万人，山西省经常参加体育锻炼的人口将达到1400万人，内蒙古自治区经常参加体育锻炼的人口将达到1300万人，辽宁省经常参加体育锻炼的人口将达到1980万人，吉林省经常参加体育锻炼的人口将达到1000万人，黑龙江省经常参加体育锻炼的人口将达到1500万人，上海市经常参加体育锻炼的人口将达到1100万人，江苏省经常参加体育锻炼的人口将达到3500万人，浙江省经常参加体育锻炼的人口将达到2200万人，安徽省经常参加体育锻炼的人口将达到3000万人，福建省经常参加体育锻炼的人口将达到1550万人，江西省经常参加体育锻炼的人口将达到1635万人，山东省经常参加体育锻炼的人口将达到3950万人，河南省经常参加体育锻炼的人口将达到4000万人，湖北省经常参加体育锻炼的人口将达到2200万人，湖南省经常参加体育锻炼的人口将达到2400万人，广东省经常参加体育锻炼的人口将达到4700万人，广西壮族自治区经常参加体育锻炼的人口将达到1900万人，海南省经常参加体育锻炼的人口将达到316万人，重庆市经常参加体育锻炼的人口将达到1400万人，四川省经常参加体育锻炼的人口将达到3000万人，贵州省经常参加体育锻炼的人口将达到1100万人，西藏自治区经常参加体育锻炼的人口将达到100万人，陕西省经常参加体育锻炼的人口将达到1500万人，甘肃省经常参加体育锻炼的人口将达到1000万人，青海省经常参加体育锻炼的人口将达到224万人，宁夏回族自治区经常参加体育锻炼的人口将达到1300万人，新疆维吾尔自治区经常参加体育锻炼的人口将达到800万人。总体来看，我国体育产业的政策颁布与实现，使体育产业得到较快的发展，从而为我国迈向体育产业强国打下坚实的基础。

## 第三节 体育产业结构持续优化

### 一、竞赛体育表演供给

#### （一）体育竞赛表演业概念界定

1995年，国家体委颁布实施了《体育产业发展纲要》，正式以政府的名义提出了"竞赛表演业"的概念。体育竞赛表演产业是由竞技体育的商业化，教练员、运动员、裁判员的职业化产生的结果，属于竞技体育的范畴，同时也是体育产业的一部分。研究学者分别给予竞技体育表演产业概念不同的界定，但是对体育竞赛表演业的解读有共同的特征：①体育竞赛表演业都是由运动员参与；②体育竞赛表演业具有竞技性；③体育竞赛表演业具有竞赛规则。

## （二）我国体育竞赛表演产业政策的三个阶段

第一阶段：萌芽阶段（1978—1995年），1979年我国召开了全国体工会议，会议的工作重点是"迅速改变竞技体育水平低的状况"。在此以后，我国竞技体育比赛成绩有了很大的进步，在国内有许多全国纪录被刷新。在1984年洛杉矶奥运会上，由于我国运动员出色的表现，最终实现了我国奥运金牌零的突破，金牌排行位居总排行榜的第四位。国家体委更加坚定了改革我国体育体制的决心，并将训练体制与竞赛体制两者作为改革的重点，训练体制与竞赛体制两者都与竞赛表演业有着很大的联系。1984年中共中央颁发了《关于进一步发展体育运动的通知》的政策通知。1986年国家体委颁发《关于体育体制改革的决定》的政策文件。从十一届三中全会以来，我国逐渐出台了许多体制改革的相关政策。1989年国家体委出台《全国体育运动单项竞赛制度》，规范了我国竞赛表演的项目与分类、赛事的名称和形式、赛区的组织管理，以及相关经费与奖励，为我国往后颁布的全国性竞赛管理的相关政策提供了参考。1990年我国成功举办了第11届亚运会，极大地推动了我国竞赛表演业的发展，从而增强了我国竞赛体制改革的自信心。

1992年党的十四大，我国经济体制改革的目标确立为社会主义市场经济体制。1992年我国竞赛表演业迎来了春天，体育体制改革将把足球项目作为全面突破。全国足球俱乐部逐渐建立起来，我国将足球运动作为体育竞赛体制改革的试点，从而极大地推动了我国体育市场发展，足球运动在全国逐渐推广开来。1993年国家体委颁布了《关于深化体育改革的意见》。政策提出了加快落实我国运动项目协会实体化，建立具有中国特色的项目协会制度的目标。在《关于深化体育改革的意见》中，对开拓竞赛表演市场，强化竞赛管理方面提出了新的要求。1995年国家体委出台了《体育产业发展纲要》（以下简称《纲要》）。该《纲要》在竞赛表演业方面主要围绕承办高水平赛事，通过社会力量提供赛事所需的经费，完善相关的法律法规，实行规范政府管理与社会办理相结合的运行体制。该《纲要》首次提出了"体育竞赛表演"等相关的概念，因此该《纲要》是我国竞赛表演业的命名性文件，对竞赛表演业的发展起到了积极的推动作用。1995年，《中华人民共和国体育法》在第三十一条规定："国家对体育竞赛实行分级分类管理。"这从法律方面对我国不同类型的竞赛组织管理的相关问题进行了严格的规范，使得今后国家在管理竞赛表演业有了法律保障。

第二阶段：初步阶段（1996—2009年），1996年，为了规范全国性体育活动的管理，对举办全国性体育赛事的财务预算和针对体育市场化经营初期出现的不合理现象进行了严格的管理规定。伴随着时代的进步，我国逐渐建立起各种各样的与竞赛表演相关的俱乐部，为了让这些与竞赛表演相关的俱乐部得到较好的管理与发展。国家体育总局于1999年出台的《关于加快体育俱乐部发展和加强体育俱乐部管理的意见》体现了政府通过一定的行政手段对全国体育俱乐部进行严格管理，从而对促进我国体育竞赛表演业的发展具有积极的意义。

21世纪初期，我国的经济一直保持着渐增长的趋势。当时的第一、第二、第三产业稳步协调发展，我国体育竞赛表演业迎来了机遇与挑战。2000年国家体育总局出台了《全国体育竞赛管理办法》，此《办法》做了多次的修改，内容更加丰富，对赛事管理方面提出了严格的规范要求，从而更好地管理体育赛事。同时，国家体育总局颁布了《2001—2010年体育改革与发展纲要》，该《纲要》中明确指出将体育竞赛表演业分为赛事举办与俱乐部两部分，将发挥社会组织的集体力量开展体育赛事。这些文件表明，国家希望运用政策来引导体育竞赛表演市场，让社会各界发挥自身优势融入体育竞赛表演的市场行业当中。2006年是我国"十一五"规划的开局之年，国务院颁布的《关于加快发展服务业的若干意见》指出，在经济发展中服务消费结构调整发挥了极大的作用，努力发展体育服务业，不断丰富人民群众的精神文化活动。

2008北京奥运会的成功举办促进了我国体育市场的发展，我国体育表演产业也得到了更好更快的发展。2010年我国颁发了《关于加快发展体育产业的指导意见》，指出要加大体育竞赛的开发力度，打造出自己的品牌赛事等。该阶段我国经济发展比较快，人们的生活水平得到了极大的提高。

第三阶段：全面发展阶段（2010至今），2010年，国务院办公厅出台了《关于发展体育产业的指导意见》，充分发挥竞赛表演业的作用。2011年，国家体育总局出台了《体育产业"十二五"规划》，把竞赛表演业作为重点产业，充分发挥竞赛表演业的引领作用，更好地带动体育产业相关业态发展。

2014年，国务院颁布了《关于加快发展体育产业促进体育消费的若干意见》，该文件提出了许多指导性的意见，首先是使体育产业结构更加的合理，然后是加大竞赛表演业在体育产业中的比重，在体育赛事方面要重视对特色赛事的培养，完善产业结构。不断发展体育休闲、竞赛表演、场馆服务等体育服务业，打造体育服务业特色工程，鼓励与帮助各地创建众多优秀体育俱乐部和品牌赛事。不断充实业余体育赛事，依托学校、企业、事业单位广泛开展多样化的体育比赛，积极支持体育社会组织开展大众体育休闲活动。减少限制体育竞赛表演发展的相关政策，通过政策的作用，更好地让社会组织力量参与体育产业的开发，从而更充分的让社会各界投入到赛事当中去。

2015年出台了《中国足球改革发展总体方案》，该文件明确：将通过以足球改革为试点带动其他竞技体育改革，政策指明了现阶段对足球改革的战略意义。此方案对过去一直困扰我国职业体育赛事以及相关竞赛表演发展的问题给出了相应的解决办法。2010年以来，国务院颁发的竞赛表演业相关政策越来越多，有利于逐渐使政策体系优化、内容可操控加强，改革的相关方案涉及的内容越来越多。政府重视，极大地促进我国竞赛表演业的发展。当前社会消费结构正在转变，人们的体育消费意识逐渐加强，体育消费需求逐渐增长，竞赛表演业将迎来新的发展机遇。

近年来，我国体育竞赛表演产业快速发展，已经成为推动体育产业纵深发展和建设健康中国的重要引擎。但也要看到，我国体育竞赛表演产业存在有效供给不充分、总体规模不大、大众消费不积极等问题。2018年国务院办公厅出台《关于加快发展体育竞赛表演产业的指导意见》，从体育竞赛表演产业发展面临的实际问题出发，推动体育竞赛表演产业快速、健康、可持续发展，遵循体育竞赛表演产业发展规律，营造市场主体公平有序竞争的发展环境；坚持"体育＋"和"＋体育"的做法，促进体育竞赛表演产业与文化和旅游、娱乐、互联网等相关产业深度融合，拓展发展空间，为经济增长提供支撑；立足各地特色体育资源和功能定位，推动不同地区体育竞赛表演产业多样化、差异化发展；培育一批具有较强市场竞争力的体育竞赛表演企业，使体育竞赛表演产业成为推动经济社会持续发展的重要力量。2022年北京成功举办第24届冬季奥运会，将我国体育竞赛表演业的发展推向新的高度。

### （三）我国体育竞赛表演产业政策存在的问题

体育竞赛表演产业政策一些规定过于含糊。体育竞赛表演的比赛应该是公平、公正、公开的，当比赛中出现了令双方不公平竞争的状况时，其中的竞赛就失去了它原有的意义。因此我们要对比赛中可能出现的或者是已经出现的不公平的问题作出较为清晰的界定，避免今后出现类似的状况。

政府过度干预体育竞赛表演市场。从我国群众体育、学校体育和竞技体育的发展状况来看，竞技体育在我国的发展较好，我国对竞技体育的投入一直也都高于群众体育与学校体育，相关部门很重视在各种大型体育比赛中得到的金牌数量，一切职业性的比赛都只能为国际性的大型比赛或奥运比赛服务，从而影响国内职业体育比赛的发展。

体育竞赛表演产业缺乏市场定位。只有举办更多更好的体育赛事，进行体育竞赛表演产业市场的经营活动，才能使体育竞赛表演产业拥有一个良好的发展环境。而我国一些体育组织者对体育市场的认识还不太了解，并且缺乏一定的市场定位，致使体育竞赛表演产业市场没有得到较好的开发。因此，赛事举办的频率和质量都要提高，促使赛事有形资产和无形资产密切的结合，才能创造出更大的经济效益。但是对于有价值的明星、项目等开发力度不足，应该多些相关的政策扶持。

### （四）我国体育竞赛表演产业的发展现状

经济的发展决定着体育竞赛表演的发展。当人们自身的温饱问题得到较好的解决后，人们才能有更多的精力去追求精神文化需求，去关注体育竞赛表演。近几年我国体育竞赛活动也越来越多，如世界女排大奖赛、中国网球公开赛和大师杯、NBA季前赛中国站的比赛、国际田联黄金赛上海站、篮球斯坦科维奇杯等比赛。

当前国内有许多城市体育竞赛表演产业发展速度比较快，2008年北京成功举办的第29届奥运会；2009山东省承办的第十一届全国运动会；2010年广州市举办的第16届亚运会；2011年武汉举办了男子篮球亚洲锦标赛等赛事。这些赛事刺激了赛事举办地区的体育竞赛表演市场的繁荣，并为当地带来了较好的经济与社会效益。

#### 1.北京市体育竞赛表演产业的发展

北京作为我国的首都，是一线城市，在经济发展方面始终名列前茅。近些年北京在体育竞赛表演产业上发展比较迅猛，2008年成功举办了北京奥运会，2011年相继举办了北京市冬泳俱乐部第32届冬泳表演大会、CUBA中国大学生篮球联赛北京赛区选拔赛（甲乙组）、第32届"首开健康杯"网球赛、中国足球协会杯赛、2011世界单板滑雪巡回赛、贺龙CBO常规赛、总决赛北京篮协秋季联赛等。2012年相继开展了美国BIG PLAY棒球交流赛、中国房山·长阳CSD中国业余高尔夫球冠军赛等。2013年相继举办了FESCO2013卡丁车大赛、北京市大学生龙舟赛、2013北京路亚年度挑战赛、北京市少年儿童轮滑俱乐部联盟杯速度轮滑比赛等。2014年相继举办了北京国际马球公开赛、北京市体育传统项目学校足球比赛等。2015年相继举办了"亚洲杯"邀请赛、北京"俱乐部杯"

轮滑联赛等。2016年相继举办了花样滑冰世界杯（中国站）、中国足球协会超级联赛等。2017年相继举办了国际篮联三对三大师赛世界巡回赛、北京国际马拉松等。2019年举办了排球、足球、篮球等运动项目联赛。2021年相继举办了全国雪车锦标赛、首届北京冰球公开赛、全国男子冰球锦标赛等赛事。2022年举办了盛大的冬季奥林匹克运动会。

### 2. 陕西省体育竞赛表演产业的发展

陕西省在体育竞赛表演业上已经形成了自己特色项目。2018年相继举办了"丝绸之路"中国·渭南华山国际公路自行车赛、中国·韩城"海燕新能源杯"第一届全国特色小（城）镇篮球邀请赛、韩城市第二届"优米杯"篮球赛、"舞王杯"国际标准舞（体育舞蹈）全国公开赛暨第三届丝路中国民俗舞蹈技能大赛、"李宁杯"第八届全国田径耐力项目高原地区对抗赛、"功夫时代"跆拳道系列赛城市王者挑战赛（陕西站）等。2019年举办了羽毛球、篮球、气排球、乒乓球联赛，除此之外，还有体操、健美操锦标赛，以及田径、游泳等项目省级竞赛。

### 3. 河南省体育竞赛表演产业的发展

河南体育竞赛表演业已初具规模，除长期以来的河南建业男足、河南豫光金铅女篮、女排。河南在近些年一直努力打造相关品牌赛事，政府和社会应该认真总结这些赛事的成功经验，进一步扩大影响力，培育和发展更多独具河南特色的体育赛事。在体育表演业方面，值得一提的是"塔沟武校"和"少林功夫"，他们已经逐渐走出河南，走向全国，走向世界，成为了河南体育表演业的最好形象。

### 4. 湖北省体育竞赛表演产业的发展

湖北省在2015年举办了亚洲U16女足锦标赛。2016年相继举办U17队国际友谊赛、武汉网球公开赛、亚足联—中国足协C级教练员培训、2016年中国国际公路自行车赛第一阶段第六赛段武汉新洲绕圈赛、"昆仑决"世界极限格斗赛、高尔夫美巡赛武汉公开赛、ITF国际男子网球巡回赛武汉站、中国山地自行车公开赛第三站、女子武术散打全锦赛、世界体育舞蹈大奖赛、全国现代五项青年锦标赛、2017年相继举办全国马拉松游泳冠军赛、2017—2018年赛季乒超联赛、全国现代五项冠军赛（武汉站）等。2018年举办了国际篮联篮球世界杯吉祥物的发布会。2019年湖北省武汉市成功举办了第七届世界军人运动会。

### 5. 湖南省体育竞赛表演产业的发展

湖南省在2016年相继举办Nature Run越野挑战赛、全国大众跆拳道系列赛湖南站等。2017年相继举办中国垂直马拉松联赛长沙站、常德柳叶湖国际马拉松赛、全国体育舞蹈锦标赛、长沙国际马拉松赛、中国株洲2017CKC中国卡丁车锦标赛总决赛等。2018年相继举办中国攀岩联赛第四站、国际名校赛艇挑战赛、国际篮联3对3大师赛长沙预选赛、（中国长沙）洲际拳王争霸赛、长沙望城国际铁人三项赛、"中建信和"杯五人制足球赛、四国青年男篮争霸赛、威克多杯全国羽毛球冠军赛、中华龙舟大赛（长沙芙蓉站）、中国击剑俱乐部联赛长沙站、全国田径大奖赛株洲站、洪江黔阳古城国际半程马拉松赛等。2021年开展了"长房杯"系列赛事，包括篮球赛、足球赛、气排球等球类项目。

### 6. 安徽省体育竞赛表演产业的发展

2016年安徽省举办的体育赛事水平和规模都得到较好的发展。近些年，国家级赛事先后吸引了中国男子排球联赛、环巢湖全国自行车邀请赛、中国乒乓球超级联赛等招牌体育赛事在安徽省举办，为安徽省体育竞赛表演业的发展提供不可多得的好机会，这也为安徽省体育竞赛表演业的发展做了贡献。

### 7. 广东省体育竞赛表演产业的发展

广东省经济发展比较迅速，在体育竞赛表演产业方面也发展较快。2017年举办了广东足协联赛、中国五人足球联赛、深圳国际马拉松赛、首届广东省马术俱乐部联赛香港赛、云浮市第十二届"体彩杯"篮球赛、9球国际公开赛总决赛等。2018年举办了CBA全明星赛、粤港澳大湾区佛山桂城三人篮球赛、青少年篮球节、Topper帆船世锦赛、中国业余网球俱乐部联赛、中武杯武术精英赛、中国大师杯举重比赛、"霸武狼"世界极限拳王争霸联赛、篮球世界杯预选赛、全球华人羽毛球团体锦标赛等。2021年广州市举办了中国网球巡回赛，东莞市相继举办了广东省青少年蹦床锦标赛、广东省青少年花样游泳锦标赛。

### 8. 青海省体育竞赛表演产业的发展

青海省2015年第十四届"青海农信杯"环青海湖国际公路自行车赛、2016年举行了"中国体育彩票杯"青海省武术散打锦标赛。2017年相继举行了中国青海国际冰壶精英赛、青海省大学生异程公路接力、第二届中国青海湖高原越野精英赛、青海·岗什卡国际滑雪登山挑战赛、第13届中国青海国际抢渡黄河极限挑战赛、2018年举行了第十七届环青海湖国际公路自行车赛。

**9. 内蒙古自治区体育竞赛表演产业的发展**

2016年由内蒙古自治区体育局主办的2016第三届内蒙古（国际）马术节、内蒙古第二届中俄国际竞技垂钓邀请赛、内蒙古自治区传统武术套路锦标赛、全国青少年足球冠军杯赛、2016年首届"图腾明睐"国际射箭邀请赛、乌兰察布国际马拉松、全国竞走锦标赛等。2017年相继举办了全国女子篮球锦标赛（鄂尔多斯赛区）、全国自由式滑雪空中技巧冠军赛、2017年中国呼和浩特第六届国际冬泳精英挑战赛、全国公路自行车冠军赛、中国足协赛事等。2018年相继开展了第五届内蒙古国际马术节、自治区青少年足球锦标赛、赤峰市第五届体育舞蹈公开赛、中国BMX自行车联赛等。

综上所述，我国一些省市在体育竞赛表演业发展较好，体育竞赛表演在不同省份都举办了不同的项目，形成了各自省份体育竞赛表演的特色。今后我们不仅要举办体育竞赛表演的赛事，而且要带动体育竞赛表演业相关产业的发展，例如，电视转播权、广告权、冠名权、吉祥物和会徽等，这些都在体育竞赛表演赛事中发挥着很大的作用，只有这样才能更好地促进体育竞赛表演业更好的发展。

## 二、体育健身休闲供给

新时期的体育健身休闲的供给对我国大众体育全民健身的发展起到了主导性的作用。

### （一）体育休闲的概念

通过文献资料法对所有有关体育休闲的文献进行检索，学者们对体育休闲的定义各抒己见。《从广场舞扰民看城市体育休闲公共空间的缺失》中对体育休闲的定义是："体育休闲是人们在清闲的时间里没有组织地进行各种健身活动，在可活动的场所以锻炼身体为意识的活动。"体育休闲本身就是一种精神体验，它是人与休闲环境的结合，是一种对人的社会性、生活意义、生命价值存在的享受。体育休闲行为主要包括五种类型：①以身体练习为主要特点的运动，如打篮球、踢毽球等；②在安静条件下进行的非体力运动，如下棋、打牌、钓鱼等；③体育赛事的观赏，包括体育比赛的现场观看和通过媒体直播观看；④体育文化鉴赏，以体育艺术展览、体育场馆为主要内容的运动观光；⑤体育咨询和体育博彩活动，主要内容为学习体育知识、阅读体育杂志等。通过对体育休闲的认识和了解对体育休闲进行定义：体育休闲是指在闲暇的时间内将体育活动作为业余时间的生活方式，在进行体育活动的过程中主要以休闲、娱乐为活动目的，人们进行身心锻炼的娱乐方式，在进行体育休闲时人们活动的方式多样化、充分满足人们身心锻炼的需要。体育休闲包括体育赛事观赏、体育雕塑欣赏、体育艺术展览、桥牌等各种休闲娱乐活动。

在《全民健身条例》的实施中将全民健身与体育休闲结合进行叙述并给体育休闲下定义：体育休闲是在国民体育健康的基础上，倡导人们进行体育锻炼，在空闲时间中进行体育锻炼，从而增强身体健康的体育活动。

### （二）体育健身的概念

健身属于体育活动也属于一种体育项目，健身是一种可以增强力量、耐力、协调等身体能力的运动项目，健身还包括徒手健美操、韵律操、形体操及各种自抗力动作，健身的主要目的是以增进身体健康为目的所进行的身体锻炼活动。体育健身属于体育产业的一部分，体育健身的含义是以满足消费者强身健体的娱乐休闲为目的，利用相应的健身器材、场地和技术的支持所进行的体验与锻炼。体育健身更加趋向体育运动，并且存在一定的目的性，与体育休闲存在一定的不同，但是也有相同之处的体育活动。

体育健身产业是体育产业的重要组成部分，它是在非实体的组织形式下，向社会大众提供体育健身、娱乐服务的单位和个人的组合。1992年中共中央国务院颁发了《关于加快发展第三产业的决定》，为体育健身产业的发展提供了政策性的理论支持。依据我国体育健身产业的发展将体育健身产业分为以下几个方面：第一，体育健身娱乐的经营实体；第二，大众体育竞技表演提供专业的竞赛裁判服务，例如社会大众举办的篮球比赛等；第三，体育健身为社会大众提供定期的保健、康复服务，例如为一些老年人提供运动处方，从而防止老年人由于过度体育运动而导致运动风险；第四，注重体育健身活动形式的开发，提高社会大众对体育健身的兴趣，做到快乐健身、理智健身。体育健身突出以身体练习为主要手段，关注身体生长发育和体能发展，通过对健身项目和运动项目的选择和学习，培养体育健身的爱好和运动特长，获得科学健身的方法，养成文明健康的生活方式，具备在不同环境中坚持体育健身的适应能力。

### （三）健身休闲产业的概念

2025年，我国健身休闲产业的规模期望值达到三万亿的产业规模，并且将健身休闲列入我国国民经济的重要组成部分，从而增加了国家经济的消费，促进国家经济实力不断增强，人们的生活水平不断提高。将马拉松、自行车、登山和滑雪等运动列入健身休闲产业的行业，促进我国新兴运动的兴起，新兴运动人才的就业层面增多，从侧面增加了就业岗位，减少了就业压力。健身休闲主要指"以体育运动为载体、以参与体验为主要形式、以促进身心健康为目的，向大众提供相关产业和服务的一系列经济活动"[91]。在健身体育休闲中，由于角度不同，健身休闲的内容载体、活动形式、根本目标和服务对象也有所不同，因此在健身休闲的定义中要看所定义的健身对象是谁，具体到个体的运动对象。健身休闲产业主要有四种特性：复杂性、经济性、社区性、环境性。健身休闲产业的复杂性主要包括服务行业的复杂性，所包含的服务行业类型较多。健身产业的复杂性还可以从运动项目方面进行叙述，依据季节将运动项目分为夏季项目和冬季项目，各季节项目所包括的项目种类较多，健身休闲产业的服务产品增多，所涉及的范围广泛，体现健身休闲产业的复杂性。健身休闲产业从字面的意思来说与大众体育、全民健身体育存在一定的相同之处，但是也存在一定的区别，健身休闲产业存在经济价值，能够带动相关产业的快速发展。随着人们生活水平的不断提高，人们更加注重精神生活，因此为健身休闲产业的发展提供了更大的消费市场。广场舞在我国广受欢迎，无论是乡村还是城市随处可见广场舞的群众性组织，但是缺乏一定的组织管理，因此在健身休闲产业的社区性中要更加强调群众性活动。健身休闲活动具有一定的地域性特征，一切的健身休闲活动都是在特殊的地域环境中进行的[92]。

### （四）新时代健身体育的定义

在"新时代"健身休闲更加注重健身休闲产业带来的经济效益，我国各省份在健身休闲产业都制订了规范性的条例法规。例如，甘肃省依据《关于加快发展健身休闲产业的实施意见》制定了甘肃省健身休闲产业总规模达到300亿元的目标，文件中还提出，甘肃省将在2025年建设具有影响力的健身休闲产业基地，健身休闲产业的范围不断扩大，使得健身休闲不再仅限于我国大众所接触到的体育运动，还将包括各类休闲项目的休闲区、体育旅游等健身休闲产业的发展，从而增加健身休闲产业的体育消费水平，不断促进国家经济实力的蓬勃发展。

### （五）新时代健身休闲的发展现状

"新时代"各省份依据国家的发展态势就健身休闲产业发展方向制定符合自己省份需要的法律规范，对健身休闲产业进行合理的规划，健身休闲产业的发展在一定的程度上促进了我国经济水平的提高。但是在发展中也出现影响不好的问题，例如"广场舞事件"等不利于社会和谐发展的问题，这也是阻碍健身休闲产业发展的一个重要因素。由于健身休闲产业的消费者和行动者是一个庞大的群体，健身休闲具有一定的社会性、随意性，因此在健身休闲产业的管理上有很大的困难，并没有统一的标准，所以，各省份制定健身规则是很重要的，在健身休闲活动的时间、场所、组织形式等方面都要作出严格的规定，从而减少健身休闲活动中的不和谐因素，为人们健身提供一个良好的环境。

我国健身休闲产业的发展于我国改革开放时期，随着人们经济水平的不断发展，人们的温饱问题基本上得到了解决，人们开始注重身体健康。体育运动项目逐步走入大众的生活，经济水平较高的消费者逐步将经济消费的一部分注入健身休闲消费，健身休闲产业逐步成为健康投资的一种时尚，随着健身消费人群的不断增多，健身休闲领域的体育经营运动项目也不断增加，在健身休闲领域逐步出现了私营企业、个体企业、外资企业和中外合资等经济体，使得我国健身休闲产业逐步制度化、大众化，我国开始效仿国外的经营模式，出现健身房、运动项目休闲场所等各种新兴的体育产业。健身休闲产业在我国的发展已进入了成熟阶段，但是在国际上，我国的健身休闲产业发展仍然处于发展阶段，在健身休闲的发展中仍然存在一定的问题：首先，我国"新时代"下健身休闲产业区域发展不平衡，健身休闲产业的发展主要集中在沿海较为发达的地区，而内陆地区健身休闲的发展相对不发达；体育消费不平衡，沿海地区经济水平高，人们对健身休闲产业的消费投入较多，而内陆地区人们的经济水平并不高，人们对健身休闲运动的了解较少，因此，内陆地区健身休闲产业的发展并不理想。其次，健身休闲产业的行业管理需要加强。健身休闲产业是由主管体育事业的行政机构进行管理的，在管理过程中所出现的问题首先是对个人经营的健身休闲相关机构没有一个统一的管理标准，政府在健身休闲的管理中更加注重对官办企业进行管理而对私人企业的管理较少，这样的管理方式会产生很多不必要问题，例如，有关部门进行管理时没有一个统一的标准，在对一些不符合条件的私人企业无法让其进行更正，在对企业进行管理费的收缴过程中容易产生矛盾，不利于健身休闲产业的快速发展；再者对推进全民健身的发展具有不利的影响，全民健身计划的发展不能只依靠政府的扶持，而且需要政府和私人企业共同推进，这样不仅能够推进全民健身计划的发展还能够推进健身休闲产业的发展，我国健身休闲产业的发展中较为重要的是全民健身计划的推行以及社会大众进行的民间体育运动。最后，在健身休闲产业中出现了产权关系不分明、资产管理不恰当的问题。产权关系不分明主要指的是各体育委员会之间所负责的具体项目不同，但是所管辖的项目之间也存在交叉的部分，并且有一些合作项目中时间较长、收益不明显，因此在产权、资金的分配等方面存在一定的歧义，不利于健身休闲产业的快速发展。

## （六）新时代健身休闲产业的现实状况

我国健身休闲产业的发展机遇主要包括两个方面：第一，政策性的机遇。中共中央国务院在2014年将全民健身提高到了国家战略的层面，从而将体育产业与全民健身紧密的联系在一起，然而全民健身政策属于社会体育的一种表现形式，健身休闲产业能够促进全民健身计划的发展，促进我国大众体育的快速发展。2016年我国提出了"健康中国2030"，明确指出"推动健康服务供给侧结构性改革，补齐发展短板，推动健康产业转型升级"。"健康中国2030"对中国健身休闲产业的发展提供了很大的政府支持，国家的提倡和宣扬使得健身休闲产业的发展前景不断明朗，对促进我国国民健康的总体水平有着重要性的支持作用。"十四五"体育发展规划以落实全民健身国家战略，推进健康中国建设为发展目标，要构建更高水平的全民健身公共服务体系，组织实施全民健身场地设施补短板工程，持续推动公共体育场馆免费或低收费开放，完善绩效评价及资金补助政策；开发国家社区体育活动管理服务系统，推动建立国家、省（区、市）、县三级互联互通的全民健身信息服务平台。在相关政策引领下，健身休闲产业主要包括健身休闲设施建设运营、健身休闲综合服务体打造、健身休闲产业带等方面的内容。健身休闲产业主要是各省依据自身的实际情况制定符合本省需要的健身休闲产业发展相关政策，符合国家在健身休闲产业中的发展趋势，我国健身休闲产业与去年相比总体呈上升趋势。第二，经济战略上的发展，习近平总书记在经济新常态的叙述中将经济新常态概括为速度、结构和动力，然而在健身休闲产业下，庞大的消费团体是健身休闲产业与经济新常态结合的一个重要条件，我国近几年健身休闲产业的居民消费总产值较高，使得国家越来越重视健身休闲产业的发展。

### （七）新时代健身休闲的发展状况

新时代我国健身休闲产业的快速发展需要两个必备的有利条件：第一，大众人群的收入情况；第二，人们要有一定的娱乐时间和健身意识。在这两个条件的基础上健身休闲产业也可以快速发展。在我国发达城市人们生活节奏过快，人们需要一个释放压力和强身健体的场所，而健身休闲产业的产生可以解决这些问题。所以在发达城市，健身休闲产业是一个社会大众迫切需要的新兴产业，并且在发达城市新兴的健身休闲产业有一定的经济基础，政府对于健身休闲产业的发展提供公共设施和公共服务，支持健身休闲产业的快速发展。在发达城市中健身休闲产业的发展具有多元化，在健身休闲产业的发展开始之前以运动健身项目的俱乐部为主，但是随着健身休闲产业发展的成熟，健身休闲产业的发展形式开始增多，不仅仅集中在健身房的行业之中，例如，健康城、高档健身休闲会所等形式的健身娱乐场所的出现深受社会大众的欢迎和喜爱。健身产业的发展更多呈现的是"连锁式"的方式进行发展，实行的方式更多是类似企业、集团的形式，这种形式的发展使得健身产业有了更大的消费群体，连锁性质的健身休闲产业的发展很大程度上吸引消费者的心理，积极解决消费者在进行休闲运动的时效性。在我国，北京是发展水平最高的一线城市，健身休闲产业健身娱乐场所随处可见，大都采取的是连锁式的经营方式，不管消费者在何时何地，只要有健身休闲场所都是可以进行运动的，不受时间、地点的局限性。就北京而言，健身休闲产业的发展在经济结构中占有相当大的部分，影响着北京经济水平的发展。健身休闲产业的发展带动了我国保险行业的快速发展，健身休闲产业的企业会提醒会员购买健康保险，减少健身休闲产业在发展过程中所产生的纠纷问题，能够更好地促进健身休闲产业的快速发展。

在相对不发达的城市中，健身休闲产业在国家政策的促进下也存在一定的发展，但是与发达城市相比受到发展速度缓慢、经济基础较弱、人们健身锻炼的意识较低、积极性有待提升等方面因素的影响。内陆地区对外界接受信息的发展不很明确，人们将更多的时间分配在工作发展阶段，对于在健身休闲产业发展中的消费处于朦胧阶段，人们健身娱乐的意识不强，消费人群数量较少阻碍了健身休闲产业的发展。

## （八）健身休闲产业的发展阶段

健身休闲产业在体育产业的发展过程中具有重要的地位和作用，我国新时代下健身体育产业的发展主要与我国的全民健身、健康中国的政策有着密不可分的关系，随着经济水平发展的不断提高，人们的生活水平和生活质量也呈上升趋势，人们有了更多的闲暇时间，更加倾向于参加各种各样的健身休闲活动，这样的发展大环境为健身休闲产业的发展提供了良好的发展机遇。

国外健身休闲产业的发展分为三个发展阶段：第一阶段是贵族化发展阶段，二十世纪六七十年代在美国兴起了网球、高尔夫球等高档的体育休闲项目，而参与者大多处于社会的上层或者是皇家贵族，因此健身休闲产业逐步演变为贵族性的体育活动。第二阶段是大众化发展阶段，国外健身休闲产业发展的大众化是在20世纪70年代以后，健身操等有氧健身运动成为了国外社会风靡的健身运动，标志着国外健身休闲产业大众化的快速发展。第三阶段是多元化的发展阶段，21世纪以后，美国的健身休闲产业发展较为迅速，同时参与健身休闲产业的体育人群也在不断地扩大，在很大程度上促进了国外休闲体育的快速发展。

我国健身休闲产业的发展也可以分为三个阶段：第一是准备阶段，主要的时间可以具体到1980—1991年，我国健身休闲产业萌芽产生，由于20世纪80年代有氧健身操传入我国，并快速成为了社会大众所向往的健身休闲项目，人们对健身休闲的场地、器材及健身产品的需求增加，健身休闲产业开始逐步出现在社会大众之中。第二是发展阶段，从1992年到2001年，随着我国改革开放的进一步发展，各地开始推进双休的工作制度，使得人们除了工作以外可以有时间进行其他的安排，双休工作制度的推行为我国健身休闲产业的发展提供了时间上的条件和保障。随着国家经济实力的不断上升，科技水平的不断发展，人们逐步告别了手动时代，一些家用的电器随之产生，也在一定程度上节约人们每天的工作时间，人们不断缩减工作时间提高工作效率，从而社会大众开始有更多的时间进行健身休闲体育锻炼。第三是成长阶段，成长阶段是2002年至今，第29届奥运会的申奥成功，激发了社会大众对体育运动项目的热情和重视，也提高社会大众对于健身休闲体育的积极性和参与程度。我国在2009年颁布的《全民健身条例》设立了全民健身日，为健身休闲产业的发展提供了支持。我国健身休闲产业的发展在2008年北京奥运会成功举办后全国人民参与体育健身活动的热情高涨，从2008年之后我国人均国内生产总值已经超过了3000

美元，为体育健身休闲产业的发展奠定了物质基础，2015年之后，我国体育健身休闲产业的发展开始持续性增加，社会大众的物质生活条件的改善、人们空闲时间的增多、思想观念的转变和开放，使得健身休闲产业的发展注入了更多的活力。在商业发展的持续下，社会大众的发展消费观念也发生了巨大的改变，更多的消费群体将资金使用在健身休闲的运动项目上，促进了社会经济的快速发展。

### （九）新时代背景下健身休闲产业的发展趋势

新时代我国健身休闲产业的发展呈上升趋势，但是也存在一定的发展问题，阻碍健身休闲产业的快速发展，因此，在健身休闲产业发展趋势中不仅要体现健身休闲产业的发展趋势，也要关注健身休闲产业发展过程中所出现的问题，对所出现的问题及时提出解决的办法。

新时代健身休闲产业所面临的问题主要体现在消费观念上，健康生活，积极参与健身休闲体育锻炼、享受健身生活的观念正在逐渐深入人心。健身休闲产业的发展不仅能够提高社会大众的身体健康，而且还能够增强人们的眼界，使人们更加热爱健身休闲项目，提高健身休闲产业的消费，促进健身休闲产业的发展。

健身休闲产业在城乡居民中存在明显的需求不足。健身休闲产业的发展与社会大众的生活水平和生活方式存在一定的直接关系，城乡居民的经济能力对我国健身休闲产业的发展有着决定性的作用。根据2016年国家统计局对健身休闲产业的发展数据显示，整体需求呈现比较稳定的趋势，但是在实际的发展中我国城乡居民健身休闲产业的发展水平以及部分需求依然没有达到平稳发展水平，在健身休闲产业的发展中仍然要提高居民健身休闲产业的消费，增强居民对健身休闲产业的消费数量。但是由于我国人口众多、消费的渠道也是多种多样，人们更多的投资是房子和汽车、基本生活品的投资，以及医疗、教育等各种因素的投资，对于健身休闲产业的投资较少，消费水平也不是很高，并且我国城镇化的比率较低，与发达国家相比城市化水平较低、存在较大的差距，这也是阻碍我国健身休闲产业发展的一个因素。

健身休闲产业在发展中还存在体育场地设施数量需求不足的问题。在我国各大社区中公共的健身休闲设施随处可见，但是公共体育设施的利用问题也成为了一个新的问题。我国公共设施的维护和居民对健身器材实施没有得到保障，现阶段我国还出现的一个问题就是公共体育设施所产生的安全问题，社区中公共设施的去留问题的也成为社会的一个热点问题，一系列的问题都不利于健身休闲产业的发展。健身休闲体育场地的设施在空间上也存在很大问题，随着城乡之间的差距不断加大，城市人口数量不断增多，人们对于生活质量的追求不断提高，更多的农村人口开始向城市聚集，城市的人均占据面积不断的减少，在健身休闲体育场地方面所提供的健身场地不能够满足人们的健身需求。例如，在城镇健身休闲产业的发展中出现了"广场舞抢占场地的事件"，不利于社会的安定发展。

健身休闲产业在发展中出现人才不足的情况。所谓的人才不足主要指的是人才数量较少、人才质量较低、精英人才短缺、人才创新意识薄弱、人才知识老化等人才问题。我们可以看到在高校中健身休闲产业相关专业高等院校的数量明显不足，没有后备人才的供给，但是随着我国健身产业的不断发展，对于健身休闲产业的专业人数需求量很大，因此，健身休闲产业的发展需要更多专业性人才，国家应该更加积极开设相关专业，为健身休闲产业的发展提供后备人才。

新时代我国健身休闲产业的发展出现了严重失衡的状况，健身休闲产业的规模较小。健身休闲产业发展的规模是由我国国情决定的，我国经济发展区域失衡对健身休闲产业的发展起到了巨大的推动作用，我国健身休闲产业发展失衡的原因主要有：第一，区域失衡。由于我国经济发展不平衡使得各地区健身休闲产业的发展规模、发展水平都存在明显的差异，其中与其他地区差距较大的是我国西部地区，由于我国西部地区经济发展较慢，导致了西部地区健身休闲产业的迟缓发展。第二，布局失衡。我国健身休闲产业的发展大多集中在城市的繁华地带，然而居民小区对于健身休闲运动设施的配置较低。第三，项目开发失衡。我国健身休闲产业的项目开发大多是操舞类、球类的运动项目较多，并且每个城市健身休闲产业项目的发展都大同小异，并且各区域没特色的运动，从而导致健身休闲产业缺乏特色。第四，健身休闲产业的结构不平衡。在新时代的背景下我国经济发展快速，但是我国健身休闲产业总体发展规模较小、发展速度较慢，在今后的发展中仍然有较大的发展空间。

### 三、体育场馆服务供给

近年来，国民经济飞速发展，从申奥成功到顺利举办夏季奥运会，到全民健身大热潮、三亿人上冰雪，最后北京冬奥会圆满落幕。体育运动成为一种潮流与时尚，各类体育赛事和健身活动接连举办，国民对体育场馆服务的需求增大。公共体育场馆是由政府投资建设，用于开展各种体育活动和提供体育服务的场地,在公共服务行业占据十分重要的地位。

### (一)体育场馆的概念

体育场馆是我国体育事业和体育产业的重要载体之一,运用文献资料法对有关体育场馆文献进行检索。在《中国体育及相关产业统计》一书中这样定义"体育场馆指可供观赏比赛的场馆和专供运动员训练的场地管理活动。主要包括综合性体育场、体育训练基地、网球、滑冰馆、足篮排球场馆、羽毛球比赛场馆,还有其他一些类型的综合场馆"[93]。在《鄂尔多斯市大型体育场馆提升社会服务功能研究》一文中,对体育场馆是定义为"体育场馆,未来满足大众进行体育锻炼、进行的体育消费而修建的运动场所的总称。它主要对社会公众开放,并提供各类服务的体育场馆、游泳馆、田径棚、风雨球场、运动场,以及其他各类室内外场地,群众体育健身,娱乐休闲活动的体育俱乐部、体操房、健身房,以及其他的简易健身场地"[94]。尽管定义有所不同,但是其大意和主要的内容没有大的差别。无论对于体育场馆怎样定义,最终其职能都是为大众的运动健身、竞技比赛、运动训练,以及观赏比赛提供场所,为体育产业做出贡献。由于体育赛事不断地增多,我国各地也在兴建各类体育场馆,而且这些场馆大都是国家或地区财政进行投资建设的,由一些企业进行管理。由于举办的赛事类型及大小各有不同,所以这些场馆的规模、设施及性质也各种各样。随着国家经济的不断发展,传统的体育场馆资源配置已经无法满足人们的需求,也不符合目前体育行业的要求,大众需要更高质量、高标准的设施和服务,因此,我国的大部分体育场馆都面临着改革的问题。

### (二)体育场馆服务的概念

体育场馆服务是指以体育场馆为基础平台,在体育场馆的前提下组织各种活动。体育场馆公共服务是为满足运动训练、大众体育消费,利用体育场馆及自身资源来丰富大众体育文化生活为目的的服务[95]。体育场馆服务的完善能够大大提升国民的体育参与度,体育场馆服务也是促进体育产业不断向前发展的一大推动力。体育场馆的服务质量是通过顾客的满意程度来体现的,主要是指以体育场馆的设施和产品为媒介,通过大众对服务的满意程度及评价来确定体育场馆服务质量。现实中,许多体育场馆的管理人员对体育场馆的服务质量存在一定的误解,他们认为服务质量体现在对体育场馆的管理水平、维护力度上，现实是场馆的服务要从大众出发，切实考虑到大众的需求，从顾客的角度来提升服务质量。

### （三）体育场馆产业的概念

进入21世纪，体育产业已经成为我国最具活力的朝阳产业之一，体育产业能够带动我国经济增长，提高我国的经济实力。体育产业和其他产业一样，都需要市场效益与经济效益的支持，但是体育产业也具有其独特性，主要以公益性为主，以增强全民体质为主要目标。体育场馆产业就是以体育场馆为核心，通过对体育场馆的运营来创造经济效益。体育场馆能够满足各种体育赛事、文化演出、健身休闲、商业活动和会展等多种活动的举办，可以从这些活动中获得经济效益和社会效益。各种各样的文体活动成为了体育场馆运营的核心，是体育场馆产业的重要组成部分，体育场馆产业由这些文体活动和与其相关联的其他活动组成。随着体育场馆产业的改革进步，场馆的运营者开始拓展经营的路径，不单单只是对场地进行出租，更多的是创造更加多元化的运营方式，从旅游、文化演出、商务会展等其他方面入手拓宽体育场馆产业的范围。从体育场馆本体产业出发，在扩大其本体产业的基础上努力拓展其相关产业的发展是体育场馆服务产业的最终目的。

### （四）体育场馆服务供给的现状

《国务院关于推进大型体育场馆管理改革的指导意见》中强调，大型体育场馆不仅要具有承办赛事与群体活动的能力，增加大型活动开展数量，同时还应大力开展健身培训类项目，不断提高大型体育场馆运营管理能力和公共服务水平。为了能够提升大众的体育运动满意度，满足人们对体育场馆的需求，我国不断兴建体育场馆，然而在这个过程中仍然存在着一些问题。像大型的比赛型体育场馆所占比例很大，导致场馆在供给方面出现严重不足和大量空余的两极分化问题。大型的比赛场馆只用于大型的体育比赛，而在没有比赛的时期则处于闲置阶段，其他的体育场馆并不能满足人们的运动需求，导致这些场馆供不应求。大型体育场馆的修建耗费资源很大，但是却没有充分利用，发挥其最大的功能，这也属于一种资源浪费。一边是资源浪费，一边是供不应求，怎样平衡两者的关系就显得十分重要，充分了解并合理利用各类场馆才能做到资源最大化，真正促进体育产业的发展，为大众提供一个良好的运动健身环境。

## 第四章　把握现状　方兴未艾：我国体育产业发展现实状况

从20世纪80年代至今，许多的西方国家开始了解到体育场馆服务市场的重要性，并且逐渐开始重视体育场馆服务，很多国家还将其视为加速推动经济、社会、文化等方面共同发展的一项重要工作。在一定程度上，体育场馆市场化将政府对体育场馆的支持管理转化为企业支撑管理，这不仅能够减轻政府对体育场馆的资金与管理负担，还在社会需求方面提供了方便，为提高社会公共服务水平提供了有利条件。体育场馆服务市场化在社会经济发展方面起到了带动的作用，推动了体育产业经济的发展，为体育产业的发展做出巨大的贡献，更加提升了国家精神文明的建设。

西方国家的体育场馆服务较我国来说相对较早，发展逐渐趋于成熟，可以将其体育场馆服务概括为四种，分别为：合理开放小型体育场馆、充分利用大型体育场馆、开发建设多用途体育场馆和PPP模式。充分利用大型体育场馆是指在这些大型体育场馆内继续开展一些大型体育活动，例如职业体育竞赛、全国体育比赛等重大体育赛事，并且在这些大型体育赛事开展之余定期向群众开放。但是由于大型体育场馆在管理、运营，以及后期维护等方面的资金成本比较高，所以收费较高，只能满足那些高收入群众的健身活动需求。合理开放小型体育场馆是指将那些场馆较小，但是功能十分齐全的体育场馆面向市民进行开放，这些体育场馆的规模相对较小，但是功能较为齐全，在后期的管理中所耗费的人力物力较低，所以在收费方面也相对不高。这样的体育场馆既能够满足群众对健身场地及设施的需求，收费水平符合群众的消费水平，深受大众的青睐，因此这些场地几乎全天候对群众开放，像英国、法国、意大利等一些国家的体育场馆的对外开放时间为每天15个小时，基本能够满足人们的需求。多用途的体育场馆是在设计开发的时候就考虑到建成以后的应用，所以在设计时就将各种情况包括在内。这样的场馆不仅能够开展各类体育活动，也能够在空闲时间举办各种娱乐活动和一些商业展览等活动，对场馆进行充分的利用。PPP模式则是公共部门与个人合作运营的新型体育场馆运作模式，按照合同规则个人可以对场馆进行改造或者将其租赁给他人，经营其他的商业活动。

### （五）体育场馆服务供给的现实状况

#### 1.体育场馆运营状况

体育场馆运营是体育场馆服务在体育产业中的重要项目，体育场馆运营在我国非常受重视的，我国政府一直致力于体育场馆运营的改革，由于和人民自身利益相关，也成为社会所关注的焦点。科学高效的体育场馆运营是提升体育场馆服务水平的前提，也是合理利用体育场馆的基础，只有改善体育场馆运营状况才能更好地实现体育场馆的价值，解决体育场馆资源的浪费问题，有助于体育产业的蓬勃发展。2014年国家将体育产业和全民健身上升为国家战略，我国的体育事业实现了质的飞跃，体育产业快速发展。由于体育场馆的开放时间有限，人们对体育场馆的需求不断增加，且体育场馆的保养费用较高，这就导致依靠政府或者某个投资企业来说，对体育场馆的运营就面临巨大的困难。

很多场馆在建立前，过多地考虑这些场馆的比赛需求，按照比赛的需要去设计并建立这些场馆，往往会忽视比赛后场馆的职能，这些场馆在比赛后就不能充分发挥它的作用，于是就被闲置出来。根据国家体育总局2011年的调查，2010年全国242家大、中型体育中心运营收入为9.1亿元，运营支出为11.9亿元，平均每个体育中心的收入约为376万元，支出约为491.7万元[96]。所以在场馆建设的初期，就要为场馆的功能、运营和利用做好充分的打算，减少运动场馆资源的浪费，增加体育本体产业的收入。根据第六次全国体育场地普查数据显示，2013年底我国拥有的1093座大型体育场馆中，984座为自主运营，占比达90.0%；委托经营有67座，占6.1%；合作经营的大型体育场馆有42座，占3.8%；2018年中国体育场馆数量为210.2万个，但对外开放的场馆仅占25.1%。大多数的体育场馆都没有提供公共服务和市场化开放、企业化运营有机结合的机制，而是在体育行政部门的指导下进行自主经营，没有对体育场馆的经营权和所有权实行分离，并且运营模式十分落后。落后的经营模式不能适应新型的社会，导致体育场馆运营中问题层出不穷，只有微薄的盈利。我国的体育场馆主要是政府投资建设的，其主要是依靠当地政府的财政资金拨款，较少的一部分场馆依靠市场融资。体育场馆的比赛功能与赛后的综合利用不能完美的结合。有些场馆的建设运营只是为了某些比赛而建立，后期的运营维护没有做过多的考虑。由于是比赛型体育场馆，所以其设施及其服务功能单一，不能满足其他活动的开展，造成其利用率低下。高额的运营成本和后期维护费用却不能换来客观的收入，必定会导致亏损。

**2. 体育场馆供给现状**

由于大部分的大型体育场馆占地面积比较大，市中心不能提供较大的场地来建大型体育场馆，因此这些大型体育场馆只能建在离市中心较远的郊区，而市中心只能建一些比较小的体育场馆。因为市中心的体育场馆规模比较小，不能满足人们的需求，导致市区的小型体育场馆人满为患，最终服务质量大大降低。那些较大的体育场馆由于在郊区，远离人们日常生活的区域，并且郊区的交通不太发达，这使得位于郊区的体育场馆鲜少有人，大量的体育场地被闲置，造成资源浪费。体育场馆建立的不合理最终造成有些场馆被闲置，而有些体育场馆却出现拥挤的状况，这使人们对于体育场馆的评价大打折扣，并且还会影响体育场馆周围相关体育产业的发展。所以如何解决体育场馆分布不均，提升大众对体育场馆的评价，带动本体产业及相关产业共同发展成为亟待解决的重大问题。

通过文献检索发现体育场馆供给模式有三种：政府供给模式、混合供给模式和社会供给模式。政府供给是政府通过采取发布体育场馆供给的相关政策规定和通过政府购买的方式来实现基本的公共体育场馆服务供给。对相关的体育场馆的开放时间、开放地区、收费优惠等作出相应的规定，是各级政府和体育部门通过发布政策文件等来实现。用政策文件来规定体育场馆服务供给的相关事项以外，政府还在财务方面对体育场馆实行补贴政策，通过财政补贴以及购买一些场馆设施实现体育场馆的开放，为大众能够更好地参与和享受免费的公共体育服务做出努力。政府供给不仅能够使大众能够更好地享受公共体育场馆服务，还能够为体育场馆运营工作创造一个良好的环境。混合供给是指在政府供给的基础上，引入其他的社会力量参与到公共体育服务供给之中，用政府供给和社会其他力量供给合作共同为体育场馆服务。这些社会力量可以是某个个人或者某些企业，人们通过承担一部分费用，以优惠的形式享受公共服务。目前，这也是大多数体育场馆服务供给采用的模式。社会供给则是指在政府部门不参与或者较少参与的前提下，按照市场价格机制对体育场馆公共体育设施进行优化，或者是由市场的主体来决定对大众采取优惠或者免费的服务。这类供给模式主要是以盈利性为主，主要是由市场定价，以群众健身为目标市场来实现体育场馆服务的运营工作。

### 3. 体育场馆服务供给的发展

我国体育场馆的政策变迁分为三个阶段：规划建设时期、改革探索时期和改革深入时期。体育场馆政策的变迁推动体育场馆产业不断发展，目前我国正处于改革深入时期，也是体育场馆改革最重要的时期。在体育场馆改革阶段，体育场馆服务供给面临着诸多的问题，为了能够更好的发展，就需要解决这些问题。第一步就是要加强体育场馆服务供给，作为实现我国体育事业发展目标的基础性物质条件之一，体育场馆扮演着不可替代的角色。政府投资建设体育场馆的目的是为了满足在经济不断增长的条件下人们对体育场馆服务的需求。

体育场馆的建设要坚持以为广大人民服务为原则，追求公益性和服务效益最大化。政府也要加大财政的支持力度，保障体育场馆服务的健康发展。国家财政部门应针对体育场馆服务设立专项的投资基金，通过地方政府对各个体育场馆进行补贴发放。公共体育服务供给的公益属性要求政府作为最主要的供给主体，要在支持体育场馆服务供给上发挥其不可替代的作用。国家还要在体育场馆的税收方面实行减免政策，减少体育场馆在税收方面的支出，减轻体育场馆运营方面的压力。拓宽体育场馆投资渠道是实现体育场馆运营的另一有效的方法。政府在投资方面要提供一定的帮助，使得更多企业可以参与到体育场馆的运营，通过各种方法筹集资金来支持场馆的建设和运营管理。

要实现运营健康良性的发展，必须从根本上提高场馆运营管理水平，转变经营方式提高经营效率。首先要加强专业人才的培养，专业的体育场馆经营人才是转变经营模式、提高经营效率、最终实现体育场馆运营持续发展的前提。专业的管理人员可以从高等院校的相关专业或者是相关领域进行招聘和引进，这些高素质运营管理人才能够帮助体育场馆运营更加顺利。我国的体育场馆在设计与规划时必须将赛后的场馆需求考虑进去，不能只满足于一时的比赛需求，最后导致体育场馆的赛后闲置，优质的资源却被白白浪费。要全面推进健身类体育场馆的建设，多为人民大众谋福利，而不是只为了一个大型比赛就建设一个场馆。在场馆建设上还要对其地理位置、基础设施、公共交通等方面进行考察，让体育场馆能够真正融入到人们的生活，真正服务于大众。同时也要加强中小型体育场馆的建设，增加全民健身设施，实现全民健身为核心的健身场馆体系。

**4. 高校体育场馆向社会开放**

高校的体育场馆建立初期的目的是为了满足高校学生日常的学习、训练、比赛等任务。由于我国体育场馆资源分布不均衡，导致社会体育场馆资源的匮乏，制约了体育产业的发展，于是高校体育场馆对外开放就显得尤为重要。高校体育场馆融入社会能够满足大众对健身的需求与锻炼场所缺乏之间的矛盾，所以高校体育场馆融入社会公共体育场馆服务成为我国体育场馆服务的必经之路。2008年教育部办公厅召开全国学校体育场馆向公众开放试点工作会议，引导高校体育场馆融入社会，我国许多高校也纷纷加入其中，探索高校体育场馆社会化的运营模式。虽然学校场馆最终将融入社会公共体育服务中，但是融入的过程还是有些困难。高校的体育场馆建立的初衷是为了服务在校的师生，其管理、维护和运营方式比较简单，但是要进入社会公共体育服务就需要作出一些变革。我国高校体育场馆的服务对象从在校师生转换为社会大众与在校师生共同使用，必须要调节好两者之间的关系，不能影响学生的学习等正常的使用，但是也必须对大众的服务质量做出保证，要做到两者兼顾。高校体育场馆融入社会后，所要承担的任务更加重要，场馆的建设、维护，以及管理人员的薪资就会提高。大部分高校体育场馆融入社会后对大众都是免费开放，这就使得场馆的运营资金短缺，体育场馆不能提供良好的服务环境。因此在高校体育场馆融入社会时，要做好资金的计划，或是政府补贴，或是对群众收费，这样才能保证群众能够在一个良好的环境中进行身体锻炼。对广大群众实行收费政策是经营场馆的手段之一，但是收费标准的确定是难点。要确定合理的收费标准，使人们既能够接受门票价格，又可保证场馆能够顺利经营，能够有资金来优化体育设施，完善体育资源，提高体育场馆服务，确保人们能够在最好的环境中享受运动。高校体育场馆融入社会后，场馆内的运动健身人员大幅增加，群众的人身安全问题必须要引起重视，保证人们在运动健身的同时身体及财产不受到损害。对场馆的设施使用要作出相关规定，减少对设施的损坏，降低场馆的资源维护费用。高校还可以承接一些社会上大型活动或运动比赛等，充分利用有限的体育场馆，创造利益最大化。在承接社会活动的同时还能使学生更好地了解社会，为学生最终的融入社会上好一课。

**5. 体育场馆服务的发展趋势**

我国体育场馆服务产业发展势态良好，呈稳步上升的趋势，虽然发展速度十分可观，但是在发展的过程中仍然面临着诸多问题。每个事物的发展都不是一帆风顺的，我们要在逆境中成长，认真对待发展中所出现的问题。

在过去的十几年中，我国兴建了大大小小各种体育场馆，很大一部分大型场馆的建设仅仅是为了一些大型比赛而修建，导致在赛后这些体育场馆的利用率非常低，运营难以进行。我国政府已经意识到了这些问题，国家体育总局印发了《体育场馆运营管理办法》，正在对这些体育场馆进行深入改革，使得这些运动场馆能够更加充分的利用。有这些场馆的前车之鉴，我国在近年来开始注重体育场馆的实用性，把赛后的利用等方面综合考虑进去，建设了很多综合性的体育场馆，为体育场馆的运营、日常维护提供了便利。由于我国经济水平日益提升，人们对体育场馆的服务要求提高，体育场馆的建设也逐渐由普通向较高端的方向发展，来满足更多人的运动健身需要。我们生活在一个科技服务生活的时代，有了科技产品的服务，我们的生活更加便利。智能化社会让我们足不出户了解大千世界，飞速的交通工具让我们的地球变成了地球村。当然，智能化也在我们身边的体育场馆中体现。智能化体育场馆让我们享受更高的服务体验，能够在安全的、便捷的、轻松的环境中运动。随着经济水平的提升，人们的运动健身意识增强，越来越多的人加入运动健身的行列，目前的体育场馆已经不能满足人们的需求，我国政府急需建设一大批符合广大人民需求的体育场馆。

体育场馆建设运营不能只依靠国家政府，更需要一些企业来进行投资，减轻政府压力，扩大体育场馆本体产业的同时带动其他相关产业的发展。近年来，一些企业也逐渐开始探索运营场馆，各地由民营企业所接手管理运营的体育场馆也多了起来，并获取了成功，这就吸引了更多的企业愿意去参与体育场馆的运营，民营机构掌管体育场馆运营管理也将会成为未来体育场馆发展的主要趋势之一。

### 四、体育中介服务供给

#### （一）体育中介概念界定及分类

体育中介是指体育活动过程中支持"体育人"与体育爱好者相互作用的全部媒介，是指体育经济活动中，以获取盈利或提供服务为目的，为促成体育经济市场中的供给商与消费者之间的交易而从事协调、沟通或者代理等业务的经济组织。例如中介公司、体育中介事务所，以及体育经纪人等，这些都是体育中介的存在形式。体育中介自进入人们视野，出现在经济市场中以来，一直担任着弥补体育市场信息不对称、加速体育产业交易效率的使命。体育中介利用本身专业知识特点，熟知体育市场需求，不仅能够快速提供时效性交易需求讯息、全面的体育经济市场动态走向，并且能利用全方位的关系网和人脉圈及时联络交易双方的供给者和需求者，架起了体育产业与市场消费需求的经济桥梁。体育中介的出现，是体育产业的一大进步，也是我国体育事业不断向前迈进的象征。

尽管体育中介能带来极大的便利和经济效益，并且已经在我国取得了相当大的进步，但就目前发展水平来说，我国体育中介仍处于相对落后的状态，相关业务的发展现状与国际先进水平依然有很大的差距。我国体育中介服务种类较少，相关体系制度较不完善，信息处理和趋势预判暂不成熟，还不能很好的满足市场需求，刺激体育经济的发展。目前，我国体育中介的形式主要有以下三种：①体育中介事务所。是指负责处理有关体育中介这些自然人、法人或其他经济组织相关事物的法律允许场所。②中介公司。是提供中介服务的相关承办公司，也指在市场中为交易双方提供相关信息询问解答、产品市场价格评价估算、经纪帮助等行为的公司，在经营者和消费者之间架起了交易的桥梁，在相关制度法律允许的前提下，专门为厂商（经营者）和消费者提供服务，并以此获取利润。③体育经纪人。体育经纪人通常具备专业的体育知识和素养，并有敏锐的社会洞察力、形式预判力，主要擅长处理运动员的转会、参赛；不同形式体育活动或组织的产品设计、品牌打造、商业包装；体育赛事的经营策划；无形资产的开发等各项中介活动。在当今体育中介市场中，体育经纪人已成为连接交易双方必不可少的一个环节，是扮演着重要角色的市场群体，体育经纪人的存在不仅可以有效提高市场交易的成功率，而且可以创新交易方式，提供多样化交易种类，改进投资主体的决策，在很大程度上促进了生产要素合理流动和资源优化配置，繁荣社会体育文化，丰富人民的精神生活，为我国体育事业的繁荣兴盛提供了强劲动力。

## （二）体育中介市场概念界定及分类

体育中介市场，是指体育组织为促成产品交易或相关服务交易，在交易活动中构建沟通桥梁，从而形成固定意义的中介区域，并由此生成不同种类经纪关系的综合。通过对体育中介市场一系列的了解与归纳，可分析体育中介市场主要包括五部分：体育中介者（组织）、体育市场的供给者、体育市场的消费者、体育市场客体和体育市场的相关管理体制，其中前三个部分可以统称为体育市场主体。

体育项目本身所具有的特点也决定了体育中介市场的复杂性和高技术含量，同时从一定程度上决定了体育中介市场的流通和运转不仅需要交易双方具有良好的体育素养、完备的体育知识、深入了解相关体育事项的特征，还极大程度上要求交易双方具有敏锐的市场洞察力、市场预判力，要熟悉市场、适应市场，在体育圈和商业圈都拥有一定的人脉关系，对体育市场所存在的风险和关于体育市场的法律法规、经济规律、政策方向都有一定的了解和把握，能够保证交易长久健康的运行。

在体育中介这个市场中，可进行商品交换、经济交易的产品非常广泛，诸如运动员形象代理、转会代理；不同类型赛事的推广；体育活动的设计策划；体育投资的风险评估；体育保险的办理咨询；体育旅游代理服务等等。大致可分为三大类：第一是经济类，如对体育法的纷争、体育活动的财务预算、结算及管理等进行服务的相关权威事务机构，从事这一类中介服务的人员不仅要对体育类知识有具体的掌握和了解，还必须具备专业的经济领域知识来为雇主服务。第二为咨询类，如为运动队、俱乐部或相关赛事承办单位提供及时的市场动态信息、对市场发展作出预测、进行广告宣传及策划，为需要体育保险服务的人群提供信息分析，为体育旅游者提供咨询服务等一系列咨询活动。第三为代理类，主要有运动员转会代理、体育旅游保险业务代理、运动员形象代理等一系列代理活动。体育中介市场的多样化分类提高了体育中介服务的质量和效率，为体育中介市场的进一步发展打下了坚实的基础。

### （三）体育中介组织概念界定及分类

体育中介组织是体育中介市场主体的组成部分，是在社会主义市场经济条件下，介于政府体育管理部门、体产企业、消费者之间从事协调、沟通、公证、评价、监督、咨询等服务的社会组织实体，是特殊的独立经济组织，是体育经纪人从事体育经纪活动的场所。根据体育本身所具有的特点，并且考虑体育中介组织是一个特殊的经济运行实体，要求相关组织应具有专业的体育知识，及时掌握市场动态、完善交易方式，为社会提供体育中介服务，减少交易双方的摩擦，协调市场、消费者、供给者之间的关系，有效提高体育中介市场的运营效率。

现阶段，我国体育中介组织数量较少，大致可分为三类：①非营利性组织，一般为政府部门出资建立，目的为支持相关体育赛事等；②半营利性组织，公私合办，介于政府和企业之间，服务于消费者和供给者，提供便捷信息，协调交易主体各方的关系，收取一定的费用作为回报；③营利性组织，以企业为主，从事中介组织的相关服务事项，了解市场需求，以其提供的时效性资源和可靠的交易网为盈利资本，赚取利润。裴立新[97]和谭建湘[98]等在他们的相关著作中也都分别提出了这样一种从体育中介组织的结构来进行分类的方法，可分为官方性中介组织和民营性中介组织。官方性中介组织由相关政府部门管理，是不以盈利为目的的组织机构，致力于为体育中介市场服务，为体育中介市场增添活性。第二种是民营性中介组织，是在法律允许范围内，依照国家的有关政策法规，根据体育中介市场导向，经过国家的正规审查和资格认定合法建立起来的组织机构。例如提供咨询、代理、经纪服务的一系列组织机构。陈平[99]在《市场经济条件下体育中介组织规范问题的思考》一文中指出，按照在交易中的地位来说，体育中介组织可以分为两种形式：第一种是微观意义上的中介组织，例如体育经纪公司、经纪人、体育广告设计策划机构、体育保险服务机构等。第二种是中观意义上的中介组织，是为政府和其他体育组织进行交易时提供中介服务的机构[100]。按公益程度可以将体育中介组织分为企业法人、事业法人和社团法人这3种形式[101]。除了上述所提到的几种分类方法，还有许多不同的分类。这也从一方面说明了体育中介市场的影响力不断提升，得到了越来越多学者的关注，因此导致学者对体育中介组织的分类归属问题上产生了不同的看法。分类虽然有所不同，但究其原因在于所依据的标准和理解不同，这并不影响对体育中介组织的理解和发展。

### （四）体育中介市场的发展现状

改革开放以来，国家和政府高度重视体育的发展，我国体育事业走上高速发展的道路。各类国家级、省级、市级赛事在不同城市轮流举办，不同程度上推动了我国体育相关事业的建设与发展。体育中介业也随着体育事业的整体发展、改观不断崭露头角，取得了前所未有的进步，活跃于经济市场中，并取得了一定的成绩，继而在经济市场这个大花园中拥有了一席之地。但从客观的角度来分析，我国体育中介业虽然在一定意义上取得了长足进步，但它的现有发展状况与国际先进水平依旧相差甚远，并没有跟上国际体育中介市场快速发展的步伐，依然处于发展的初级阶段。

虽然我国的体育中介业起步较晚，前期发展进程较慢，但经过长期探索和规范发展两个阶段的衔接梳理，体育中介市场的需求逐渐兴旺；体育中介组织的规模逐渐扩大、数量日益增加；体育中介业务的服务范围逐渐拓宽；体育中介市场的相关法律法规日益完善；体育中介市场体系逐渐完善。尽管我国体育中介市场仍存在不足，但从现状来看，我国体育中介市场的发展后劲十足，未来可期。

### （五）体育中介市场的需求日益兴旺

在举国体制政策的影响和支持下，中国体育事业赢得了质的飞跃，国民的整体体育素养也得到了有效提升，人们对体育的关注度明显提高。从另一个方面来讲，我国体育产业结构得到调整改善，人们的体育消费水平也大幅度提高，越来越关注身体健康与意识健全，体育事业得到前所未有的发展和进步。

这极大程度刺激了体育健身娱乐市场、竞技体育活动表演市场、体育人才市场，以及其他以体育产业相关市场的强劲发展，同时有效激活体育产业市场，为体育市场的活跃做出了巨大贡献，促使体育中介业开启了迅速发展的势头，营造了种类丰富、交易活跃、经营多样化的体育中介市场氛围。由于体育项目已得到社会大众的广泛关注和高度重视，各种类型的体育赛事和体育活动都在一定程度上带动了经济的发展，形成了一定的交易链。消费者和体育爱好者已经开始逐渐把对体育产品的需求与渴望寄托于体育中介，依赖体育中介给市场提供的时效性信息来满足自己对于某产品的需求。而运动员、俱乐部等也开始把目光转向体育中介，借助体育中介服务高效率、高质量地解决一系列问题。体育赛事以及不同类型的体育活动，也可以利用体育中介来寻求商家的赞助，赞助商家也可在相关赛事的影响力下提高自身的知名度，取得双赢，可以说体育中介是竞技运动与社会市场有效连接的桥梁，是社会经济市场良性循环的催化剂。

### （六）体育中介组织的规模日益扩大

体育中介组织从事协调、沟通、公证、评价、监督、咨询等服务，是体育中介市场必不可少的一个组成部分。其数量、规模日益强大，全国范围内主营体育中介的组织大概有几百余家，其中大多数集中在经济发展水平较高、人民体育意识较为强烈的东部沿海城市。体育中介组织中百分之九十都属于民营企业或中外合资企业，这在很大程度上彰显了民营企业重要地位和核心作用[100]。体育中介组织负责承办的活动也越来越高水平、高层次，逐渐承担起更大的市场和社会责任，在体育市场中扮演着举足轻重的角色。例如，广东羊城体育发展公司持续几年举办全国性排球联赛；中国举办的"大师杯"世界男子职业网球总决赛是经由上海巴士广告公司负责设计；广东鸿天体育经纪有限公司承担了中国羽毛球公开赛及汤姆斯杯、尤伯杯世界羽毛球团体锦标赛等重要赛事，并且负责了九运会广州赛区的商务开发等。这些主营体育中介的组织包括体育经纪公司、传播公司、推广公司等。随着不断发展和影响力的扩大，市场上不仅活跃着此类的体育中介组织，一些兼营中介组织也开始崭露头角，在法律制度允许的范围内，担起了包括广告、保险、文化推广、财务核算、风险评估等在内的各个领域的服务角色，不断完善服务体系，为体育事业的发展提供了全方位的保障和支持。

## （七）体育中介业务的服务范围日益拓宽

在体育中介市场开放的初期，有关体育中介的市场体系还不够完善，相关法律制度规范也并不全面，从大方向上导致了体育中介业务的服务范围较为狭窄，主要停留在广告招标、广告宣传、运动员转会、运动员训练等诸类如此较为简单的业务服务。随着中介组织规模的日益扩大、市场需求的不断增多，体育中介的业务服务也开始得以创新，服务范围延伸至多个领域，包括体育保险、财务管理、风险评估、投资理财、法律顾问等这些更为细致专业的领域，其中体育保险领域的发展最为突出。谈到体育保险业在中国的发展，不得不提及一件起着催化剂作用的事件，1998年，运动员桑兰代表中国参加美国友好运动会，在比赛中不慎摔伤，由于获得了1000万美元的医疗理赔，使体育保险开始在中国受到广泛关注。在"桑兰事件"发生之后，运动员伤残保险在我国普及开来，得到社会各界的重视，打开了体育保险业大发展的契机。体育保险业作为体育中介服务业的一种，在市场上受到越来越多人的重视，体育保险作为一种保障手段或者说是保障机制，为运动员、学生、健身爱好者包括普通群众及体育场地与设备等都提供了资金保障和制度支持，为国家体育事业的发展提供强劲动力和后备保障力量。体育保险业也成为了体育中介服务的一个代表之作。

## （八）体育中介队伍逐渐专业化

现阶段对体育中介市场进行调查研究，不难发现各中介公司开始注重人才培养，如何提高体育中介人才的专业化程度成为炙手可热的问题。体育中介业对于我国来说是一项新兴产业，是随着我国体育事业的社会化、群众化和职业化的升级应运而生的。体育中介业的兴起为我国就业率的上升做出了巨大贡献，为不同类型人才提供了更为广泛的就业选择。从事这一行业的人才不仅仅需要具备专业的体育理论实践知识，还需要掌握经济、管理、设计等方面的专业技能。能够及时掌握市场信息、快速适应市场、对市场发展趋势作出合理准确的预判，对投资风险作出专业的评估等。就目前来说，在我国范围内从事这一行业的人员主要是退役运动员、专业的经济管理人员、设计策划人员等，而同时精通经济管理和体育知识并且经过专业培训的专业人才实际上很少。体育中介以服务类行业进入体育市场，高素质人才的投入是非常主要的一个因素，从业人员经验丰富、专业知识技能过硬、职业素养高才是中介活动在市场中取得成功、得以立足的关键所在。拥有一支高素养的专业人才后备军无疑是健全体育中介市场的强劲推助力，无论是从市场走向预判、体育产品发展趋势、体育产品投资、市场风险投资，专业化的服务团队都会使体育中介市场沿着正确的轨道高速前行，不断提高、刷新体育中介业的专业化程度。体育事业的繁荣兴盛需要各个领域的通力支持。依然以保险业举例，在体育保险业的现有市场中，体育保险大致分为两种，第一种是为运动员提供服务，第二种是为体育提供服务。不管是哪种保险项目，为之服务的保险人员都需要具备专业的知识素养，不仅要熟知体育类知识，更主要的是对保险领域专业知识的掌握。不管是针对运动员的伤残还是生活保障、体育设备或场地的保养和损赔，每项保险服务都需要有针对性地对被保险人或物作出专业的风险评估。正是相关人才队伍的专业化、规范化，才铸就了如今体育中介市场的不断繁荣。

### （九）体育中介市场的发展基础

任何事物的发展都需要一定的经济物质基础，这是相关事物取得长足发展的前提条件，是必不可少的关键部分。体育中介市场亦是如此，想要打造一个新型的市场雏形并且培育它、发展它并使之成熟，必须要有一定的发展环境和成长空间。只有满足所需的、必备的发展条件，体育中介市场才能在健康的轨道上开始运行。所有涉及发展条件的因素以及现有的大市场环境，构成了体育中介市场发展的基础，具体可概括为以下三点：社会需求、政策支持、国情所需。

社会需求构成了体育中介市场发展的基础。一个事物能够萌芽发展，往往是由于社会对此事物产生了需求，俗话说：有需求就有市场。正是来自社会的多个方面的不同需求构成了体育中介市场形成发展的基础。例如：①体育爱好者等大众消费者的需求。伴随着我国经济的稳步增长、体育事业的不断发展，人民群众生活水平得到提高，越来越开始关注精神生活，对体育的兴趣日益提升，开始热心投入体育活动，对于相关的体育产品，社会群众有着强烈的热衷和推崇，需要有了解相应行情的中介组织来帮助他们获取信息，提供资源，在法律允许的条件下选择正确的渠道。②运动员的需求。职业运动员在涉及到转会、财务计算、各种体育保险等问题时，需要了解相关体育赛制、体育知识，为运动员提供更多、更可靠、利益最大化的选择。③商家、体育机构等的需要。在不同类型的体育赛事中，往往可以利用一定的比赛空间、运动员服装、比赛用品等进行广告招标，利用有限的资源实现最大化的经济利益，同时体育赛事的举办也需要一定的专业广告进行设计宣传,此间种种都迫切需要专业的体育中介组织出现,以达到商家、运动团队、主办方三方共赢。体育中介组织负责进行信息收集、整合、分析、传送,交易双方的沟通联络,方案的制定协商等,并从中收取相应的费用,使体育中介市场得以日益强大、渐成规模。

政策支持构成了体育中介市场发展的基础。大力发展体育教育、鼓励全民参加体育活动、提高国民整体素质一直是国家政府工作的重点。在举国体制下,体育产业开始成为关乎国际民生的重要产业。在新的政治经济条件下,体育产业和相关的体育消费快速适应市场、发展市场,成为拉动经济增长的重要马车。体育中介属于体育产业的一部分,是体育产业不断发展的成果,也是体育产业日益成熟的象征。2014年10月国务院印发颁布了《关于加快发展体育产业促进体育消费的若干意见》,具有重要的里程碑意义。该文件的颁布,首次将体育产业定位为国家发展战略,标志着体育产业迎来了发展的重要契机,文件提出"体育产业成为经济转型升级的重要力量""到2025年体育产业生产总值达到5万亿,产业增加值达到GDP的2%"[101],并且提出要努力改善相关体育产业的产业结构,优化产业环境,着重发展体育服务行业,打造体育服务业优质工程。这一政策响应了经济市场和社会大众的普遍需求,成为体育产业大发展的强劲助力器,吹响了体育产业迅猛发展的号角[102]。从顶层设计、大众体育、职业体育、商业开发等不同方面具体下达了政策要求,构成了体育中介市场发展的坚实基础,体育中介市场也在政策的支持下迎来了发展的春天。

## (十)体育中介市场的发展阶段

体育中介市场能够形成如今的美好态势不是一蹴而就的,是经过不断的发展改善,历经不同的发展阶段,完成不同的发展任务,借鉴多方位、各领域的发展经验,依据我国实际国情和发展需要,一步一个脚印走出来的。体育运动的普及,刺激了商品经济和市场结构,体育不失时机地与社会各领域进行交叉融合,既保留了体育的专业特点,又结合了各领域的不同要素,构成了多形式的中介组织、中介公司、体育经纪人等,在社会的需求、国情的需要,政策的支持下迎来了体育中介市场的大发展大繁荣。然而,体育中介市场的发展是阶段性的,主要分为三个阶段:进步探索阶段、规范化发展阶段、高质量发展阶段。

### 1. 起步探索阶段(1984—1997年)

1984年10月5日,中共中央下达了《关于进一步发展体育运动的通知》这一重要文件，指明"体育强国"这一重要目标，并且强调要秉持普及与提高并存的发展策略，使体育活动朝着新的高度、新的广度不断进步。这为体育运动社会化提供了强有力的政策支持，极大地刺激了商品经济和市场环境。调动了社会办体育的积极性[103]，开始出现体育经纪人等不同形式的体育中介组织。1990—1995年，我国体育事业进行了全面的体制改革，对市场运行机制也做了积极的调整。着手发展职业体育，体现在以足球为切入点，把足球运动以某些具体形式推向市场，改变原有的政府控制模式，使体育进入市场，适应市场调节配置的模式，促进了职业体育的萌芽和进步。市场是各色各样的，体育进入市场，与不同的市场领域有所交叉，经过经济大市场的融合发展，体育产业不断发展壮大，体育中介组织、中介公司、体育中介经纪人等应运而生，体育中介市场的雏形渐成，构成了体育中介市场的起步和探索阶段。

**2. 规范化发展阶段（1997—2014年）**

在1997年之前，我国体育中介市场的发展属于起步探索阶段，无论是市场体系、组织规模、从业人员专业程度、业务服务范围，甚至相关的法律法规等也都略显稚嫩。从1997年开始，北上广等一线城市陆续进行了体育经纪人培训活动，改善了体育中介人员专业程度不高的问题，并且在经过培训后，由地方体育行政管理部门及工商管理部门颁发体育经纪人资格证书，使体育经纪人的从业资格得到专业认证，保证了体育经纪人市场的合法性、专业性、规范性。体育经济公司、传播公司等相继出现，具有代表性的是在1997年10月上海希望国际体育经济公司成立，同年12月，广东鸿天体育经济公司成立。相继又出现了很多体育经济公司或体育传播公司，这些公司的成功成立，无疑开启了体育中介市场的新篇章，标志着体育中介市场有了自己独立的、规范的市场体系和组织机构，我国体育中介市场进入规范化发展阶段。

**3. 高质量发展阶段（2014年至今）**

习近平总书记于2014年5月在河南进行视察，对我国目前的经济发展状态作出了重要的批示，"经济新常态"这一新概念开始出现在人们的视野之中。这标志着中国经济已迈入高质量发展阶段。跟随国家政策指引，各行各业开始放慢了发展脚步，把更多的中心倾斜到产业质量上去，这对体育中介业来说同样是一种鞭策。体育产业的发展不仅要关注发展速度，缩短与发达国家平均水平的距离，更要关注发展质量，不断完善中介市场信息网络，培养具有高素质的专业人才，进一步扎根于服务质量和水平的提高，拓宽中介业务范围，形成人民可信任、国家政府可依靠的支柱型产业。同年10月，国务院颁布了《关于加快发展体育产业促进体育消费的若干意见》（以下简称《意见》），《意见》的颁布顺应了时代的潮流，以我国具体国情为基础，不仅有利于满足人民群众对于多样化体育的需求，丰富人民群众体育文化生活，还在很大程度上扩大了内需，提供了更多的就业机会，增加了就业保障，为我国的经济发展挖掘了新的经济增长领域，在提高我国国民综合素质的同时充分发展了体育产业。《意见》明确提出应着力发展与体育相关的各项服务业。这一文件的颁布，标志着体育中介越来越受到国家重视，奠定了体育中介市场高质量发展的基调，使之成为发展我国经济不可或缺的力量。2019年《关于促进全民健身和体育消费推动体育产业高质量发展的意见》、2021年《中华人民共和国国民经济和社会发展第十四个五年规划和2035年远景目标纲要》相关文件的出台，进一步表明体育中介市场在国情的需要和政策的指引下进入了高质量发展阶段。

## （十一）体育中介市场的发展趋势

体育中介市场发展的总体趋势必然是不断上升的，大发展大繁荣的前景同样指日可待。无论是从市场需求还是从体育中介本身的发展势头来讲，体育中介业必然会在市场上占有一席之地并越发得到重视。首先，体育经纪的需求将日益见长。对于运动队、赛事举办方，俱乐部等单位来说，不仅需要优秀的运动员、专业的训练手段、科学的比赛设计，更需要不同领域的专业人才来协助处理运动员转会、承办风险评估、市场趋势预测以及寻求冠名商、赞助商等商业帮助，这需要有专门负责这一领域的人才来予以辅助。随着体育运动的不断普及且体育事业的发展前景一片大好，体育经纪将是长期备受需求的一项体育产业。其次，体育赛事的一系列赞助活动将吸引更多的企业。体育赞助实际上是一个达成双赢的有益投资。如今体育事业受到人民群众的广泛关注，体育赛事的观赏性也得到人民群众的广泛认可，这在一定程度上决定了无论何种类型的体育赛事或体育活动都具有相对的商业附加价值。企业以合理的资金赞助运动队的发展、赛事的举办，并从中获得知名度的提高，商业价值的增加等利益，最大化的实现双赢，有效促进经济发展。最后，体育中介组织将更加多样化。体育进入市场，这本就是满足人民群众多样化体育需求的一项重要举措。随着体育中介市场的规范、高质量发展和人民群众不断高涨的体育需求，体育中介组织将更加多样、业务服务范围更加广泛。相关中介组织洞察市场发展趋势，了解市场、顺应市场、满足市场、不断创新，不断丰富体育中介组织的类型和形式，满足人民群众日益增长的多样化体育需求。体育中介市场的发展不仅需要市场的调节，更需要社会各界的共同努力，为体育中介市场的发展做出贡献。

### 五、体育培训与教育供给

对于体育产业的优先认识来源于体育产业在市场经济带动下进行的萌芽式发展。在现代化进程中，体育产业是我国体育发展新态势，在体育产业的发展过程中随着时代的不断更新、变化，体育产业所包含的产业内容也逐步多样化，新形势的体育产业发展促进了我国体育在意识、组织形式，以及体育产业运行等多种形式上进行更大的转变。不仅帮助人们全新认识体育、提高体育资源利用率、推动体育事业改革，还有效地催生了新的体育形态、创新了新的体育传播方式、促进了我国体育国际化的发展，最重要的是培养了国人的健康体育意识，对我国体育事业的繁荣发展起着至关重要的作用。笔者通过浏览国家体育总局官网、中国体育人才培训网等相关网站，了解到体育培训与教育供给等体育产业相关内容。其中在国家体育总局网站上了解到，2014年到2015年之间体育产业类型不断增加，据统计，我国体育产业包括体育管理活动、体育竞赛表演活动等多种形式。在体育产业类型的发展中有几种体育产业的类型属于新兴体育产业，例如体育竞赛表演业。随着生活水平的不断提高，更多的人逐渐对体育竞赛表演行业的兴趣不断增强，人们的兴趣带来了不一样的体育消费，从而促进体育产业更好、更快地发展。通过分类别的多样性足以表明体育涉及的范围之广阔，体育产业将为中国体育的发展提供具有革命意义的新视角，为中国的产业发展开辟新的领域。

从体育培训与教育供给方面着手，通过对当前中国体育产业某一发展现状进行调查研究，发现现阶段发展过程中存在的问题，试图寻求解决问题的办法或对问题的改善提供些合理性的建议，为我国体育产业的良性发展尽一份微薄之力。

体育培训与教育，属于体育产业发展中供给侧方面的内容。就现阶段体育培训与教育所衍生出的类别，从宏观角度可以分为盈利性和非盈利性两种。从体育产业经营人才的需要角度分析，主要包括体育经纪、体育广告、体育影视、体育咨询、体育资金的运作及管理、体育组织、体育教育等。无论以何种形式划分，其主要是针对当前我国体育的发展、经济、文化进行考虑，满足我国体育产业发展对人才的需求，促进我国体育事业的协调健康发展，为构建社会主义和谐社会而努力。

体育培训与教育产生的时代背景。2008年国际金融危机的爆发，给我国经济发展带来了许多难题和挑战，是继改革开放以来我国经济发展所面临较为严重的问题之一。但是国家却抓住此次危机的爆发，积极应对，将其视为中国体育产业发展面临的新挑战，新机遇。与此同时，我国体育产业发展仍然存在着许多需要不断完善的地方。2015年11月10日习近平总书记提出："在适度扩大总需求的同时，着力加强供给侧结构性改革，着力提高供给体系质量和效率，增强经济持续增长动力。"[104]同年9月，国务院46号文件发布，更是体现了当前体育产业发展、改良的迫切需要，同时也能够从中看出国家对体育产业发展的关心以及更好发展的决心。2021年国务院《关于印发"十四五"国家应急体系规划的通知》等相关文件的出台，将供给侧改革进一步落实到实地发展中。供给侧结构性改革的根本目的是调整当前经济发展结构的科学化、合理化，促进社会生产力水平的提高，满足广大人民群众最根本的需要。供给侧结构改革的提出主要是依据中国社会主义市场经济的发展情况，结合国情和国家经济发展趋势确立的。在一定程度上化解了当前人民日益增长的美好生活的需要同社会生产之间不平衡不充分的矛盾。

现实意义。依据我国体育产业的发展将体育产业分为上下游的关系。体育产业的上游产业涵盖的是体育产业的原产业，是与体育产业发展直接相关的，包括健身娱乐和竞赛表演。而下游产业是指直接为上游产业所服务的，主要的内容有体育传媒、体育培训机构、体育服装、体育器材、体育卫生、健身休闲、体育管理与运营等。无论是哪个层面的发展，都是中国体育产业的发展，都是在为中国的体育经济做贡献。据统计，2021年全国体育产业以及和体育产业有关的所有体育运动产生的总值数据可观，在我国国民经济发展中所占比重也在不断上升，从而促进我国经济发展。从数据上看，体育的比重在中国经济发展中占据相当重要的地位，并且数据显示仍在持续不断增长。侧面反映了中国体育产业发展的重要性。

数个分支领域发展以及新产业模式在体育产业的带动下逐步成长。相关人才的需求急剧增加，体育培训与教育显得尤为重要。结合我国国情，在体育产业链上各项人才的需求无论是数量上还是质量上都无法满足当前社会发展需要，人才的匮乏制约着我国体育产业的发展。同时通过体育培训与教育机构的建设，可以在很大程度上为我国解决一部分社会成员的就业问题，从而有效地降低我国当前社会成员的就业压力，也有利于稳固当前社会的和谐发展。

## （一）体育培训与教育的发展现状

从国家体育总局官网上可以查到，21世纪以来我国相关的体育培训与教育活动陆续开展起来，且随着社会的发展需求以及人们对体育事业关注度的不断提高，此类培训次数和类型也在不断增加。通过国家体育总局官网搜索，我国体育培训与教育主要涉及以下几类内容：体育事业单位中青年干部培训、各项目教练员培训、外语培训、社会体育指导人员培训、体育经纪人培训、体育医疗人员培训、裁判员培训、体育相关的管理人才培训、健身教练培训、运动队的思想政治培训等多种培训内容，其主要是提高我国体育从业人员的工作能力，目的是从整体上发展我国体育事业。比如中青年干部的培训，主要也是考虑到体育事业的后续发展，为今后长远的发展培养人才，同时也是推动我国体育事业改革，向更好方向发展的迫切需要。加强对中青年干部的思想政治建设，养成坚持勤奋学习的习惯，将自身业务水平和领导能力提高，更要注重改革创新思维的启发，努力破解体育改革发展过程中的难题。并且要求参训人员在学习过程中要勤于思考，联系体育改革发展的新问题。也要加强学员之间的沟通，培养团结协作的精神为今后工作的良好开展奠定基础。各专项教练员的培训是推动我国体育专业人才培养工作的重点，也是实施体育强国战略所必需的。分别针对不同项目的需求，对教练员进行系统培训，不仅从技术水平上提高教练的指导能力，还从运动队的管理方向上强化教练员的管理能力。综合提高教练员的执教能力，一步步带领我国体育走向更高的舞台。其次相对重要的要属裁判员的培训工作了，裁判员不仅是一场比赛顺利开展的重要人物，更是起到保障比赛流畅进行的重要作用。在裁判员的培训期间，根据不同项目的要求有区别地针对各项目裁判员展开培训，不仅能有效地促进我国体育发展，还能在一定程度上提高我国体育事业的层次，使我国体育逐渐与国际体育发展接轨，实现体育全球化的发展景象。

上文介绍到，当前我国体育培训与教育从宏观角度主要可以分为盈利性和非盈利性两种类型。以下将分别从这两个方面展开说明，重点是对目前我国体育培训事业的开展现状有所认识，从中了解中国体育经济发展方向以及对未来中国体育经济发展方向进行展望。

**1. 盈利性体育培训与教育**

盈利性体育培训与教育就是指在此过程中存在利益交换，即培训者在接受培训过程中需要付出金钱等来获取相应的培训内容。从培训内容的角度进行划分，可将盈利性体育培训简单分为运动技能培训与教育、关于体育理论知识培训与教育两大类。

**（1）运动技能培训与教育。**

改革开放后，人们思想越发开放包容，对于新事物的理解认识也更加丰富。特别是人们对于健康休闲意识的不断增强，对体育健身活动能增强人体健康、提升生活质量水平方面的理解也日益深刻，促使更多的人主动走进体育场所，通过体育运动的方式来培养积极向上的心态并获取良好的身体素质。在国家"奥运争光计划""全民健身计划""亿万青少年阳光体育运动"的大力宣传和倡导下，体育活动越来越受到广大人民群众的喜爱，终身体育的意识加强。然而随着体育运动热潮的出现，不断刺激着广大人民群众的体育消费，这一现象所带来的影响不仅推进了我国体育产业的发展，还是我国体育产业繁荣发展的重要动力。体育活动的多样性和专业性也直接影响了体育消费的多样性，这种情况下形成了一个广阔的体育培训与教育市场。

随着体育的社会地位提升，越来越多的人走向体育的道路，其所涵盖的人群结构几乎涵盖了社会生活中所有的职业、性别、年龄等。从中可以看出针对我国体育产业结构划分中体育培训与教育的存在意义。从国家体育的发展大方向来看，全民健身是体育运动的主潮流。社会中商业投资人士看准了体育发展趋势，抓住了这一商机，当前体育市场上涌现出许许多多的以健身运动为主的经营机构，类似于健身房、体育各项目俱乐部、幼儿体智能训练营，以及与当前最为火爆的且与广大学生切身利益相关的中学体育培训组织。从培训手段来看都是通过对参与者进行直接的体育运动技能训练展开的培训，可以对培训机构的主打内容进行分类。笔者认为从参与体育培训与教育的动机来分更能体现出体育培训与教育的真谛。

社会的发展，经济的快速进步，许多职业已从人工操作转变为人工智能，大多数职业被机械所代替。它的发展不仅促进了我国体育培训项目的发展，更是带动了体育服务、体育建筑等产业的发展，形成了一个较为完整的产业链。从参与健身房的培训者来说，其动机可简单分为健身塑形、人际交往等。参与者通过培训与教育可以达到自己的健身目的或人际交往的需要。无论是基于什么样的参与目的，都在一定程度上促进了体育产业的发展。体育俱乐部最早出现在一些较为发达的城市，一部分人因在某项体育运动方面所表现出的特长参加到俱乐部中，并为俱乐部争夺荣誉、获取报酬，这类俱乐部称为职业俱乐部。另一部分人因为有了一定的经济基础和一定的空闲时间才会去参加一些非职业的体育俱乐部，俱乐部的诞生前期主要针对职业运动员。随着社会的发展，一些发达城市逐渐出现了一些针对普通大众、为提高某一运动能力的非职业俱乐部。目前来说，中国发达城市以俱乐部形式存在的机构远远多于经济水平较低的不太发达的城市。由此也很好地诠释了"经济基础决定上层建筑"这句话。

在国家的发展过程中，教育是我国实施"科教兴国战略和人才强国战略"的基础，所以学生的教育便显的尤为重要。一个健康的体魄是学生学习效率的保障，此时体育在社会上的影响力便不言而喻了，其主要目的是为解放孩童天性，玩出健康、增强幼儿社会适应能力、培养全面发展。周总理曾说过："再苦不能苦孩子，再穷不能穷教育。"在教育的问题上，中国人民是从来没有落后过的，为了孩子的成长，一丝一毫不敢懈怠。正是中国广大人民群众这种对子女教育的热情，再一次将体育培训与教育产业的发展推向高潮，为中国体育产业结构的创新和发展做出了贡献。虽然近年来我国青少年学生体质健康稍有好转，但经过研究发现，仍呈现出体质下滑问题。在此社会现象中，教育部联合体育局等多部门协商，共同为改善学生体质健康问题制定了一系列的政策方针，其中最为直接相关的是中招体育加试的改革。首先是在运动项目的选择上采取自愿原则，而且分值也在逐年提高。加强对学生体育运动能力的训练同样是在为升学做准备，并且体育成绩在升学的时候是校方选择的参考标准。其中中招体育加试因其所得成绩直接计算在中考总成绩中，因此，社会上出现了各种针对中考学生考试项目的专业培训与教育机构，从专业角度量身定做适合的考试项目，目的就是使学生在有限的时间内掌握某一项或几项运动技能，并达到相应的考试水平，使学生能够顺利通过统一组织的体育加试。无论是处于什么目的，学生在体育活动参与中增强体质、增进健康是最终目标。从体育产业的角度分析，创新了体育产业结构，促进了体育培训与教育的发展，带动了体育产业的进步。

**（2）体育理论知识的培训与教育。**

在体育培训与教育的过程中，除了有相应的运动技能学习，还有相关的理论专业基础知识的培训。比如健身教练行业中的理论知识，对健身教练进行理论知识指导，使他们能够从专业角度为学员制定出更加科学、合理、有效的训练计划。其次是体育经济管理、体育旅游服务、体育投资、体育彩票、体育经纪人等相关专业的理论知识培训，目的是使培训者通过培训，掌握一定的体育产业发展规律以及体育旅游服务业中消费者的客观需求,从不同方向、不同角度展开培训。根据体育产业链的分类,体育培训与教育属于中游产业。从该培训的特点以及内容上来看,其主要对体育产业链中的上游产业和下游产业的服务人员进行培训。增强培训者相关的专业理论知识,更好地为体育产业发展做贡献。

在中国产业的发展趋势下和经济利益的驱使下,中国体育产业市场上体育经营者从最初的自发状态,凭借自身的运动经历和一定的社会经验参与到体育产业的经营活动中。他们大多是体育爱好者、退役的运动员和教练员、体育院校毕业的学生。由于专业知识的不足,不管是从操作水平、经营能力、知识结构、人际关系等都与国外发达国家的经营者有很大的差距。就当前中国的发展情况来看,我国在培养体育经营人才方面缺乏针对性,大部分体育经营人才的培养是通过体育院校的体育管理专业,学生在学习的过程中主要是以体育管理学课程学习为主,无法满足时刻变化的社会体育产业发展带来的利益要求,在培养规格、层次等方面,培养模式比较单一。

中国体育产业快速发展,对于体育人才的需求与日俱增,特别是对体育技能熟练,对体育活动有深入认识,对体育产业具有经营管理理论、经验和能力的人才的需求。体育产业发展过程中的人才培养,首先要从2001年复旦大学的管理学院进行详细的叙述。他们在进行体育产业人才培养过程中主要通过培养人才自身的体育意识、经济类知识等进行有意识的培养,并且还应该根据我国体育产业的发展现状,从市场意识、竞争意识等多方面思想观念进行灌输,从而使得所培养的体育产业人才能够更强地适应体育产业市场机制,增强自身在工作中的竞争力。帮助参训者成为该领域的领军人物,促进体育事业繁荣发展。

### 2. 非盈利性体育培训与教育

非盈利性组织主要指的是一种媒介性的机构、团体,这种机构不以利益为主要标准,并且在发展过程中能够非常认真、主动地去承担任务和活动的团体。我国的非盈利性组织主要分成为两大类:一类是群众团体组织;另一类是事业性组织。对于以政府为主导的非盈利组织大部分都是以广大人民群众的切身利益相关,是为保障广大人民的生活幸福、社会和谐的组织机构。所以说,高校教育和政府主导的培训与教育活动等均属于非盈利性培训,但从非盈利性组织兴起的原因来说,都是通过政府干预,或人民群众的自由组织来促使事物朝着更好的方向发展。

**（1）运动技能培训与教育。**

在街道办事处管辖范围内，通过沟通宣传，以组织动员社区居民参与到体育健身活动、休闲娱乐活动中来为主要任务的社区体育，可以说是我国体育产业非盈利性组织的代表，其通过帮助、督促社区公民积极参加体育活动，进而达到强身健体的效果。近30年来，随着"全民健身战略"的实施，体育逐渐被人们所接受，并且在物质生活水平不断提高的进程中，体育运动对一个人的影响显得越来越重要。这也促使我国社区体育非盈利性组织不断地发展壮大，不仅成为社区居民参与健身休闲活动的主要载体，也成为当前阶段我国社区体育发展过程中的重要组成部分。同时社区体育活动的组织也是我国体育产业结构中体育培训与教育的重要组成部分。我国的社区体育非盈利性组织主要指的是在群众体育发展中利用基层群众性的力量制定不同的发展规划，在发展的过程中人民群众的力量作为重要的发展基础，从而积极的发展社会体育的非盈利性组织，在非盈利的基础上积极发展社会大众参与健身休闲活动的积极性，促进我国体育产业的快速发展。

在社区体育的发展过程中有许多的工作或相关的专业知识内容是人民群众所不了解的，例如：广大人民群众的体育运动健身方法的运用，怎样运动才能积极有效的促进人体健康的发展。体育健身器材的维护和运动场馆的运营与维护等相关内容都需要有专业的人才进行培训与教育。诸如此类需要培训的内容还有很多，所以在社区体育的发展过程中进行专业的体育培训与教育是十分必要的。根据我国现在社区体育的发展情况，社区体育的发展形式主要在街道办事处管辖范围内，通过沟通宣传，以组织动员社区居民参与到体育健身活动、休闲娱乐活动中来，是非政府性的、不以盈利为目的社会组织。包括各类社区体育协会、社区体育服务中心、社区体育练习站点、非盈利性社区体育俱乐部、社区体育培训站、社区健身休闲团队和网络体育群体组织等。即便社区体育属于非盈利性组织，但在运营与管理和健身指导团队方面仍离不开专业人员。在社区体育的组织管理方面需要管理者拥有相关专业的管理能力，合理运用相关管理方法，有效整合社区体育发展资源，积极引导社区体育向更好的方向发展。在体育健身指导方面，主要是针对社区体育指导员，积极提高社区体育指导员的专业能力和职业素养，加强对社区体育指导员的资格证的审批和考察工作，以确保社区人民群众在体育运动过程中能够得到专业的、有效的指导，以求达到最佳的运动效果。总的来说，社区体育作为我国体育发展的重要部分，占据相当重要的地位。从社区体育的发展情况可以看出我国"全民健身战略"实施的效果，因此，无论是对社区体育指导员或是广大人民群众来讲，进行必要的体育培训与教育对我国体育的发展有重要意义。

**（2）体育理论知识的培训与教育。**

"中小学教师国家级培训计划"简称"国培计划"，其主要目的是培训一批"种子"教师，为我国的教育事业做贡献，让这些教师在推进实施素质教育和教师培训方面发挥骨干示范作用。2012年6月教育部制定了《"国培计划"课程标准（试行）》（以下简称《国培课标》），主要是为了弥补中小学体育教师师资问题，通过每年的国培计划能够快速增强我国教师力量，迅速解决我国教师力量不足等方面的问题。在实施"国培计划"的过程中能够准确把握体育教师专业能力的逻辑构成，通过转变人们的思想观念和思想意识，从而保证国培计划的有效实施。

体育培训与教育供给在体育产业发展方面有着特殊的地位，在某种程度上影响着我国教育事业的发展。一线教师在本专业学科理论知识方面都是佼佼者，长期奋斗在教学工作的一线。但是，在这个日新月异的社会中，事物随时都在发生着变化，教育工作的发展更是走在最前沿，所以，及时培养长期奋斗在一线教师相关专业能力、引导教师洞悉社会发展前沿动向是十分必要的。不仅能够使教师们不断地丰富自己、扩展自己的知识，还能及时了解教育的发展方向，同时能够通过培训与教育的过程，与参训者交流，总结出自己的学习体会，以便于在今后的教学工作中充分展示自己的实力。

**（二）体育培训与教育的政策法规供给**

当代中国，在国家宪法的指导下，中国已经成为法治大国。特别是习近平总书记提出建设中国特色社会主义法制强国以来，处理国家事务的法律法规逐步完善，依法办事的思想意识水平越来越高。体育的发展更需要法律政策的保障。在体育培训与教育过程中同样如此，早在2002年我国就颁布实施了《关于加强国际体育组织人才培养工作的意见》，此次培训的主要目的是确保2008年奥运会和国际体育交往的需要，维护我国在国际体育中的合法权益。随着我国竞技体育的发展，国际间相互的沟通交往日益频繁，但基于语言文字、地理位置和文化背景等差异，我国从事体育事务的人员任职于国际体育组织中的人数相对较少，因此加强对已在国际体育组织中人员的培训有助于巩固我国的体育国际地位，更便于我国与国际上的交流，可以有效促进我国体育的发展。2012年我国又相继颁布了《国家体育总局精英教练员双百培养计划实施办法》，主要目的是贯彻落实《奥运争光计划纲要》和《全国体育人才发展规划》，为我国培养一批具有国际视野、创新思维和较高执教水平的领军型教练。相关文件的颁布与实施对我国教练人员起到了积极的鼓励促进作用，加强了我国教练员队伍的建设。与此相类似的还有《社区体育指导员管理办法》《少年儿童体育学校管理办法》等文件。

从上述内容可以看出，体育政策法规的建设不仅可以规范体育从业者的行为，还能在一定基础上提高我国体育工作者的质量。

## 六、体育场地设施建设供给

体育场地是为了竞技比赛、群众体育消费所修建的运动场地的总称，我国早期的体育场地主要服务于竞技体育，作为训练和比赛用地。当今社会的主要矛盾已发生了变化，已经不再是日益增长的物质文化需要与落后的生产之间的矛盾，转变为人们日益增长的美好生活需要与不平衡不充分的发展之间的矛盾。人们对于体育场地设施的要求不断增高，我国体育场地设施建设、运营和管理等方面存在的问题也逐渐凸显出来。体育场馆应当是作为半公共物品，具有社会公益性和市场经营性双重属性，一方面体育场馆主要是国家利用公共土地资源、花费财政收入建设的，有义务让每位市民享受和使用公共体育设施；另一方面，体育场馆在其运营过程中需要在政府的宏观调控下，充分发挥市场经济的资源优化配置作用，逐步完善我国体育场馆运营模式。

发展体育产业是国家强盛的重要途径，体育场馆是体育产业发展的基础建设，对体育产业发展产生巨大影响。近年来，我国体育场馆财政支出稳步上涨，从2010年的67.96亿元增长至2014年136.97亿元，年均增长19.15%。此外，我国体育设施快速增长，2003—2013年期间，全国人均体育场地面积均增长约50%。2015年体育场馆数量为188万个左右，体育场地面积达到21.53亿平方米[105]，2020年体育场地数量上升至371.34万个，体育场地面积达到30.99亿平方米（表4-10）。从投资方来看，体育场馆建设主要依靠政府投资，其中国有经济占30.6%，集体经济为25.5%，企业（私营）占23.0%，私人占12.8%，外商独资、中外合资和港澳台投资占据8.1%。

## 第四章 把握现状 方兴未艾：我国体育产业发展现实状况

表4-10 2020年全国体育场地总况

| 序号 | 指标名称 | 数量 | 计算单位 |
| --- | --- | --- | --- |
| 1 | 人均体育场地面积 | 2.20 | 平方米 |
| 2 | 体育场地数量 | 371.34 | 万个 |
| 3 | 田径场地 | 17.95 | 万个 |
| 4 | 游泳场地 | 2.92 | 万个 |
| 5 | 足球场地 | 11.73 | 万个 |
| 6 | 篮球场地 | 100.58 | 万个 |
| 7 | 排球场地 | 9.13 | 万个 |
| 8 | 乒乓球场地 | 83.50 | 万个 |
| 9 | 羽毛球场地 | 20.24 | 万个 |
| 10 | 滑冰场地 | 1187 | 个 |
| 11 | 滑雪场地 | 701 | 个 |
| 12 | 全民健身路径 | 87.12 | 万个 |
| 13 | 健身房 | 11.48 | 万个 |
| 14 | 健身步道 | 8.94/20.93 | 万个/万公里 |

根据第六次全国体育场地普查数据显示，截至2013年12月31日，我国共有体育场地数量1694607个，其中包括室内体育场地169113个和室外体育场地1525494个。由此可以看出，我国室内、外体育场地设施比例差距较大，室内体育场地仅占我国体育场地总量的10%，平均每10个体育场地中仅有一个为室内体育场地。根据《中国统计年鉴—2014》数据，截至2013年末，我国大陆总人口共计13.61亿，这就意味着我国平均每万人只享有12.45个体育场地，不能满足居民需求。

2013年底我国体育场地人均占有量为1.46平方米，发达国家约7平方米，二者存很大差距。我国的目标是到2025年人均体育场地面积达到2平方米，2020年我国人均体育场地面积达到2.20平方米，提前实现了这一目标。即使提前实现这一目标，仍距世界发达国家的人均场地面积7平方米存在着很大的差距。国民的身体素质与体育场地设施的完善程度是不可分割的。少年强则国强，美国青少年健身行为十分普及，源源不断地后备人才是美国成为一个体育强国不可忽视的因素。近年来，很多数据及报道都指出日本的国民体质正在不断增强，日本国民体质的增强和日本人均19平方米的体育场地面积是分不开的。日本国土总面积只有37.8万平方公里，人均体育场地面积却达到了19平方米之多，这不得不引发我们的反思（图4-7）。

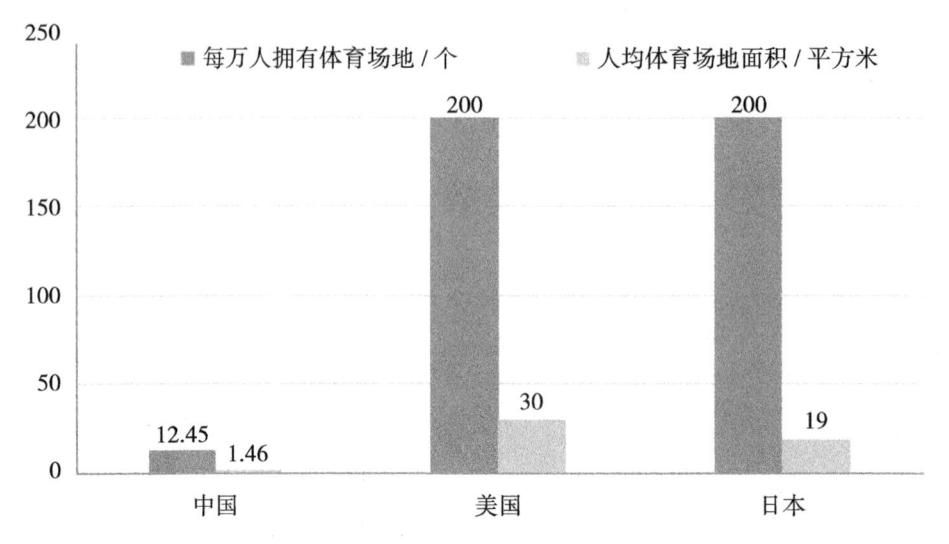

图4-7 中国、美国、日本人均体育场地对比

然而，我国人均场地面积仅有的1.46平方米，也并没有得到保障，因为许多场馆并不是时刻开放的。例如我国教育系统共建体育场地660521个，在全国体育场馆建设中占有非常重要的地位，但是其中的诸多体育设施都没有对外开放，仅只服务于校内师生。如此看来，全民健身的开展更显得局促。

### （一）体育场地呈现整体增长

第五次全国体育场地普查（以下简称"五普"）是在2003年进行的，全国体育场地总数量为85.01万个。截至2013年12月31日的第六次全国体育场地普查（六普），我国体育场地总数量达到了169.46万个，相比2003年增长了99.34%。全国体育场地总用地面积、总建筑面积、总场地面积在2004—2014年期间有了飞速的发展，尤其是总建筑面积，增长率达到了245.33%，总场地面积增长率最低，也达到了49.77%。2004—2014年是我国体育场地建设飞速发展的时期，无论是场地数量、用地面积、建设规模都有了极大的提升。与"五普"数据进行对比可以看出，我国居民可利用的场地设施明显增多，参与各种体育活动所需空间逐渐增大，体育场地的功能和服务设施逐步完善（表4-11）。

第四章 把握现状 方兴未艾：我国体育产业发展现实状况

表4-11 "六普"与"五普"体育场地整体情况比较

| 指标 | 单位 | 第五次普查 | 第六次普查 | 增长率/% |
| --- | --- | --- | --- | --- |
| 全国体育场地总数量 | 万个 | 85.01 | 169.46 | 99.34 |
| 全国体育场地总用地面积 | 亿平方米 | 22.50 | 39.82 | 76.98 |
| 全国体育场地总建筑面积 | 亿平方米 | 0.75 | 2.59 | 245.33 |
| 全国体育场地总场地面积 | 亿平方米 | 13.30 | 19.92 | 49.77 |
| 人均体育场地面积 | 平方米 | 1.03 | 1.46 | 41.75 |
| 每万人拥有体育场地数量 | 个 | 6.58 | 12.45 | 89.21 |

通过对2018—2020年体育场地数据进行分析，截至2020年底全国共有体育场地371.23万个，人均场地面积达到2.20平方米，比第六次数据普查的1.46平方米有了极大的提升（表4-12）。我国体育场地功能和服务设施逐步发展完善，但与此同时，我国人均体育场地面积依然远远落后于发达国家平均水平，与美国人均体育场地面积30平方米、日本人均场地面积19平方米相比，我们还有相当大的差距。2003年，我国人均体育场地面积为1.03平方米，2020年也仅有2.2平方米。无法很好地满足居民对于体育活动的场地需求，当然这与我国是人口大国有一定的关系。

表4-12 2018—2020年体育场地整体情况比较

| 指标 | 单位 | 2018年 | 2019年 | 2020年 |
| --- | --- | --- | --- | --- |
| 全国体育场地数量 | 万个 | 316.20 | 354.44 | 371.23 |
| 全国体育场地面积 | 亿平方米 | 25.94 | 29.17 | 30.99 |
| 人均体育场地面积 | 平方米 | 1.96 | 2.08 | 2.20 |

由表4-13可以看出，1976年之前，我国体育场地数量相当匮乏，这与当时的时代背景有着密不可分的关系。社会、政治的不稳定因素以及落后的生产力直接影响了体育的开展，也对体育场地的建设数量及规模产生了巨大的影响。1976—1995年，我国体育场地数量持续增多。1995年，国务院颁布《全民健身计划纲要》，同年8月《中华人民共和国体育法》在第八届全国人大常委会第十五次全体会议上全票通过。《全民健身计划纲要》的颁布使得群众体育如火如荼地展开，体育人口不断增加；《体育法》的出世是我国体育事业发展史上的一座里程碑，它标志着我国体育工作进入了新的阶段。我国体育场地建设也

借着这股东风实现了一次跨越，1996—2000年，我国体育场地共计增加123620个，用地面积356590452平方米。2009年8月，国务院公布了《全民健身条例》，并于2009年10月1日起开始施行，同时将8月8日定为全民健身日。一系列文件的出台，为我国体育场地建设提供了政策依据，加速了我国体育场地建设的步伐。

表4-13　全国分年代体育场地建设数量及规模状况

| 建成年份区间 | 场地数量/个 | 用地面积/m² | 建筑面积/m² | 场地面积/m² |
| --- | --- | --- | --- | --- |
| 合计 | 1642410 | 3932245914 | 241922383 | 1948773324 |
| 1970年以前 | 13499 | 67230765 | 2456599 | 46404552 |
| 1971—1975年 | 4451 | 14279133 | 539521 | 10093333 |
| 1976—1985年 | 21765 | 71088032 | 4879188 | 50517693 |
| 1986—1990年 | 24884 | 82349921 | 15824654 | 64421107 |
| 1991—1995年 | 42446 | 179897506 | 11273561 | 96882027 |
| 1996—2000年 | 123620 | 356590452 | 23375390 | 221244280 |
| 2001—2005年 | 229847 | 614437135 | 48187910 | 337584774 |
| 2006—2010年 | 633778 | 1291086382 | 75421673 | 624894305 |
| 2011—2013年 | 548120 | 1255286587 | 59963887 | 496731254 |

### （二）体育场地城乡、地区分布有差异

"六普"对我国各省（不包括港、澳、台）体育场地状况进行了普查，其结果显示：无论是室内场地还是室外场地的数量，东部地区都远高于中、西部地区，经过数据统计分析，东部地区的体育场地占全国体育场地总量的43.29%；而中、西部地区的体育场地数量分别占全国体育场地总量的25.96%和24.59%。由表4-14可以看出，江苏、浙江、广东、山东四省体育场地数量领先于国内其他省份，分别拥有体育场地122247个、124944个、146719个和101165个；而西藏、青海所拥有的体育场地尚不足1万个，这表明我国体育场地分布严重失衡，东西部差距显著。但整体来说，我国体育场地逐年增加，可供居民参与体育活动的空间也与日俱增。

## 第四章 把握现状 方兴未艾：我国体育产业发展现实状况

表4-14 全国各省体育场地总况

| 省、市、自治区 | 场地数量/个 | 室内体育场地数量/个 | 室外体育场地数量/个 | 场地面积/m² |
| --- | --- | --- | --- | --- |
| 合计 | 1635374 | 154566 | 1480808 | 1943174637 |
| 北京市 | 20083 | 3587 | 16496 | 47691632 |
| 天津市 | 16233 | 1737 | 14496 | 31186973 |
| 河北省 | 64770 | 3049 | 61721 | 102280329 |
| 山西省 | 63715 | 2422 | 61293 | 46988999 |
| 内蒙古自治区 | 25367 | 5018 | 20349 | 41607096 |
| 辽宁省 | 51901 | 5071 | 46830 | 78993198 |
| 吉林省 | 21176 | 2463 | 18713 | 40843353 |
| 黑龙江省 | 27777 | 2948 | 24829 | 45140728 |
| 上海市 | 38505 | 12513 | 25992 | 41556935 |
| 江苏省 | 122247 | 27818 | 94429 | 156902596 |
| 浙江省 | 124944 | 23823 | 101121 | 81234678 |
| 安徽省 | 53189 | 4209 | 48980 | 69314612 |
| 福建省 | 62736 | 8395 | 54341 | 59847193 |
| 江西省 | 66515 | 4605 | 61910 | 64141118 |
| 山东省 | 101165 | 4570 | 96595 | 172853047 |
| 河南省 | 82670 | 2127 | 80543 | 89080564 |
| 湖北省 | 79347 | 7113 | 72234 | 74736961 |
| 湖南省 | 57565 | 4428 | 53137 | 72903012 |
| 广东省 | 146719 | 13345 | 133374 | 214426407 |
| 广西壮族自治区 | 74182 | 2000 | 72182 | 55761810 |
| 海南省 | 12202 | 370 | 11832 | 29986910 |
| 重庆市 | 40648 | 1773 | 38875 | 40612746 |
| 四川省 | 67735 | 2279 | 65456 | 66747699 |
| 贵州省 | 32162 | 750 | 31412 | 27117000 |
| 云南省 | 59640 | 2477 | 57163 | 57722463 |
| 西藏自治区 | 6064 | 231 | 5833 | 4313983 |

（续表）

| 省、市、自治区 | 场地数量/个 | 室内体育场地数量/个 | 室外体育场地数量/个 | 场地面积/m² |
|---|---|---|---|---|
| 陕西省 | 40103 | 1576 | 38527 | 40377755 |
| 甘肃省 | 30282 | 864 | 29418 | 28917443 |
| 青海省 | 7978 | 284 | 7694 | 9290345 |
| 宁夏回族自治区 | 11547 | 861 | 10686 | 13529287 |
| 新疆维吾尔自治区 | 26207 | 1860 | 24347 | 37067765 |

体育场地分布失衡状况并不只存在于地域之间，同样存在于城乡之间。截至2013年底，城镇体育场地共96.27万个（室内体育场地12.87万个，面积共计0.54亿平方米），占我国体育场地总量的58.61%，其中教育系统（包括高等院校、中专中技、其他教育系统单位）占据其中43%，共41.67万个；体育系统占0.02%，共2.21万个。13.37亿平方米的场地面积更是占据全国体育场地面积的68.61%。反观我国农村体育场地数量则远远不及，共计67.97万个（室内体育场地2.73万个，面积共计0.05亿平方米），教育系统共有24.38万个，只占据35%。相对于"五普"调查数据来说，城镇、农村的体育场地都有所增加。由于经济发展水平的差异，城乡之间的体育场地分布失衡现象还会持续（表4-15）。

表4-15 全国分系统城镇、农村体育场地数量分析

| 系统类型 | 城镇体育场地数量/个 | 农村体育场地数量/个 |
|---|---|---|
| 合计 | 962674 | 679736 |
| 体育系统 | 22130 | 2192 |
| 教育系统 | 416687 | 243834 |
| 高等院校 | 46696 | 3054 |
| 中专中技 | 17246 | 1327 |
| 中小学 | 346411 | 238454 |
| 其他教育系统单位 | 6334 | 999 |
| 铁路系统 | 3315 | 290 |
| 其他系统 | 520542 | 433420 |

注：教育系统包括高等院校、中专中技、中小学、其他教育系统单位。

目前我国体育场地从管理单位隶属关系看，偏向小型化，基层单位管理的体育场地有103.64万个，占我国体育场地总量的63.11%。其中尤以篮球场和全民健身路径普及程度最高，占我国体育场地总量的58.73%。一些群众积极参与的体育运动，其场地设施已经逐步完善，如全民健身步道、羽毛球场、篮球场等。

### （三）体育场地开放程度、利用率

我国体育场地开放率随着民众对体育的需求增长而不断提高。2013年，我国共有164.24万个体育场地，其中84.58万个处于全天开放，23.42万个处于部分时段开放，开放率达65.75%；其中教育系统共计66.05万个体育场地，有5.61万个为全天开放，15.30万个为部分时段开放；体育系统共计2.43万个体育场地，约有1.57万个为全天开放，约0.49万个为部分时段开放；其他系统共计95.40万个体育场地，有77.36万个为全天开放，7.61万个为部分时段开放（表4-16）。"五普"数据显示，截至2003年12月31日，全国体育场地全天开放率为41.2%，部分时段开放率为21.3%，不开放率为37.5%；综观全国各系统体育场地开放程度，较2004年有了很大的提升，增长了近25%，其中尤以其他系统单位管理的体育场地开放率最高，达到了89.07%，体育系统单位管理的体育场地开放率次之，为84.38%。然而，体育系统单位管理场地开放率虽然达到84.38%，但其体育场地总量仅占全国体育场地总量的1.48%，因此所起到的作用也不大。教育系统、铁路系统单位管理的体育场地开放率也有了一定的提升，在一定程度上缓解了居民体育场地缺乏的困局。

表4-16　全国分系统体育场地2013年对外开放状况

| 系统类型 | 不开放 | 部分时段开放 | 全天开放 | 合计 |
| --- | --- | --- | --- | --- |
| 合计 | 562296 | 234273 | 845841 | 1642410 |
| 体育系统 | 3798 | 4868 | 15656 | 24322 |
| 教育系统 | 451314 | 153072 | 56135 | 660521 |
| 高等院校 | 27393 | 10294 | 12063 | 49750 |
| 中专中技 | 12979 | 4198 | 1396 | 18573 |
| 中小学 | 406459 | 136918 | 41488 | 584865 |
| 其他教育系统单位 | 4483 | 1662 | 1188 | 7333 |
| 铁路系统 | 2948 | 179 | 478 | 3605 |
| 其他系统 | 104236 | 76154 | 773572 | 953962 |

注：教育系统包括高等院校、中专中技、中小学、其他教育系统单位。

我国目前将现有体育场地划分为82种主要类型，每种类型的体育场地数量与开放率与运动项目自身有着极其密切的关系。比如冰壶场地、跳水馆、曲棍球场、室内滑雪场等一部分场馆，数量非常少且开放率低，这就取决于这些运动项目本身普及难度高，参与群众亦是少之又少，因此其场地设施就显得较少。而反观群众较为喜欢的篮球、乒乓球、跑步、羽毛球等运动项目，其场地设施就颇为丰富。全国篮球场地数量最多，共有59.64万个，有28.40万个处于全天开放状态；全民健身路径次之，有36.80万个，其中33.63万个处于全天开放状态，开放率最高；乒乓球场、排球场、羽毛球场、健身房等数量也是处于领先水平。一些消费水平较高的体育场地，比如高尔夫场、保龄球馆、网球馆等，也限制了一部分人的参与欲望（表4-17、表4-18）。

表4-17 全国分场地类型体育场地状况

| 场地类型 | 场地数量/个 | 用地面积/m² | 建筑面积/m² | 场地面积/m² |
| --- | --- | --- | --- | --- |
| 合计 | 1642410 | 3932245914 | 241922383 | 1948773324 |
| 篮球场 | 596444 | 486287558 | 19723649 | 358055664 |
| 全民健身路径 | 368093 | 454465360 | 3375951 | 18089500 |
| 乒乓球场 | 145693 | 37342963 | 1727815 | 22500680 |
| 其他类体育场地 | 102334 | 195209442 | 4385427 | 157259438 |
| 小运动场 | 89093 | 552268830 | 13769958 | 442069842 |
| 乒乓球房（馆） | 48733 | 10305022 | 9536563 | 6524061 |
| 排球场 | 41033 | 19054087 | 544620 | 12854769 |
| 羽毛球场 | 35384 | 17119833 | 960770 | 9945413 |
| 棋牌房（室） | 26422 | 3895747 | 3482267 | 2197671 |
| 健身房（馆） | 21623 | 6908472 | 7239344 | 4754790 |

表4-18 全国分场地类型体育场地2013年对外开放状况前10位

| 全天开放/个 | | 部分时段开放/个 | | 不开放/个 | |
| --- | --- | --- | --- | --- | --- |
| 全民健身路径 | 336319 | 篮球场 | 83564 | 篮球场 | 228971 |
| 篮球场 | 283909 | 乒乓球场 | 22491 | 其他类体育场地 | 66929 |
| 乒乓球场 | 68535 | 小运动场 | 19923 | 小运动场 | 62227 |
| 其他类体育场地 | 17647 | 其他类体育场地 | 17758 | 乒乓球场 | 54667 |
| 棋牌房（室） | 17258 | 乒乓球房（馆） | 12114 | 排球场 | 25843 |

（续表）

| 全天开放/个 | | 部分时段开放/个 | | 不开放/个 | |
|---|---|---|---|---|---|
| 乒乓球房（馆） | 16948 | 全民健身路径 | 10386 | 全民健身路径 | 21388 |
| 羽毛球场 | 13006 | 排球场 | 8407 | 乒乓球房（馆） | 19671 |
| 城市健身步道 | 11891 | 棋牌房（室） | 7057 | 羽毛球场 | 16329 |
| 三人制篮球场 | 10776 | 健身房（馆） | 6211 | 室外网球场 | 7815 |
| 室外门球场 | 10376 | 羽毛球场 | 6049 | 三人制篮球场 | 7423 |

### （四）体育场地所属经济成分状况

目前，我国国有体育场地所占比重依然最高，为75.40%；其次为集体体育场地，占12.4%；个体、外资（含中外合资）、其他产权所属体育场地占比较少，分别为5.1%、4.7%、2.4%（表4-19）。国有体育场地占据了全国体育场地总量的四分之三，远超其他类型的体育场地数量。但是目前我国个体、外资（含中外合资）等体育场地所占比例正逐年提高，说明了我国体育场地的产权性质正在朝着多元化发展，标志着我国体育已经开始向社会化方向过渡。

表4-19 我国体育场地所属经济成分分类

| 经济成分 | 国有 | 集体 | 个体 | 外资（含中外合资） | 其他 |
|---|---|---|---|---|---|
| 占比/% | 75.4 | 12.4 | 5.1 | 4.7 | 2.4 |

### （五）我国体育场地的经营状况

由表4-20，目前，全国各系统体育场地中，自主运营的体育场地数量最多，占据了全国体育场地总量的98.73%，共计1621547万个；采取合作运营模式和委托运营模式的体育场地共计20863个，仅占全国体育场地总量的1.27%。近年来，我国体育场地的运营状况成为社会关注的焦点。体育场地的运营模式与体育场地能否良好运转有着直接的关系，我国体育场地以自主运营为主，而一些发达国家的体育场地运营模式则呈现出多元化的发展态势，值得我国借鉴。如资产支持型证券（德国沙尔克04俱乐部）、冠名权融资模式等[106]。

表4-20　全国分运营模式分系统体育场地状况

| 系统类型 | 自主运营场地数量/个 | 合作运营场地数量/个 | 委托运营场地数量/个 | 合计/个 |
| --- | --- | --- | --- | --- |
| 合计 | 1621547 | 6777 | 14086 | 1642410 |
| 体育系统 | 22184 | 666 | 1472 | 24322 |
| 教育系统 | 656808 | 2158 | 1555 | 660521 |
| 高等院校 | 49055 | 369 | 326 | 49750 |
| 中专中技 | 18448 | 71 | 54 | 18573 |
| 中小学 | 582164 | 1633 | 1068 | 584865 |
| 其他教育系统单位 | 7141 | 85 | 107 | 7333 |
| 铁路系统 | 3573 | 6 | 26 | 3605 |
| 其他系统 | 938982 | 3947 | 11033 | 953962 |

注：教育系统包括高等院校、中专中技、中小学、其他教育系统单位。

总体来看，我国体育场地的运营模式仍过于单一，自主运营模式占大多数，体育场馆资源未能得到有效配置，合作运营模式与委托运营模式远未打开局面。

### （六）我国大型体育场馆状况

体育场馆是人们参与体育运动、欣赏体育赛事的重要场所，作为发展体育事业的硬件基础[107]，是一个国家发展体育事业的主要载体。综观世界体育强国，其大型体育场馆的建设都具有较大的优势，例如美国、德国等体育发达国家。

大型体育场馆建设是一个国家发展竞技体育的基础，同时也利于接纳大型赛事，带动本国体育事业的发展。世界体育发达国家比较重视大型体育场馆建设，不仅注重场馆数量，更是通过建设大型体育场馆、申办国际大型比赛的同时，提升了城市知名度，也借机完善了城市基础设施建设，可谓是一举多得。而且大型体育场馆的建设和运营，不只为城市带来大型赛事等经济效益，也可以在一定程度上促进科技的发展，还具备一定的教育价值。例如2000年悉尼奥运会，其大型体育场馆的设计和建设，都突出了新的理念，所用太阳能设备突出了环保理念，并且在赛后与私人教育机构展开合作，充分利用大型场馆，开设了32门课程，涵盖了从幼儿教育到高等教育阶段。

截至2013年底，我国大型体育场馆共计1093个，场地面积1023.29万平方米。其中，全天对外开放的大型体育场馆有475个，部分时段开放的大型体育场馆483个，仅有135个大型体育场馆不对外开放，开放率达到了87.6%（表4-21）。虽尚有不足，但我国体育事业仍在不断进步，相信通过党的领导、国家政策的支持，以及广大人民群众的积极参与，我国的体育事业会得到持续、健康的发展。

表4-21　全国大型体育场馆总况

| 大型体育场馆场地类型 | 场地数量/个 | 场地面积/m² | 建筑面积/m² | 用地面积/m² | 不开放 | 部分时段开放 | 全天开放 |
| --- | --- | --- | --- | --- | --- | --- | --- |
| 合计 | 1093 | 10232868 | 22056317 | 45410698 | 135 | 483 | 475 |
| 体育场 | 292 | 7060765 | 9235077 | 22728970 | 32 | 120 | 140 |
| 体育馆 | 721 | 2578062 | 11160796 | 19626870 | 93 | 321 | 307 |
| 游泳馆 | 78 | 585312 | 1616645 | 3025214 | 10 | 41 | 27 |
| 跳水馆 | 2 | 8729 | 43799 | 29644 | 0 | 1 | 1 |

## （七）我国学校体育场地状况

目前我国教育系统管理的体育场地更是占我国体育场地总量的65.6%，远超铁路、体育等系统所管理场地。目前我国体育场地无法满足人们对体育文化的需求，2006年后在全国内开展学校体育场馆开放试点工作，让校园体育场地在满足学生需求外，能够对社会大众开放。

然而，通过第六次全国体育场地普查的数据显示，截至2013年底，我国教育系统管理的体育场地共有66.05万个，占当时全国体育场地的40.2%，其开放率却只有31.67%（表4-22）。这主要取决于教育系统多为事业单位，体育场地设施的资金来源多为政府财政拨款以及自筹，这直接影响到所管理的体育场地开放率。

表4-22　我国教育系统体育场地总况

| 系统类型 | 不开放/个 | 部分时段开放/个 | 全天开放/个 | 合计/个 |
| --- | --- | --- | --- | --- |
| 教育系统 | 451314 | 153072 | 56135 | 660521 |
| 高等院校 | 27393 | 10294 | 12063 | 49750 |

（续表）

| 系统类型 | 不开放/个 | 部分时段开放/个 | 全天开放/个 | 合计/个 |
|---|---|---|---|---|
| 中专中技 | 12979 | 4198 | 1396 | 18573 |
| 中小学 | 406459 | 136918 | 41488 | 584865 |
| 其他教育系统单位 | 4483 | 1662 | 1188 | 7333 |

由于教育系统管理的体育场地在各国都占有一定比重，而教育系统中95%以上都是学校（包括高等院校、中专中技、中小学），因此各个国家对于学校体育场地的使用和管理都有自己的管理政策。

中华人民共和国成立以来，为强化学校体育教育、促进学生身心健康全面发展，党和政府不断加大学校体育场地设施的建设力度，使我国学校体育场地设施得到了有效改善。

目前，我国学校体育场地设施面临供给数量相对不足、类型较为单一、使用效率较低、配建标准难落实、对外开放程度"雷声大雨点小"等诸多问题。我国学校体育场地设施治理结构单一，政府委托学校治理体育场地设施，且是"单一责任包袱"，即责任单位为学校，政府、"第三方"所承担责任往往被忽视，这归因于学校体育场地治理主体职能不同，政府、学校"重文轻体"积弊有待治理，以及社会力量即"第三方"参与治理的有限性。因此，应明确政府、学校及"第三方"在学校体育场地设施治理结构中的治理职能。

我国学校大多为事业单位，其体育场地设施的资金来源大多依靠政府拨款以及自筹，因此部分学校体育场地采取收费的方式也无可厚非。例如室内篮球馆、羽毛球馆、游泳馆等体育场馆，在保障正常教学任务完成的前提下，可以合理地对外开放，允许俱乐部或各种体育组织使用，同时收取一定的费用。但是，针对目前部分高校对学生收费的现象，应该以保护学生利益为原则，明确收费标准，制定可行的制度标准。

## （八）我国体育场地发展中存在的不足与问题

### 1. 我国体育场地整体发展水平不足

过去10年，我国体育场地数量、质量、运营模式等都得到了大幅的提升，与欧美体育发达国家的差距不断缩小。人民群众对于体育、文化的需求不断增长，现有的体育场地设施仍然无法满足人民群众对于体育的需求，体育场地数量不足、设施不完善等问题，在短时间内依然无法得到有效的解决。而且室内外体育场地的数量以及面积对比严重失衡，全国共计169.46万个体育场地，室内体育场地仅有16.91万个，而室外体育场地高达152.55万个之多，是室内体育场地数量的9倍。

### 2. 我国体育场地类型结构不平衡

随着《全民健身计划（2016—2020）》《体育产业发展"十三五"规划》《"健康中国2030"规划纲要》等一系列方针政策的颁布实施，我国体育事业的发展步伐进一步加快，体育场地的建设也得到了极大的提升。我国一直努力丰富体育场地的类型，也取得了一定的成果。但从目前划分的82种主要体育场地类型来看，依旧呈现出类型不平衡的现象。据第六次全国体育场地普查数据显示，篮球场、全民健身路径、乒乓球场等体育场地的数量远超其他类型体育场地，占据全国体育场地总数的65.52%。而这些占比重较高的体育场地大多以政府财政拨款建设为主，缺少社会力量的合作参与，使得体育场地的发展呈现结构性失调现象。

### 3. 我国体育场地地区分布失衡

根据经济发展水平的不同，我国可分四大经济区域，体育场地建设与区域经济发展密切相关。就目前经济发展水平而言，东部地区的场地建设领先于其他地区，而且差距逐渐拉大；东北地区的体育场地建设发展近年来得到了提升，但仍落后于东部发达地区；西部地区由于享受到了政策红利，其体育场地的发展水平有了显著的提高，相关的人均指标已经超过了中部地区，部分省市的发展水平直追东部地区；而中部地区由于政策的偏离以及经济发展水平的不足，其体育场地的建设发展水平已经落后于全国平均水平。

### 4. 我国体育场地运营模式过于单一

体育场地的运营模式关乎体育场地是否能够持续、良性的运转。近几年来，我国不断吸收、借鉴体育发达国家的运营模式，并且进行了众多的尝试，其间虽然有过成功的案例，但总体来说，目前我国体育场地的运营模式仍过于单一，自主运营的体育场地数量最多，占据了全国体育场地总量的98.73%，场地运营权掌握在产权所有方手中，体育场馆资源未能得到有效配置，合作与委托模式远未打开局面。同时，我国社会尚缺乏相对有经验的专业场馆运营公司作为合作或委托运营对象。

### 5. 我国体育场地的运行成本压力较大

我国将近半数的体育场地是由事业单位经营管理的，其经济收入并不足以支撑体育场地的建设、维护资金，以及编内从业人员的工资发放，大多数体育场地支出还是依靠政府财政拨款，自给自足难以实现。因此，经年累月的支出造成了巨大的运行成本压力。从体育场馆的经营角度来看，我国还需要多学习、借鉴体育发达国家的体育场馆经营理念，尽力缓解我国体育场地巨大的运行成本压力。

## 七、体育用品及相关产业供给

### （一）体育用品的概念

社会在发展，时代在进步，人们的经济水平已经上升到了新的层面，与此同时，科学化与信息化亦逐渐走进民众的生活。人们的闲暇时间相应增多，健康意识逐渐增强。体育作为一种增强体质、增进健康、丰富文化生活的复杂社会现象，吸引了越来越多的人加入进来。体育运动项目随之增多，其开展形式也是多种多样，体育用品的使用在时间和空间上得以延伸。体育用品最初的范畴较小，仅指竞技体育中所需要的器材、运动员装备等；如今随着越来越多的人参加体育活动，体育用品所涵盖的范畴也逐渐扩大。

基于体育用品的本质属性以及体育用品的功能、适用领域等的变化，我们可以从广义上定义为：主要用于体育活动并符合体育活动要求的一种特殊生活消费品的总称，主要分为体育器材、运动鞋和运动服三大类。

### （二）全球体育用品业的发展现状

全球体育用品行业呈现整体繁荣的面貌，这得益于耐克（Nike）和阿迪达斯（Adidas）等品牌发展，耐克和阿迪达斯近几年营业收入持续增长，但依然面临着激烈的商业巨头带动的市场竞争。一些竞争优势较大的体育用品企业，一方面是紧密结合新兴科技，如耐克的Nike Air Mag（具有发光和Power Laces自动绑鞋带功能）、阿迪达斯的ARAMIS动作捕捉技术；另一方面是主动改变生产模式，采用自动化生产模式，提高产品上市的速度[108]。总体来看，全球体育用品业发展较为繁荣，但受新冠肺炎疫情影响，全球体育用品业遭受了巨大的冲击。2020年全球体育用品市场出现首次收缩，市值下降约7%，至3460亿美元。麦肯锡与世界体育用品联合会（WFSGI）的研究表明，尽管在第一波疫情后，全球大多数运动品牌、零售商和制造商的销量迎来反弹，但走出新冠肺炎疫情带来的困境仍需时日。全球领先的市场分析报告服务供应商Research and Markets日前发布《体育用品——全球市场发展趋势与分析》报告。据该报告，受新冠肺炎疫情和经济下行影响，2020—2027年全球体育用品业规模将增长119亿美元，年均复合增长率约为2.6%。新冠肺炎疫情对各行各业造成了巨大影响，球类运动器材市场在后疫情时代将被重新定义和设计，以适应新的市场需求和变化的市场条件。2020—2027年间，美国球类运动器材市场的年均复合增长率调整为1.5%，德国球类运动器材市场将增长2.67亿美元。除德国外，欧洲其他地区球类运动器材市场将增长2.89亿美元。2027年日本球类运动器材市场规模将达到11亿美元。

### （三）国内体育用品业的发展现状

体育用品业是与体育相伴而生的，体育的发展离不开体育用品的贡献。任何一项体育运动，都需要相应的运动装备，就如当下各国都比较重视运动装备制造技术，融入先进科技的运动装备可以相应提高运动员的运动成绩。时至今日，体育产业仍然毫无疑问的位列于朝阳产业之林，具有蓬勃的朝气和巨大的发展空间。

体育用品与体育用品业不能混为一谈，体育用品是具体的物品，是为体育运动所服务的，其设计、制造都是为了更好地应用于人们要参与的体育运动；体育用品业则是生产这些具体物品的企业集合的总称，体育用品业是体育产业的重要组成部分，体育用品制造业和销售业是其两大组成部分。我国体育用品业最早于20世纪20年代出现在上海、天津等地，诸如利生、春合、航空等品牌都是当时体育用品业内的大咖。我国体育用品业早期发展比较迅速，其兴起于20世纪20年代，在三四十年代就取得了极大的进步，当时所制造的产品达到了国内外的先进水平，相当一部分体育器材走出了国门，销往东南亚各国。这说明我国体育用品业具备一定的实力，并且具有相当大的潜力。

我国体育用品业的发展历程可分为萌芽阶段、起步阶段、发展阶段、起飞阶段和调整阶段。改革开放前后，我国体育用品业出现了极大的改观。党的十一届三中全会的成功召开，为我国体育用品业带来了春天，国内开始出现众多的体育用品企业。随着经济的进一步发展，国家也颁布了一系列有利于体育用品业发展的条例，安踏、双星、李宁等体育名牌也是在这一时期崛起，受到越来越多消费者的青睐。当时的体育用品业以福建地区和珠三角地区最为出名，福建莆田至今依然是重要的加工基地。

**1. 我国体育用品市场需求量大**

体育用品业的发展受到市场需求变化的影响，在我国这样一个人口庞大、幅员辽阔的大国，体育用品业的发展具有十分有利的条件。

表4-23 全国体育场地普查对比

| 指标 | 第五次普查 | 第六次普查 | 2018年 | 2019年 | 2020年 |
|---|---|---|---|---|---|
| 全国体育场地数量 / 万个 | 85.01 | 169.46 | 316.20 | 354.44 | 371.34 |
| 全国体育场地面积 / 亿平方米 | 13.30 | 19.92 | 25.94 | 29.17 | 30.99 |
| 人均体育场地面积 / 平方米 | 1.03 | 1.46 | 1.86 | 2.08 | 2.20 |

（数据来源：国家体育总局）

祖国强大的时代背景下，我国的经济建设和社会发展进入了一个新的历史时期，各个领域都进入了新的台阶，体育用品制造业正在以创新与科技结合的方式构建新的产业链。新的生活方式在生成，社会需求随之发生转变，进一步对体育用品制造业的发展提出新的要求。2020年，国务院办公厅发布了《关于加快全民健身场地设施建设发展群众体育的意见（国办发〔2020〕36号）》文件鼓励建设体育设施，要求加大对健身设施的建设力度，推动健身的智能化、数字化、信息化。随着高品质、智能化的体育产品逐渐进入市场，人们对产品体验感的追求升级，更高层级的体育用品需求将被激发。

表4-24 全国分年代体育场地建设数量及规模状况

| 年份区间 | 场地数量 / 个 | 用地面积 / m² | 建筑面积 / m² | 场地面积 / m² |
|---|---|---|---|---|
| 合计 | 3661210 | 3932245913 | 241922383 | 3055773325 |
| 1970年以前 | 13499 | 67230765 | 2456599 | 46404552 |
| 1971—1975年 | 4451 | 14279133 | 539521 | 10093333 |
| 1976—1985年 | 21765 | 71088032 | 4879188 | 50517693 |
| 1986—1990年 | 24884 | 82349921 | 15824654 | 64421107 |
| 1991—1995年 | 42446 | 179897506 | 11273561 | 96882027 |

（续表）

| 年份区间 | 场地数量/个 | 用地面积/m² | 建筑面积/m² | 场地面积/m² |
|---|---|---|---|---|
| 1996—2000年 | 123620 | 356590452 | 23375390 | 221244280 |
| 2001—2005年 | 229847 | 614437135 | 48187910 | 337584774 |
| 2006—2010年 | 633778 | 1291086382 | 75421673 | 624894305 |
| 2011—2013年 | 548120 | 1255286587 | 59963887 | 496731254 |
| 2014—2020年 | 2018800 | — | — | 1107000000 |

居民精神生活的质量受物质水平的影响，体育活动是民众的健身娱乐的主要方式，受经济发展水平的制约。以2000年为例，我国农村居民可支配收入为2253元、城镇居民为6280元，但从人均国民收入来看，购买力约为1000美元，在体育的需求上仅等同于发达国家70年代末80年代初的水平，说明我国在体育活动上的投入不高。再来看国外情况，70年代末80年代初，发达国家居民体育用品开支平均约15美元，意为我国2000年居民在体育活动的年投入仅为15美元。随着经济的发展，国民生活水平不断提高，中国居民消费水平呈大幅上涨趋势。体育活动是民众比较受欢迎的健身娱乐方式，受经济水平影响，中低档体育用品在农村和城镇地区比较畅销，相对于大中城市，高档体育用品销量会更好一些。就目前的经济水平，高档体育用品逐渐进入千家万户，无论是富有家庭还是普通百姓家庭，居民在体育上的消费越来越高。此外，体育局、学校体育、各种体育项目俱乐部等随国家发展形势应运而生，对体育用品的消费迅速增加，迅速带动了第三产业中体育用品的消费。随着西方一些新兴体育运动进入国内，国内体育用品的需求量也是相当可观。新兴体育项目中，一些运动项目在设施和器材上要求较高，这大大拉动了体育用品的消费层次。由此可见，我国在体育用品的市场开发上，还有极大的上升空间，综合全面考虑不同的体育消费人群，做出合理政策规划。

### 2. 体育用品企业数量庞大

中国自2001年加入世贸组织以来，经济交易数额剧增。体育产业作为新增的第三产业，发展形势良好。有需求就有市场，体育用品的需求量持续走高，为商家提供了商机，体育产业的供给源源不断。需求与供应的关系相辅相成，越来越多的商家为体育产业宣传，体育用品的大量生产也带动了体育运动的良好风气。据有效统计，截至2021年末，中国体育公司总市值首次突破万亿元大关，达11093.71亿元，上市公司数量达40家，4家公司市值占上千亿元，12家公司市值过百亿元。过多的体育市场需要良好的管理政策，根据各企业的生产能力和规模大小，可将目前我国体育用品市场划分为不同类别。

首先是高端优势企业，在体育用品的设计、研发上具有独特的技术能力，在成品的制造上具有先进的生产设备，主要生产多种类高端体育用品，生产规模大、生产范围广，经济效益逐年上升，目前以李宁、安踏、中国动向、特步、匹克、361°六家体育企业居于前列。

其次是中端企业，在体育用品的设计、研发上略逊于高端优势企业，不过他们的生产制造能力较为强大。但生产体育品类有限，以鸿星尔克、德尔惠、澳瑞特等品牌为代表。

最后是低端体育用品的生产企业，基本没有自己独立的产品设计、研发能力，在生产制造产品上没有先进的设备，主要通过仿制、组合的生产方式，或者与另外同等类型企业合作，为之提供产品配件组合，完成整个产品的制作。这些企业的总体实力一般，基本靠小型体育用品的销售存活。但在价格上大大优于高端和中端企业，所以在体育用品需求量日益增大，低端企业的数量剧增，竞争相当激烈。

随着体育用品需求量的大大增加，体育产业迅速发展形成了自己独特的发展模式。我国福建省晋江市，在体育竞赛表演业、健身休闲娱乐业、体育培训业、体育中介业、体育广告业、职业体育的发展上走在了前列；晋江市抓住体育用品业的机遇，利用其高速发展的形势快速积累资本，同时开展体育各行业，又促进体育产品设计、研发、生产，及时更新发展，促进晋江市的经济快速发展繁荣，被誉为远近闻名的"晋江模式"，就是以体育经营城市，带动城市活力再生、功能再造及形象重塑的新型发展模式，推动城市发展、社会和谐、经济繁荣，城市整体地位上升，又大大促进体育事业的发展，实现体育产业与城市发展和谐相处，值得国内各个体育产业城市学习。目前，我国广东、福建、江浙、北京等发展势头良好城市，已有重点体育用品集群11个，以品牌化经营为主，连动化发展的趋势明显。

### 3. 经济规模小，总体竞争力不强，集约化程度低

目前我国体育用品企业规模多为中小型，经营范围较小，销售渠道窄，经济效益也不够高。如果固定资产在5000万以上的体育用品企业才能被认定为大中型企业，据统计只有约9.03%的企业有能力成为大中型企业，而剩下约90%及

更多的企业都属于中小型企业，而在这些企业里，销售金额高于1亿元的企业仅有3%[109]。自80年代末以来，威尔逊、诺迪卡、彪马、阿迪达斯、王子、库柏等众多著名公司或被转让或被兼并，掀起了资产重组的狂潮。体育企业的这一大变动，使得各大企业资源重组、优化配置，竞争激烈，在发展中促进经济效益的剧增，也促使各大企业竞相提升自身各方面能力，促使企业所在城市多方面发展。但是，我国体育用品企业发展的总体竞争能力却不是很强，企业规模较小，分布零散，产品生产成本高、企业集约化程度低，总体的发展处于中等阶段，还有极大的提升空间。

我国在制造业方面在世界一直居于前列，过去体育制造产业与体育服务产业比一直处于7∶3，而世界体育服务业与制造业比重为7∶3，因此有学者认为中国体育产业结构不平衡，是中国体育产业发展路上的障碍。随着国内近几年各个领域的快速发展，第三产业的崛起使得体育服务业快速增长，与体育制造产业比重持续发生变化，直至体育产业比重降到44%。即便如此，这个数据仍领先于世界许多国家，在总比重方面，除去体育产业的销售、贸易等相关环节，体育制造业比重仍然很大，因此我国在体育用品制造上仍居于世界前列。

很长一段时期，我国体育制造业一直占有较大比重，与世界其他制造业薄弱国家相比，这正是我国的优势，是其他体育用品制造薄弱的国家遥不可及。对外开放伊始，全球经济一体化形成的巨大产业链，为我国独立生产体育用品打下了坚实的基础，在体育用品制造上，不仅拥有了先进的设备、娴熟的技能，还能产出多品类体育用品，成为我国作为"制造大国"的重要组成部分。长期的制造经验使我国在体育制造业上远超世界其他国家，一直保持着遥遥领先的地位，因此在国内也始终占据重要比重。我国巨大的制造业，不仅创造了一定的财富，还创造了就业机会，直接提升了整体国民的财富值。无论是哪种产业占有多高比重，我们要做的是优化产业结构，而不是降低已有产业规模。

现如今，国际各个领域的竞争力都十分强烈，我国在体育产品的制造业上虽然占有重要地位，但体育用品业总体国际竞争力不强，需要进行自我深思。从客观角度考虑，无论是企业规模还是产品质量，都要达到国际竞争的标准，这也是权衡体育用品行业在国际上竞争力强弱的条件，在市场的供需关系上也需要强有力的数据；主观上也要深究政策规划是否科学合理、产品从研发到生产技能把关是否精准严格、发展目标定位是否精准等。无论哪些方面，都要做出更大的努力，做好体育产业发展，创新、科学、品牌等都是体育产业迅速发展所需的强有力条件。

### 4. 缺乏创新，产品标准化低

体育用品生产严格统一的评判标准，加上科学、严谨的创立过程，与体育用品消费者的合法权益息息相关，其中人身安全占最重要地位。体育用品的制造与销售都必须有系统严格的流程，在科研开发和原料选材、成品制作上尤其需要进行严格把关，把消费者人身安全放在第一位，从而体育产业才会越做越好，真正服务于消费者。但我国目前体育产业面临的重大问题之一就是体育产品利润偏低，这与体育产品质量不高有着直接的联系。而体育产品质量低下的直接原因就是在生产过程中没有严格的把关，没有统一的生产标准或者是标准低下。体育产业若要规避这些问题，就要整顿生产系统，从选料到管理标准，再到体育市场，真正为体育消费者服务。

体育产业作为新兴产业，在我国立足时间尚短，所以各方面尚未成熟，国家对其重视程度也不够，其本身也并未真正深入人心，因此对于体育用品各方面的标准化水平缺乏有效的推广实施。对于我国体育产业的标准建立问题，我们不应漠视，更不该置之不理。

### 5. 品牌价值低

品牌价值的形成过程也是不断提高体育产品和服务质量、优化品牌的过程。产品品牌的树立就是体育产品在其制造、销售过程中，不断地吸收先进的理念，采用先进的技术，逐步提高体育产品和服务的质量。因此，产品品牌也是产品质量的代名词，可以吸引消费者的注意力产生消费行为，从而提高体育产品的有效供给。体育品牌形成的过程中，企业也会根据不同的消费者类型对产品进行定位，例如，全球知名的体育品牌—耐克，其旗下的体育产品有明确的产品定位，针对不同消费层次的消费者提供不同价格的体育产品，力求满足各个阶层消费者的需求。这也是提高体育产品有效供给的合理措施。与此同时，品牌的培育也在一定程度上降低了供给成本。品牌效应在当下社会的影响力不容小觑，品牌规模越大，品牌效应就越明显，尤其对青少年的吸引力更大。某些国际品牌也深知这一点，在产品足够成熟的情况下，他们紧跟时尚，押宝代言人。这在一定程度上也刺激了体育企业在科技、理念上的创新，有利于提高企业的核心竞争力。

体育产业作为我国朝阳产业，将会持续担当国家经济发展的重要角色，对于行业如何利用此次升级契机实现跨越式发展，值得深入思考。

## （四）中国体育用品业发展的机遇

我国体育用品产业作为国家经济新的增长点，产业链逐渐成熟，经济增长逐渐稳定，产业发展趋向开放性、竞争性、品牌化，拥有自己的品牌（如安踏、李宁等），形成了产业集群。

据中国产业信息网预测，至2025年，我国体育用品业规模将达到21000亿元，依然远超职业体育、体育彩票、大众运动与健身馆等产业板块，相比于2014年的9203亿元，预计增长两倍多（图4-8）。但是其所占比重将出现下滑，因为随着体育产业的进一步发展，各产业板块都将携手并进，共同协调发展。现今，我国体育用品业的发展依然具有十分明显的优势，具体有经济环境优势、潜在的市场需求优势、产业基础优势和劳动力优势。

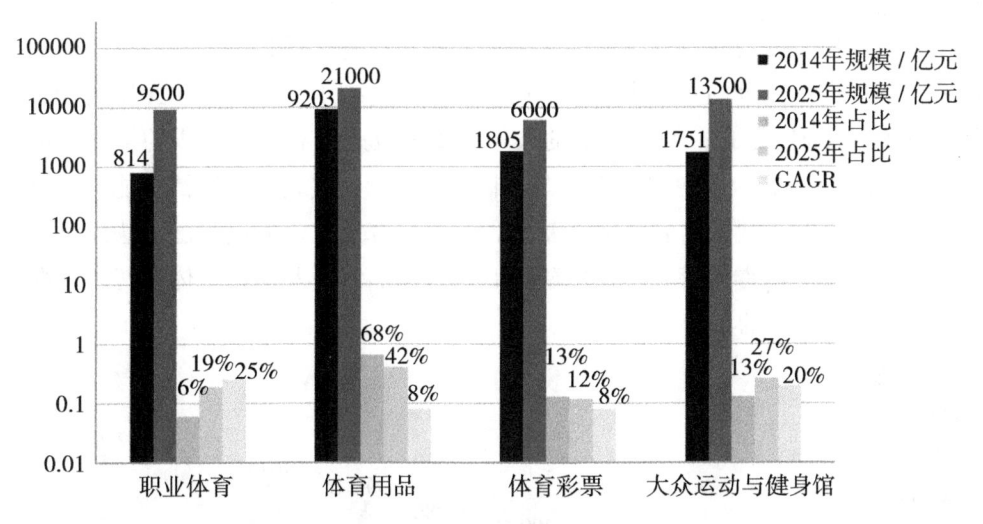

图4-8 体育产业各板块未来发展空间及增速比例

### 1. 经济环境优势

在我国社会主义市场经济体制逐步完善的背景下，国家在保障国有经济为主体的前提下，为民营企业的发展提供了有利的政策支持和便利的渠道。我国体育用品业中的大多数为民营企业，体育用品业的发展与宏观的经济环境息息相关。相对稳定的经济环境对体育用品业的发展能够起到促进作用。首先，我国已经全面健成小康社会，消费能力持续升高，具备巨大的发展潜力。其次，我国物质生活水平已经得到了极大的提升，科学技术也已经走在了世界的前列，为体育用品业今后的发展创造了机会。再次，我国体育产业的发展具有体制保证。逐渐完善的社会主义市场经济体制，是我国社会主义发展历程上的一次创新，是我国社会主义探索道路上的一次伟大尝试。最后，我国体育产业的发展具有良好的国际环境。和平与发展是当今时代发展的主题，综观当下国际形势，会有很长一段时间保持和平与发展的国际环境，这就为我国体育产业的发展提供了良好的发展环境。

**2. 潜在的市场需求优势**

1978年12月，党的十一届三中全会召开，开始实行改革开放。改革开放40余年后的今天，我国社会经济发展水平不断提高，人民物质生活条件不断改善，尤其是信息化时代的到来，促进了整个社会的飞速发展。习近平总书记在十九大报告中指出，我国现已进入了新时代，现阶段的主要矛盾已从人民日益增长的物质需要与落后的生产力之间的矛盾转化为人民日益增长的美好生活需要和不平衡不充分的发展之间的矛盾。我国人均GDP在2011—2020年的10年间，约增长了2倍左右，城镇居民的人均可支配收入也有了进一步的提高，增长了2倍（图4-9）。人均GDP和可支配收入的提升，代表了居民消费能力的提升。新时代社会主要矛盾转化的背景下，我国体育、文化的供给已无法满足人民群众的需求，使得体育场地设施建设、体育用品制造及销售、体育赛事举办与转播等都有充足的市场。

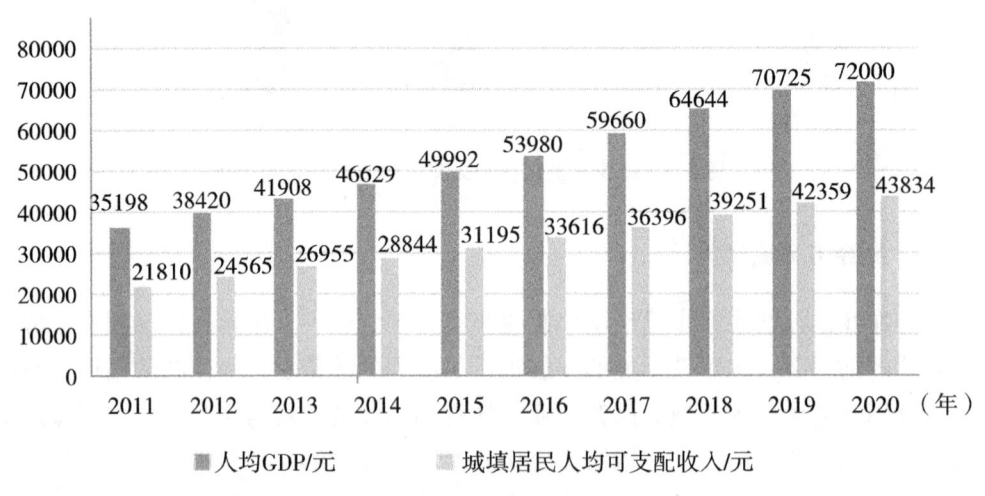

| 年份 | 人均GDP/元 | 城镇居民人均可支配收入/元 |
|---|---|---|
| 2011 | 35198 | 21810 |
| 2012 | 38420 | 24565 |
| 2013 | 41908 | 26955 |
| 2014 | 46629 | 28844 |
| 2015 | 49992 | 31195 |
| 2016 | 53980 | 33616 |
| 2017 | 59660 | 36396 |
| 2018 | 64644 | 39251 |
| 2019 | 70725 | 42359 |
| 2020 | 72000 | 43834 |

图4-9 中国人均GDP和城镇居民人均可支配收入

对于潜在的市场需求，我们不可忽略消费者的"刚性需求"。"刚性需求"就是在人们参与体育活动的过程中，不可或缺的器材、服装、项目用品等运动相关的产品。例如，乒乓球是我国优势体育项目，在我国拥有坚实的群众基础。人们在参加乒乓球运动时，首先需要乒乓球台、球拍，以及乒乓球，如果经济条件允许的话，就会配备专业的乒乓球鞋、球服等专业体育用品。这就是消费者的"刚性需求"。

### 3. 产业基础优势

改革开放40余年来，我国人民的体育需求快速增长，且在建设体育强国的未来几年会持续保持，源源不断的体育需求是推动我国体育产业发展的强劲动力。

体育产业作为国民经济的重要组成部分，可以极大地推动国民经济的发展，我国体育产业虽然起步较晚，但它已逐渐推动了我国的经济增长，其市场潜力正逐步被发掘。从图4-10和图4-11中可以看出，我国体育产业的发展与美国相比，其结构更加多样，但仅从体育用品业来讲，我国体育用品业在体育产业各板块所占的比重远高于美国，这说明我国体育用品业拥有一定的产业基础。

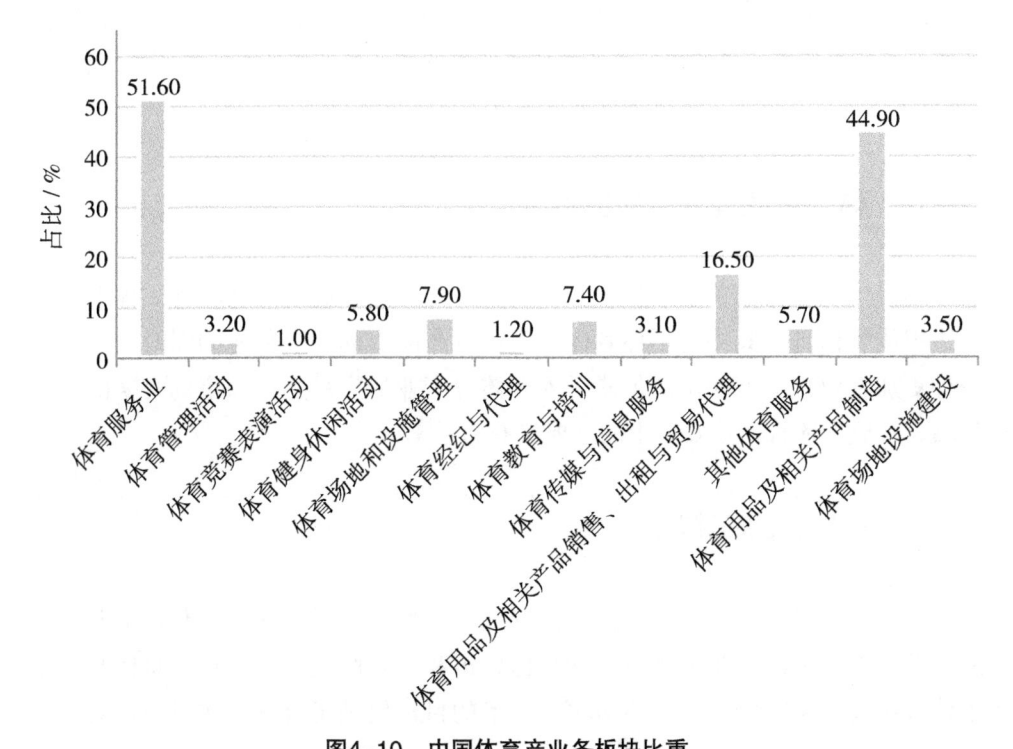

| 板块 | 占比/% |
|---|---|
| 体育服务业 | 51.60 |
| 体育管理活动 | 3.20 |
| 体育竞赛表演活动 | 1.00 |
| 体育健身休闲活动 | 5.80 |
| 体育场地和设施管理 | 7.90 |
| 体育经纪与代理 | 1.20 |
| 体育教育与培训 | 7.40 |
| 体育传媒与信息服务 | 3.10 |
| 体育用品及相关产品销售、出租与贸易代理 | 16.50 |
| 其他体育服务 | 5.70 |
| 体育用品及相关产品制造 | 44.90 |
| 体育场地设施建设 | 3.50 |

图4-10 中国体育产业各板块比重

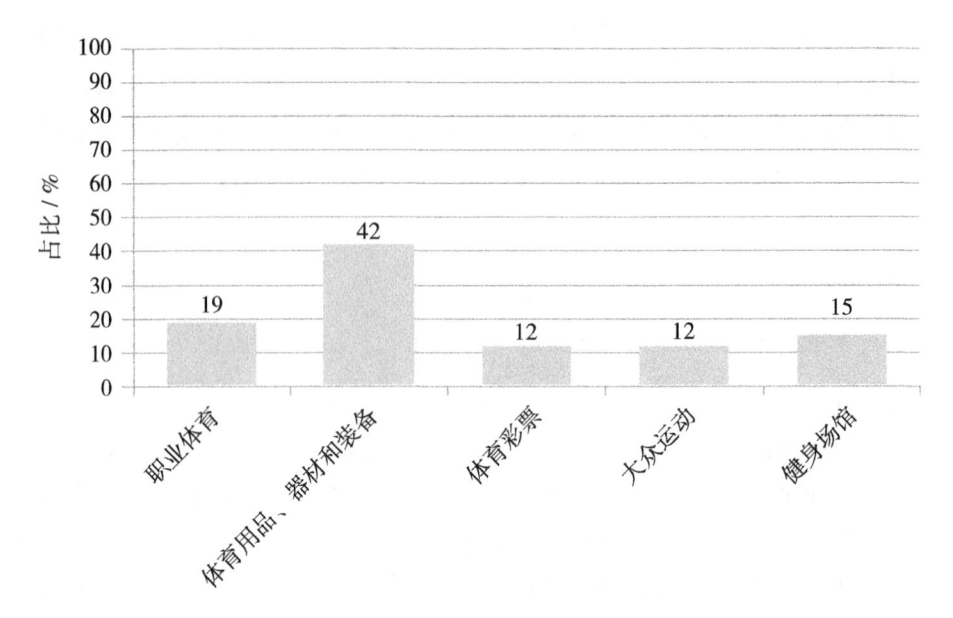

图4-11 美国体育产业各板块比重

我国体育用品业的发展距离体育发达国家尚有一定的差距，但是通过不懈努力，也已经拥有自己的产业基础。截至2020年底，体育总局已在全国范围内命名和认定体育产业基地334个，包括示范基地79个、示范单位143家、示范项目112个。

## 八、体育传媒与信息服务供给

随着体育产业的快速发展，我国现代体育传媒也随之迅速崛起。体育传媒一边把体育信息（其中包括体育内容及体育产品）向大众传递的同时，一边以一种更加专业化、深层次的形式进入到体育产业的产品生产和市场交换的核心领域，且成为体育产业发展中的主要核心力量。

### （一）体育传媒的概念

在宏观意义上，体育与媒体之间存在着密切的联系。在奴隶制社会时代，从古罗马军事政治的角度来看，同意体育馆和古希腊奥运会的官方媒体与半军事体育比赛和粗略的官方媒体对军事武术的目标促进了合作。在封建社会，已经制定了符合各种目标的体育和媒体的组合，尽管社会发展迟缓，但国家意识形态的传统和需求根深蒂固。体育媒体的突破性发展始于近代通信技术的成熟。

随着通信技术的发展，体育与媒体的紧密结合以及两者之间共生关系的形成已经越发明显。在古代社会，体育和媒体是相互关联的，但他们的目标几乎是单一的，格式相对简单，关系并不复杂。他们不能谈论共生，其中大多数使用媒体作为报道体育的手段来实现特定的政治或社会目标。在此发展环境中，体育竞赛偏离地域限制，发展成为一种全球化的运动，与此同时，媒体不再迫于形势而身处在一个小角落，而是逐渐形成以体育—广告为发展链条的产业结构。两者之间的简单关系也逐渐转变，从被动的单一发展到两者有机结合，最终形成了目前大家所了解的"体育传媒"这一专有名词。

现代体育若想快速发展，与传媒合作是必不可少的。主要基于以下几点：首先，媒体扩大了整个世界体育领域。在古代，不同地区、民族他们所独有的代表特色性的体育项目只能在相对有限的环境中开展，而现代媒体的干预使这些体育项目逐步全球化。例如柔道，据说诞生于日本垂仁天皇时期，在日本盛行，发展具有局限性，但在现代媒体的帮助下，全球的体育观众都认识了解到柔道这项运动。其次，媒体推动了体育运动项目的深入发展。体育的发展包括规则、技术、观众和其他方面，体育传媒的逐渐兴起也为国家体育技术创新的视听材料提供了很大帮助，而且还创造了全球培养观众体育深层次发展的综合条件。媒体宣传体育逐渐成为了一种文化形式的传播。作为各国在世界上相互交流的名片，文化在所有国家都得到了广泛的认可，而作为无国界竞争的一部分，体育也在文化精神的传播中始终发挥着极其重要的作用。媒体的迅速发展无疑促使体育文化在更广阔的空间中以更加现实和微妙的方式传播开来。最后，媒体为体育市场的形成，尤其是为体育市场的发展做出了巨大贡献。随着现代媒体与体育的融合，体育观众急剧增加，相关市场也随之逐步扩大，带来了巨大的经济效益。就拿奥运会来说，由于媒体的发展，传播方式的不断交替更新，奥运会观看的人数持续增加，1996年已经超过30亿。因此传媒的出现，在体育市场的发展过程中做出了突出贡献。与此同时，体育也为传媒的发展注入了活力。首先，在传媒的内容上，体育为其增添了极大色彩。在古代社会，媒体主要是为了一定的目的去服务，经过社会层层往下的分配后，媒体所涉及到的领域不断扩大。在媒体传播的过程中，体育作为重要的对象之一，它在很多方面丰富了传媒的内容。体育这一领域是传播媒介中最形象、最能够振奋人心、令人激情澎湃的内容之一，是现代社会大众生活中不可或缺的重要部分，它的影响力日益扩大。其次，体育对于传媒业技术上的不断提升，以及服务业方面的不断优化提供了帮助。众所周知，体育是多元化的，随着经济全球化，多元因素之间的相互融合、相互渗透，体育在面临着机遇的同时，也需要应对极大的挑战。也就是说，体育传媒领域蕴藏着巨大的商机，但同时也潜伏着不为人知的危机，需要承担一定程度的压力。这些竞争主要表现在专业化水平的竞争，以及服务水平的竞争。不过有竞争就有压力，同时也会产生动力，使得传媒业不断地去提高技术水平，完善服务质量。最后，体育对传媒业的发展有很大的促进作用，尤其是为传媒业培植了很大一部分市场。大型体育赛事的转播吸引了海量的观众参与其中，商机也随之而来，商业广告的植入为传媒市场的发展做出了突出贡献。一些学者认为："转播大型体育赛事成了全世界收视率最高的电视节目，报道相关内容的杂志、报刊成了市场上的抢手货。"所以，在培植传媒业市场这一方面，体育为其做出了巨大的贡献。

体育传媒可以说是一块极具经济潜力的新兴市场，它提供的海量体育文化信息加速了体育产业前进的脚步，为体育经济发展提供了强劲的动力。同时体育传媒为体育经济发展模式的改革提供了创造性条件。时至今日，报刊的种类繁多，分类细化，受众也较为专一，加上体育本身的魅力，它以自身独特的吸引力，使得体育传媒形成一种重要的社会产物，并且单独作为一个产业部门被提出来。

在20世纪80年代的美国，当时体育报刊业已成为一支举足轻重的产业。目前，在我国，体育产业也蒸蒸日上，传媒报刊业也发展得如火如荼。体育和传媒的关系是相辅相成、相连相生，传媒在许多方面不同程度地为体育提供帮助，是体育产业发展过程中极其重要的组成部分。同时，体育这一领域又是传媒业中比较重要的一个内容。体育传媒市场已具备一定的发展规模，体育传媒产业正在成为一个新兴产业在市场中散发着它的活力，其发展前景十分宽广。

### （二）体育信息服务的概念

"信息"一词的定义随着时代的不断变换，在20世纪80年代之前，"信息"包括图书、情报等内容。到了20世纪90年代，随着经济全球化、信息全球化，在一些发达国家开始出现信息化社会这一现象，为了适应快速发展、瞬息万变的时代，"信息"的概念也在不断扩展、延伸，"体育信息"一样由"体育情报"逐步发展为"体育信息"。

当前"体育信息"的概念如下：运用文字、相关数据及对应信号的形式进行传递和处理，用来表现各种相关联的体育类现象和规律的内容的总称。体育信息具备价值特征，依赖于各种形式的载体具有可传递性、可塑性和多重时效性。

信息服务是与信息和信息工作紧密相关的，它包含了整个信息工作过程，它包括信息的采集、处理、储存、加工、传递、提供利用等一系列内容。所以，信息服务是一个连续的过程，在整个过程中的每个环节都是不可分割的，信息服务也在每一个环节之中都有体现。

在这里引用英国政策研究所（PSI）1993年的年度报告，信息服务产业可定义为：信息服务业是一种产业活动，它包括商业性质活动和非商业性质活动。这些活动与信息产品的生产制作、出版和推广，以及信息服务的质量直接相关。所以，信息服务行业可以被理解为服务提供商用他们自己的方法和手段来解决一些问题的社会经济行为。

我们对信息服务业的界定需要根据最新出版的《信息工作理论与实践》研究，以此可以引申出"体育信息服务业"的概念为：对体育信息资源进行归纳、处理、研究、储存、传递和应用的产业活动，运用先进体育信息技术，搭配设备制造业，共同构建体育信息产业。

## （三）体育传媒与信息服务业的发展现状

### 1. 体育信息服务业的发展现状

体育信息服务业其实和信息服务业的兴起和发展过程有些类似，都是经历了从传统到现代，从事业到产业这样的一个发展过程。中国的体育信息服务业有着较长的发展历史，中华人民共和国刚成立后，国家设立图书馆和情报资料室，而且在各省级的体育科学研究所也建有信息资源中心，这些信息部门的工作重点是：借鉴国外先进科学的知识经验，组织系统体育信息化初步建设，开展阅读服务；对外国的体育知识以及重大比赛信息进行翻译，取其精华弃其糟粕，为我国的体育重点项目提供有用的信息，然后进行更为科学的训练。从中华人民共和国成立以来到20世纪90年代，体育科学与技术信息委员会、体育科学与技术研究所纷纷成立，并组织召开了全国学术大会，出版了《体育情报工作理论与实践》等书籍和论文，创办了关于体育信息的专业出版物，在科学研究与实践应用方面，编制了《全国中文体育期刊篇名目录》《体育汉语主题词表》，建立了较为健全的关于体育文献和运动成绩等数据库，而且这些数据库目前已经被广泛运用。体育信息知识的普及程度也有所发展，以高校为主开展体育信息知识普及教育，以及体育信息工作者的专业培训等。

20世纪90年代以来，体育信息服务的方法、内容、目的和性质发生了重大变化。自1995年以来，国家体育总局信息所通过国际互联网进行信息收集，正式开通并运营中国体育资讯网、中国大众体育网、中国体育信息网几大重点体育信息网站；搜狐（SOHU）、新浪（SINA）以及雅虎（YAHOO）等一些知名网站都开辟有体育新闻专栏，涌现出大量综合性体育网站；近年来，在中国体育信息网的帮扶下，一部分单项运动协会和管理中心的网站相继建立起来。体育政府部门和体育院校的网站也先后开通，通过信息收集、整理、存储、处理、传输，以及提供利用的过程，电脑和网络成为提供体育信息服务的主要手段和工具。以科学技术信息为主导的服务内容开始转变为面向多领域服务，逐渐接近市场对该服务的需求，逐步迎合社会的需要。服务对象也从原来的政府部门、科研机构慢慢扩大到面向全社会，服务的性质将逐步从公共服务转化为产业化服务。一部分体育信息机构和体育信息网站开始建立运营机制，发展为经济实体，成为体育信息服务业发展的新势力，并且已经初步具备产业化经营的规模和条件。

**2. 我国体育传媒市场自身的优势**

在中国社会主义市场经济体制下，体育产业在体育文化消费中处于领先地位，在市场经济中越来越受到重视，各种体育文化产业积极利用体育媒体进行市场化运营。媒体将积极推动体育运动，渲染体育氛围，加大体育广告宣传力度，快速促进体育消费。按照国际经验，如果一个国家的经济发展水平在人均1000美元的阶段有所突破时，文化产品需求的收入弹性将会增加。显然，随着中国社会主义市场经济的快速发展，城镇居民可支配收入逐步提高，体育传媒市场的消费者，即观众市场的规模将会进一步扩大。传媒研究员喻国明表示，中国传媒产业目前还不够系统化、专业化，暂时还没有被完全开发，所以回报利润的潜力还是很高的。与此同时，媒体产业作为新兴经济体的重要构成因素之一，具有很不错的发展前景。

从文化、教育、体育等相关领域的发展现状来看，体育传媒产业是一个能够让投资者眼前一亮的新兴产业。近年来，随着体育类的报刊杂志和体育网络市场发展速度加快，由于体育爱好者的数量急剧攀升，体育爱好者对体育新闻的需求量也大大增加，这就促使体育市场经济发展加速。目前我国较多体育报刊或者体育杂志都开辟有体育类版块和体育类专栏，在一些大型体育赛事举行期间，部分媒体还会推出专题报道以吸引观众。

### （四）体育传媒与信息服务业发展前景

#### 1. 促进体育传媒产业化进程

体育赛事具备较高的社会价值，其附属的商业经济价值与市场价值不可估量。由此可见，体育类的传媒行业前景可观，收入不菲，是具有良好发展前景的朝阳产业。当今社会促进我国体育类传媒的快速发展，以适应大环境下的经济进程，实则是为我国体育产业发展增速。

#### 2. 完善体育传媒业发展机制

近年来，我国体育传媒行业的发展势如破竹，但在发展过程中面临着许多缺陷与漏洞，这也影响了其他行业的发展，相比之下其他行业发展相对迟缓。我国体育传媒产业的发展前提是必须遵守相关的发展机制，其次要改变体育传媒的运行及管理机制，结合观众与市场的需求，时时关注市场动态，多方面考量。

#### 3. 拓展体育传播媒介的功能

新型媒体的加入不仅是延续资源，而是对资源进行优化及扩充。当前，很多体育类视频软件的客户端都开放了体育赛事直播功能，吸引观众观看体育赛事，将更多的体育爱好者带到了直播荧幕前。很多大中型的网络直播类媒体人抓住了其中的商机，果断加入视频电商的队伍，促使观众产生体育消费。此种行为无疑增加了电子商务在视频媒体中的商业价值，与此同时，也明确了体育传媒的新型功能。

#### 4. 大力弘扬体育人文精神

相关部门推进互联网媒体行业与体育行业良性融合，同时也要求在传播体育信息时务必注重人文情怀及体育精神的正面宣传，站在有益于加强社会责任心的角度，明确各个媒体在社会中所承担的社会责任，正确权衡经济利益与社会责任，才能让更多的群众与体育爱好者在观看各类体育赛事的同时，深入理解体育精神，热爱体育运动，积极参与体育运动。

## （五）互联网环境下体育服务产业发展的方向

### 1. 通过信息化提高时效性服务

目前，便捷的体育信息化服务主要通过移动互联网来实现。移动互联网在线商城和App的运营，能够涵盖大多传统意义上的体育产品，且能够提供较丰富的服务项目。目前在线App正处于持续改进的过程中，需要对其加以完善，其及时性和真实使用价值是体育服务应呈现给用户的最终价值。因此，提高时效性将会对互联网体育产业增值服务的进一步开发起到至关重要的作用，这在一般市场调查研究方面具有很大的优势。通过分析普查数据，可以掌握大多数体育消费者在心理上和生理上的需求，并根据调查结果设计出各种功能性服务，为满足不同年龄阶层和社会阶层用户的生理需求和心理需求，对其推送相应的服务，只有提供的体育服务是符合大家需求的，这样的体育服务体系才具备价值。

### 2. 运用大数据与云端技术细化信息服务门类

伴随大数据时代的到来，云计算技术的快速发展，网络云存储设施的开发和应用极大地满足了个人网络空间存储容量的需求，为体育服务的发展提供了良好契机。2012年以来，中国体育产业增值服务呈现出大幅上升趋势，在互联网影响下，体育产业的增值服务将会为我国经济发展持续带来更大的经济增长点。

政府有关部门在构建体育产业增值服务体系的过程中发挥着主导作用。其负责体制、机制的创新，相关权利的分配下放，简化商业活动和团体体育赛事的审批流程等职责。政府和相关部门还可以选择具有创新潜力的新型企业，并提供大力的支持和培训，培育出一部分具备综合体育服务知识的高素质人才。

### 3. 注重提高体育相关产业的品牌营销价值

在以新媒体为主的社会氛围中，大家不难发现这种类型的电视节目创造出了一个强大的体育氛围，它以全新的理念，潜移默化地影响着观众去参与到体育运动中。例如，《来吧！冠军》这档体育综艺类节目正是趁着里约奥运会的东风，加上北京申办冬奥会成功，邀请到一些巅峰级的冠军人物参与到节目中去，还在节目中随机邀请体育达人或普通观众加入，以此激发观众内心的挑战精神，吸引全民参与快乐体育。例如，通过移动互联网App，可以推动群众对一系列相关的体育旅游产品的了解，增进体验度的同时，也可以有效地带动当地旅游经济的发展。

#### 4.体育与医疗卫生相关信息系统有待开发

以康复型在线医疗卫生系统为代表的多媒体服务系统，具有原始数据存储和清零的功能。用户可以通过App客户端登录，在服务系统中根据需要自行设置各种用户提醒和消息推送服务，系统会实时记录和更新相关数据，在综合各项身体指标之后进行科学的分析，以了解并判断用户的健康情况。当发现用户身体出现异常情况，系统会提醒用户去相关的医疗单位及时进行诊断并接受治疗。该在线医疗系统不仅有助于提醒人们有效地锻炼和保持健康的身体，还有效地缓解了目前普遍存在的"治疗难度大，医疗费用高"的现象。目前，高速发展的无线网络为体育和卫生系统的建设发展提供了广阔的市场和有利的机遇。

## 第四节 体育产业布局日益完善

### 一、体育产业布局的概述

产业布局主要指的是产业之间在一国或地区范围内的空间分布和组合[110]。详细来讲，体育产业的布局就是指企业组织、生产要素之间在地区空间上的集中和分散情况。产业的布局主要研究在一定生产力发展水平和一定的社会条件下，对产业空间布局上的分布，从而达到最大的预期经济效果。体育产业布局是在体育领域中各项目、各行业在地理空间和产业空间的分布与组合情况。体育产业布局是一种全面性、历史性、策略性的经济格局，体育产业的布局发展能够从侧面体现出一个国家的体育文化生产和体育经济活动的发展，在国家经济新常态和供给侧改革的背景下，体育产业布局的合理规划能够利用各地区的优秀资源，各省市之间达到互利共赢，促进国家经济、社会、文化、生态等多因素之间共同发展，从而促进国家整体实力快速发展。

### 二、体育产业布局的影响因素

我国体育产业布局的发展因素主要包含五个方面。体育产业的布局发展通过五大发展因素之间的相互影响实现体育产业的快速发展，通过五大发展因素的影响加速实现我国体育产业布局优化。

## （一）区位因素的发展

区位因素的发展在影响体育产业布局的发展中处于首要位置，由于受到位置区域的不同，在体育产业布局的发展中对经济、环境、技术、社会条件的分配也各不相同，从而对体育产业的区位选择产生的影响也不同。在我国体育产业的发展中对于类似国内或国外大型体育赛事的选择方面，赛事地点的选择都是依照相应的区位因素进行逐一的挑选。

## （二）自然因素的发展

在自然因素的选择中主要包括自然环境和自然资源。自然环境主要指影响人类生产、生活过程中受地形、地势、气候、水源等因素的相互之间的联系在社会的发展中起到重要的因素。自然环境和自然资源也是体育产业布局发展的前提条件，丰富的自然环境能够降低发展过程中的成本，且快速有效的增加收益，从而促进体育产业的快速发展。各地区在体育产业的发展中都有自身的特色，不同的地区由于利用的资源不同所发展体育产业的项目也不同，例如，在一些地区，适合开展水上项目的地方利用自身的条件就很容易开展水上运动培训项目、旅游项目，也可以经常举办各种水上运动的赛事。

## （三）经济因素的发展

在经济发展中又可以分为五个小方面。第一，区域分工又称之为地域的分工，主要指技术分工和社会分工在地域空间的表现形式，体育产业的布局受到区域分工的支配，区域分工决定着体育产业布局以及区域体育产业联系的性质和规模。体育产业的布局根据地区发展的不同对产业的权利和职责也各不相同，各省之间相互合作才能够更加快捷地将体育产业的发展达到最优化。第二，市场影响。市场对体育产业的影响主要体现在市场与企业之间的相对位置，在市场的压力下能够督促体育产业的发展呈最短路线、最少时间、最低花费、快速准确地进入市场的合理位置，从而促进体育消费。在市场规模方面，不同地区对于体育产业的消费数量不同，例如，在我国的一线城市对体育产业的消费在很大程度上都是呈上升趋势发展。在市场结构方面，多元化的体育需求能够加快体育产业的发展。第三，基础条件因素影响。基础条件发展主要是指交通运输、信息，以及体育设施等条件对体育产业的发展，其中交通运输行业对体育产业的发展影响巨大。在地区交通便利的地方，物流方便快捷对体育产业的发展是十分有利的。在具备优越体育设施的条件下，有助于体育活动的开展，快速扩大体育消费群体，从而影响体育产业的布局。第四，集聚因子因素影响。在体育产业的布局中集聚和分散是体育产业布局发展的常态，在体育产业的布局中，在空间上是趋于集中还是分散主要是由集聚因子所决定，在这两种常态化的相互作用下体育产业布局才能够相互制约。不同地区体育产业的发展并非是常态化而固定不变，在体育产业的发展中都会随着不同的因素不断地变化发展，从而做到体育产业布局灵活转变。第五，经济发展水平因素影响。体育产业布局的发展中经济发展水平的高低起着举足轻重的作用。根据体育产业布局结构的演进规律，我国的第三产业随着经济高度发展也迅速发展起来。体育产业布局发展的规律表明，只有当经济发展到一定的水平时我国的第三产业才具备发展的条件，在体育产业的发展中大多数的产业都从属于第三产业及服务行业的发展，例如，早期河南省嵩山武术培训基地的建立属于体育产业的发展，但是由于早期河南省的经济发展水平还没有达到一定的高度，因此这项体育产业的发展效果并不理想，由此可以看出，经济发展对于体育产业布局发展的重要性不言而喻。

### （四）社会因素的发展

体育产业布局的发展还受到社会因素的影响。在体育产业布局的发展中受到人口因素的影响，人口因素主要是指人口数量、人口构成、人口分布和密度、人口素质、人口迁移等因素，在体育产业的发展过程中不仅需要大量的体育人口对体育产业的发展做市场支撑，还需要大量的高级人才在体育产业的发展中起到管理者和运营者的角色。政府行为也会对体育产业布局产生影响，在体育产业布局发展中，大量的体育资源受到政府的掌控和管理，因此需要通过与政府沟通、协商和规划来对体育产业布局的发展进行控制。在体育产业布局的发展中还受到了社会历史因素的影响，由于各省市都有较为悠久的历史背景，因此在体育产业的发展中也受到了一定程度的影响。

### （五）科技因素的发展

科学技术在体育产业布局的发展中起到了基础性作用。一个地区体育产业的相关投入都对体育产业的发展起到一定的促进作用，例如，运动馆、运动设备、传媒设备等多种设施的发展。

## 三、体育产业布局的机制

体育产业布局机制主要是指在不同环境下产业空间分布和组合的因素相互制约和作用，是产业布局应该遵循的最基本原则，是影响或操纵产业布局活动"看不见的手"[116]。一般来讲，体育产业的布局机制是在一定产业布局机制的作用下而产生并且通过产业媒介来实现。与此同时，产业布局机制的发展要以一定的经济基础作为保障，在我国国民经济发展中产业布局机制是国民经济发展的重要组成部分。依据体育产业布局机制发展的特点和不同层次经济收入可以将体育产业的布局机制分为市场机制、政府机制和混合机制三种类型。在体育产业的布局中，市场机制是指通过市场主导的手段、一系列的自动性连锁作用并且在不同的环境下市场主体之间竞争所产生的压力也存在不同，通过市场压力和动力来对体育产业的布局机制进行一定的影响。在市场机制的作用下体育产业布局的主体是企业，政府通过将自己比喻为"守夜人"的形象来进行严格的体育产业布局监管，企业有一定的自主独立的权利对体育产业布局的发展中选择对自己有利的产业权独立自主选择区位，排除国家产业政策和区域政策以外其他因素的影响，从而达到在体育产业布局发展的目标，即利润最大化。体育产业布局发展的重要手段是经济效益的重要引导，企业在体育产业布局的发展过程中利用一些价值、竞争、利润等发展因素进行合理化的发展。政府对体育产业布局机制的影响主要表现在：第一，政府通过设置体育产业发展目标对体育产业的发展进行引导；第二，政府在对体育产业的布局发展过程中，利用对体育产业布局的控制和规范对体育产业的发展进行运作；第三，在政府的引导下，减少体育产业在发展过程中走的弯路，并且在政府参与下对体育产业布局颁布相应的政策促进体育产业的发展。国务院颁布了《关于加快发展体育产业促进体育消费的若干意见》，明确提出要充分发挥市场在资源配置中的决定作用，加快形成有效竞争的发展局面。在我国经济市场的发展过程中体育产业的发展是经济发展的重要组成部分，主要通过供需平衡以及价值等相关因素的影响，并且利用良性的竞争关系以及资源共享达到利益最大化，在混合机制的发展中主要有两方面：一方面，市场机制在体育产业发展过程中的影响；另一方面，是政府机关部门在体育产业发展过程中的影响。在市场机制的发展中所体现的作用是有利于体育资源的合理配置以及供需关系的平衡，加快提高经济的发展速度，但是单方面依靠市场机制的调节可能会造成市场失灵和不可控的后果，因为市场调控是一只"看不见的手"，不能只依赖市场机制进行合理的控制，因此在市场调控的同时还需要政府机制的调控，二者相互结合才能够将体育产业布局发展调整到最优化。

## 四、体育产业布局的发展前景

我国新时代以来，体育产业的各种元素分别依照自身的优势深得社会大众的喜爱。2014年我国国务院发布了《关于加快发展体育产业促进体育消费的若干意见》（国发〔2014〕46号），这份文件的颁布使得体育产业的发展速度加快，仅仅在两年的时间里我国体育消费为国家的经济发展提供了强有力的发展根基。2019年国务院办公厅出台了《关于促进全民健身和体育消费推动体育产业高质量发展的意见》，进一步激发了体育消费市场的活力，推动体育产业蓬勃发展。随着体育产业的迅猛发展，体育产业的发展类型也在不断的增加，社会大众热爱的马拉松产业的发展随即迸发。我国各省市都存在马拉松产业发展的踪迹，一部分是由国家政府所包办，一部分是由社会大众所自发组织，不管是哪一种形式的马拉松比赛，都促进了国家的快速发展。但是在体育产业繁荣的背后，既存在有利发展又存在不利发展。有利发展包括：随着我国资源广阔、人员庞大，各地区和政府依据本地区的实际情况制订了不同的体育产业发展政策和策略，地区政策不断向社会大众铺开，市场活力迸发，社会大众的热情空前高涨，市场不断快速发展。不利发展包括：体育产业的快速发展也带来了不少的社会问题，首先是国家税费存在严重问题，其次是社会大众在进行体育锻炼时场地设施缺乏的问题没有从根本上得到解决，在一些发展领域中存在一定的政策壁垒，这些问题都不利于我国体育产业的发展。

### （一）未来我国体育产业发展的目标和任务

进一步改革和完善体育管理体制。体育产业的组织虽然存在不同的形式，具有不同的目的和特征，但是作为体育产业发展的主体，其发展具有一定的规律。体育产业组织是自费盈亏、自主经营的产业主体，在我国社会主义市场经济发展阶段有很大部分体育产业的发展都是从政府体育部门或体育部门转型过来的，因此这些体育产业与体育运动的发展有着一定的关联，体育产业的发展与体育管理体制的改革存在密切的关系。国家体育管理体制的发展是从20世纪90年代开始的，体育管理体制的发展是为了适应社会主义市场经济的发展，并且为建设20多个项目管理中心，对体育产业的布局项目进行合理管理做铺垫。为了加快我国体育产业的快速发展，我国建立了现代企业制度的管理，使得市场管理和政府管理相结合，共同对体育产业布局的发展进行管理，各个体育产业之间做到自主经营、自负盈亏、自我发展的经营管理。政府逐步在体育产业的发展中减少政策干预只是利用宏观调控进行把握，强化政府的社会服务功能，在体育产业的发展过程中提供相应的竞争条件，在体育产业进行竞争的过程中不断的对体育产业布局的发展过程进行积极的发展，竞争的同时要保证体育产业的公平、公正和合理性。在体育产业的发展中要进一步优化体育产业结构的发展，体育产业的结构优化是指体育产业内部的发展一直保证符合产业发展规律和内在联系比例，协调各部之间进行协同发展。体育产业的协调发展主要是指多种产业在进行互补以及相互转换的能力之间进行强有力的快速发展，其实质是社会资源在体育产业内部的重新分配。在近几年我国体育产业中体育健身娱乐业发展势头相对较猛，体育健身娱乐业增加值在各地都呈现出稳定增长的趋势，必将成为带动体育产业增长的主要动力。

## （二）各省市体育产业布局的发展的趋势

2014年全国28个省、市、自治区都制定了2025年期间所达到体育产业的规模目标，各省市根据实际情况来制定符合自身需要的方针、政策，制定详细的方针为实现体育产业的目标进行规划。

我国各省为积极响应国家政策号召，各省市对体育产业的规模发展制定不同的目标指标和目标资金，各省市积极响应加快我国体育产业的迅速发展。根据表4-25可以看出，体育产业目标总值前五名均为沿海经济发达的城市，这些城市经济收入较高，人们生活水平较为优越，因此政府在发展体育产业项目上可以开发多样的体育产业项目，在经济收入较高城市中人们会更加注重文化产业的发展，在体育产业规模目标的制定中，各省市根据自身的经济实力和经济发展水平来制定相应的目标。由表4-25可知，体育产业目标规模最高是福建省，福建省在对体育产业建设过程中注重健身休闲产业的建设，原因在于我国现阶段经济水平处于平稳状态，已全面建成小康社会，因此人们更加注重身体健康的发展，在体育产业中健身休闲产业的发展是身体健康发展一种消费形式。福建省颁布的《关于加快发展健身休闲产业的实施意见》指出其基础健身设施要更加完备，发展空间更加充足，健身步道要覆盖全省、自行车绿道、健身休闲公园等。登山步道要更加完善，要在2025年之前建设成30个山地户外营地、20多个水上运动样式等健身休闲娱乐项目，健身休闲产业形式多样促进广大消费人群参与其中，从而达到体育产业目标总值，促进体育产业规模化快速发展。在体育产业发展中锁定目标较高的福建省，对其体育产业发展以健身休闲产业发展为主，主要任务包括八大方面：第一，加快健身休闲运动项目发展，明确重点发展健身休闲运动项目，切实引导地方和相关行业主管部门支持体育运动项目发展。第二，拓展健身休闲赛事活动，通过打造国际、国内、特色和传统"四位一体"赛事体系，并鼓励以社会力量为主体的市场化赛事活动，促进休闲赛事对产业的引领作用。第三，丰富健身休闲用品有效供给，通过支持和鼓励企业适应市场需求、利用新一代技术，全面提升健身休闲用品和服务的供给质量，并引导企业形成品牌优势，占领国内国际市场。第四，加强健身休闲设施建设，打造具有特色体育设施及培育运动休闲特色小镇，优化产业发展基础环境。第五，激发健身休闲市场主体活力，通过引导运动服装、鞋帽制造等传统制造业转型升级，发挥市场对健身休闲产业发展的支撑作用。第六，完善健身休闲产业布局，结合福建省各个区的基础条件和山地、森林和海洋发展优势，明确健身休闲产业细分行业的总体布局：立足本区域优势，建设绿色生态山林户外领域产业带，提高区域发展活力。第七，优化健身休闲产业结构，通过健身休闲与旅游、文化、健康、互联网等产业的融合发展，形成全新产业链，提高人民生活品质。第八，改善健身休闲消费环境，通过培育消费理念，激发群众的消费意愿，挖掘和释放消费潜力。从福建省对健身休闲产业的任务明细可以清楚地看到，福建省要将健身休闲产业打造为高端的健身活动，最主要目的是为刺激体育消费。

表4-25 全国省（区、市）2025年体育产业规模目标值

| 序号 | 省（区、市） | 目标/亿元 |
| --- | --- | --- |
| 1 | 福建 | 10000 |
| 2 | 广东 | 8000 |
| 3 | 江苏 | 7200 |
| 4 | 山东 | 6000 |
| 5 | 浙江 | 5000 |
| 6 | 北京 | 3000 |
| 7 | 上海 | 3000 |
| 8 | 河北 | 3000 |
| 9 | 河南 | 3000 |
| 10 | 湖北 | 2600 |
| 11 | 安徽 | 2000 |
| 12 | 辽宁 | 2000 |
| 13 | 湖南 | 2000 |
| 14 | 陕西 | 1500 |
| 15 | 四川 | 1500 |
| 16 | 广西 | 1300 |
| 17 | 江西 | 1300 |
| 18 | 黑龙江 | 1150 |
| 19 | 吉林 | 1000 |
| 20 | 天津 | 1000 |
| 21 | 重庆 | 1000 |
| 22 | 云南 | 1000 |
| 23 | 贵州 | 800 |
| 24 | 山西 | 650 |
| 25 | 海南 | 275 |
| 26 | 甘肃 | 150 |
| 27 | 青海 | 105 |
| 28 | 宁夏 | 70 |

注：西藏、新疆和内蒙古三地未设置具体产业的规模目标值，此表未包括港澳台三地。

## 第四章　把握现状　方兴未艾：我国体育产业发展现实状况

根据表4-25可知，在28个省市体育产业规模目标制定最高是福建省，最低是宁夏，由于西部地区经济发展落后，对外界消息的接收较慢，交通不便利等各种社会因素的影响阻碍西部地区的发展速度，西部地区的人们受到经济不发达影响，人们更多是不断地工作来发展自身经济实力。在体育产业发展中速度相对较慢，有极少部分人会注重身体健康投资，因此对于体育产业发展起到阻碍作用。相对西部地区自身的条件各省所制定的体育产业的规模目标的总产值相对较高，西部地区虽然经济活力不足，但是西部地区有丰富的社会资源。随着我国经济实力的不断提升，人们对于精神层次的追求也在不断提高，其中体育旅游项目深受社会大众喜爱，体育旅游是一种在优美的环境下，结合体育运动的新兴锻炼方式，西部地区由于经济发展不发达，但也处在优美的自然环境下。在体育旅游发展前提下，西部利用自身独特的自然环境吸引较多的旅游人员，促进西部地区经济的快速发展，虽然与发达地区存在一定的差距，但是差距在不断减小，体育旅游的快速发展也带动西部地区体育产业发展，在体育产业类型中体育旅游属于体育产业项目之一，因此西部地区呈上升式的发展趋势。根据国家体育总局资料显示，西部地区在国家号召下积极发展体育产业，将体育旅游业作为发展契机，不断地进行挖掘，各省市在体育产业发展中制定一系列政策，并明确规定促进体育产业快速发展。在云南省玉溪市进行体育项目的签约仪式，打造玉溪江城古镇特色小镇，主要是围绕江川两山两湖两文化，以滇中、滇南、滇东南区域及旅游集散中心环、"抚仙湖"及"星云湖"大旅游战略的核心支撑点、中国首个青铜古滇文化IP体验型古城，高原体育与养生度假双轮驱动，打造以体育训练、培训为主题的生态型、智慧型高原体育训练基地，推动特色小镇及城乡统筹发展。体育产业是我国发展中的新兴性产业，将我国体育发展与社会旅游进行结合形成了一种新兴的体育方式，称之为体育旅游，符合人们的生活娱乐方式，并且促进我国体育产业的快速发展。体育旅游业的发展是我国旅游业发展中的商机。国务院办公厅下发的《关于加快发展健身休闲产业的指导意见》（国办发〔2016〕77号）指出了发展体育健身休闲产业的思路。云南省第十六届运动会在玉溪举办，玉溪迎来了体育发展的高峰期。合作各方要以此次项目合作协议签署为契机，做好项目定性定位、合理布局体育旅游开发板块，围绕合作目标，完善合作机制，落实合作事项。在甘肃省体育产业发展中不仅有体育旅游发展，还有体育彩票发展，据统计，2017年甘肃省体彩销售额首次突破30亿，对于经济水平发展较低的甘肃省来说是一次重大突破，体育彩票销售额大幅度提升也说明人们开始关注于体育项目，有利于体育产业的发展，体育彩票销售额增加也提高甘肃省的经济收入，从侧面衬托出体育产业的发展不单单指某一种产业发展，也可以同时出现产业并存的现象，更快、更高效地提高体育产业的发展。

### （三）我国体育产业布局的发展趋势

我国体育产业布局分为四大发展趋势。第一，体育产业的快速发展不断促进体育服务业的发展。在我国体育产业的发展中，首先发展的体育服务业，体育服务业是体育产业发展的重要环节，我国体育服务业所面临的历史机遇，在未来较长时间内会有非常好的发展前景。随着经济不断发展，人们接受信息能力也在不断增强，国外各种服务类体育经营方式和方法通过奥运会大量传入我国，有些将在国内开展和推广，不断满足人们对体育的需求。在市场经济条件下，我国强大的竞技体育发展对体育服务需求激增。随着社会对体育服务需求的增长，一些公共体育场馆也在不断提高使用的价值，体育产业不断发展也从侧面提高国家就业率。随着国家体育产业不断发展，体育人口将会越来越多，带动体育用品需求量不断增加。中国属于生产大国，对于体育用品的生产量不断增加也解决了我国一部分人的就业问题。体育服务业的不断发展必然会带动体育用品业的发展，随着我国体育服务业需求不断提高，人们对高质量、高科技的体育用品需求量也在不断地增加。第二，人们的消费观念促进体育产业的发展。伴随着人们体育消费意识增强，生活水平不断提高，社会生活多样化发展，各种体育活动不断增多，社会生活节奏不断加快，人们对轻松愉快的健身生活逐渐着迷，越来越多的人开始通过体育消费来缓解社会快速发展带来的生活情绪。第三，相关体育法律制度的完善刺激体育产业发展。在体育产业发展布局中，法律制度的完善刺激体育产业的发展，其中较为显著是我国体育彩票事业的发展，体育彩票简单易学、刺激性强、获得的奖金优厚等方面优点吸引大量体育彩票爱好者购买体育彩票，体育彩票发展促进体育产业快速发展。第四，体育产业发展地位不断提高。我国第三产业发展与第一、第二产业发展不协调，第三产业发展过慢一直影响国家整体经济的发展，近年来，国家倡导加快第三产业发展，从政策上大力支持经济发展，包括对体育服务业的支持。体育产业的发展不仅实现我国服务业的繁荣和发展，而且对增加就业、增加国民经济收入都起到非常重要的作用。目前全国各地都非常重视体育产业的发展，通过各种政策和措施支持体育产业的发展。

## （四）体育产业布局发展的策略

我国体育产业布局的发展，首先，要积极促进体育消费。在体验与消费的前提下我国体育产业呈可持续发展状态并不断前进。我国居民体育消费水平不断提高，但是仍然存在消费不平衡的状况，因此在体育产业发展过程中要引导有消费潜力的人群进行体育消费，从而带动体育产业的快速发展，并且要提高人们身体健康和社会效益的发展。其次，要完善国内体育赛事发展。我国尝试着承办更多体育赛事，但对体育产业带动不够，在承办中强化体育产业发展。因此，我国应不断完善和改进国内本土体育赛事，以促进我国体育产业发展。最后，优化体育产业结构。我国体育服务业的比重相对较小，应采取更多措施加大体育服务业的快速发展，加强体育场馆利用程度，对老场馆、闲置场馆因地制宜进行合理改造。在体育产业发展过程中要积极地利用国家的体育资源，根据自身的经济条件、消费习惯及资源共享，科学合理地促进体育产业的快速发展，从而提高体育产业的经济价值和社会价值一体化发展。

在体育产业发展中要积极地利用国家政策，我国在近几年里对体育产业的发展颁布了很多法律进行规范发展，支撑体育产业朝更好、更快的方向发展。体育产业发展过程中要坚持产业的发展规律，统筹全局，尤其体育旅游业和健身休闲产业的快速发展；要围绕"一带一路"、京津冀协同发展、长江经济带三大国家战略，结合新型城镇化建设、新农村建设、精准扶贫改造等国家重大战略部署；大力推动政府简政放权、放管结合、优化服务，着力破解社会资本投资健身休闲产业的"玻璃门""弹簧门""旋转门"等问题；要分层分类、区别对待，保障大众健身需求，促进健身休闲产业多元化发展[111]。围绕全民健身与体育消费促进体育产业高质量发展为主题，通过激发释放产业发展潜能、优化体育消费市场环境、增加体育产业要素供给等方面，全面促进体育产业高质量发展。

# 第五章　审时度势　突破瓶颈：
# 我国体育产业发展瓶颈分析

## 第一节　立法界限不清，不能体现
## 体育产业法规的立法深度

随着社会的发展、民主政治的不断推进和体制机制的改革创新，对立法提出了新课题、新要求。体育法是国家法律的重要组成部分，对我国体育事业开展有不可替代的作用。但法律制定需要遵循相应的原则，必须根据当前社会发展现状和各方面发展水平而定，同时也要有一定的前瞻性研究，为事物的发展起持续调节作用。虽然现阶段我国公民法制观念意识较新中国成立初期有很大提高，但仍不能够做到"法无授权即禁止"。

### 一、立法滞后，不能适应产业发展的需求

立法即法律制定，是国家权力机关按照规定程序制定或修改法律，通常情况下由特定的主体依据一定职权和程序对社会民众的行为进行规范和引导。立法不是现代社会的即成事物，而古代社会就已经存在并在整个社会历史演进过程中不断形成、完善和发展。立法一词的含义则在西汉武帝时期我国著名史学家司马迁编写的《史记》中，《史记·律书》记载："王者制事立法，物度轨则，壹禀於六律。"译为现代汉语是帝王制定和确立某种法律，用来确定事物的法度和规则，世界上万物要依照六律而生存发展，六律是世间万物万事的根本。法国18世纪伟大的启蒙思想家、杰出的民主政论家让·雅克·卢梭在其著作《社会契约论》中认为，有必要用一系列约定来维系，社会秩序不可建立在强力的基础上，他的三权分立民主学说成为法国大革命的思想先驱，并对现代社会民主政治起到决定性和深远的影响，美国的民主政治体制便是由卢梭的三

权分立学说演变而来。由此可见,无论从东方和西方的空间维度,还是从历史与现实的时间维度来看,立法本质上是各统治阶级和社会人民为了维护社会稳定和保持一切事物良好运行发展,是维持国家政治长治久安的国之利器,是促进文化事业、产业繁荣的规范引导。

法律是规范和调整一定范围社会关系的法律规范的总称。体育法就是以规范和调整体育活动为前提,发展到一定阶段才产生的,是国家意志在体育活动中的具体体现。严格意义来讲,法律的修改属于广义的立法。因此,针对法律的修改所应遵循的原则、制度、程序、形式等都应与立法相同。就目前形式来说,法律的制定只有与社会的发展相融合,才能促进社会的发展,推动事物的进步。从我国现有的体育法律体系上来看,我国第一部有关于体育方面的法律是1995年8月29日在第八届全国人大常委会第十五次全体会议上获得全票通过并且颁布实施的《中华人民共和国体育法》(以下简称《体育法》)。自1995年《体育法》颁布后,陆续颁布不少的规章、行政法规,例如:1995年国务院颁布《全民健身计划纲要》,2002年1月30日国务院第54次常务会议通过《奥林匹克标志保护条例》,2003年6月26日发布,自2003年8月1日起施行《公共文化体育设施条例》,2009年4月22日国务院第58次常务会议通过,自2009年7月1日起实行的《彩票管理条例》,2009年8月30日公布,自2009年10月1日起施行《全民健身条例》,2010年国办发〔2010〕22号《国务院办公厅关于加快发展体育产业的指导意见》,2014年10月20日,国务院以国发〔2014〕46号下发的《关于加快发展体育产业促进体育消费的若干意见》,2019年国务院办公厅《关于促进全民健身和体育消费推动体育产业高质量发展的意见》。这些法规进一步完善我国体育产业发展在法律领域的空白,对体育产业发展起到良好引导和规范作用。《体育法》是发展体育产业的根本制度,具有根本性、全局性、稳定性、长期性的作用。体育产业的发展离不开体育法律体系的保障和引导,目前我国经济发展迅速,由此带来体育产业发展也大有劲头,这就产生一种体育产业发展快于体育法律完善的现象,亟须完善。

## 二、体育法律规范法阶较低,冲突多,约束差

社会需要不断发展进步,社会关系由原来社会关系转化成为一种新型关系,这种新型关系的产生不在原有法律约束范围内。从1995年《体育法》颁布后,我国也颁布不少部门规章、行政法规。法律最基本特质是公平、公正,

尺度统一，而尺度指准绳、分寸，衡量长度定制，可引申为看待事物的标准。同一类型的法律在实施中应公平一致，应避免因法律尺度不一而导致冲突。在国际体育赛事上也经常会出现因法规制度不一而产生误解，如2018年平昌冬奥会，短道速滑女子3000米接力A组决赛中，中国队以第二的身份完赛，不过被裁判判罚犯规，取消比赛成绩。赛后，中国队就"裁判判罚尺度不一致"问题提出申诉，但国际滑联以超过申诉时限为理由驳回中国队申诉。除了《体育法》外，我国的体育立法多是行政法或者部门规章、地方性法规规章等，法阶相对较低，由于地方与部门之间的差异性，导致对同一件事，不同部门、不同地方、部门与地方的规定产生冲突。

《体育法》完善之后要考虑法律可执行性的问题，强化法律可执行性，缺陷主要体现在以下几个方面：

制度体系不系统，体育设施不完备。仅仅是《体育法》的修订并不能完善整个体育事业法规体系，当前社会背景下的法律法规体系虽然文件繁多，但是不成体系。在体育设备问题上，虽然近年来广场修建、体育设施建成，但是健身氛围在城市比较浓厚，在偏远农村地区却没有形成氛围。此外，法规执行的重点是对群众信息反馈的处理，当前我国关于体育事业信息反馈慢，且因为耗损较大，大部分地区的反馈信息失真，导致法规试行时问题不能得到合理解决，没能及时修正，降低立法的可执行性，给体育事业发展制造瓶颈。

法规不能与时俱进，专业性法律法规缺失。虽然我国颁布了《体育法》，如前文所述，规范性法律文件虽然多，但不成体系。而且综观整个法律规范体系，法规只是笼统说出整个规范和原则，很少具体明确指出体育运动行为规范。缺少对整个体育事业部门体育配套性法律条文，相关法律条文与实际情况脱节且滞后。

违法惩戒力度薄弱，权利保护机制不完善。法律法规制定实施，缺乏一整套问责机制和奖惩机制。对权力主体而言，不执行法规的体系得不到应有惩罚，渎职行为也没有被问责，降低了法律法规的权威性和有效性。对权利主体而言，因为惩罚力度不够导致人民群众出现敷衍应付的现象，体育建设事业自由化，无人监督，民众诉求无法满足，实然与应然背道而驰。

## 三、体育法律与其他法律间缺少衔接性

党的十八届四中全会通过的《中共中央关于全面推进依法治国若干重大

问题的决定》，将规范法律体系作为建设中国特色社会主义法治体系的重要任务。法律体系是否完备是判断我国是否全面推进依法治国的重要基础。《体育法》与《民法》《商法》《行政法》《经济法》《社会法》《诉讼法》相互贯通，共同构成中国特色社会主义法律体系，是中国特色社会主义法律体系的重要组成部分。根据社会发展，找出法律真空地带是立法和修改法律的重中之重。在法律修改过程中，着力修改突出问题，解决主要矛盾，促进法律与社会的融合。任何事物发展都有一定过程，不能一蹴而就，不能越前发展，否则违反事物发展规律。体育相关法律法规是推动体育产业发展、实现中国特色社会主义文化大发展大繁荣的在法律上的必要条件。

体育产业的发展关系到人民运动的各个方面，它所涉及范围较广、内容丰富、时效性较低，在配套立法的发展过程中，体育产业立法制定中从早期发展到现今的发展，体育在同一方面所颁布的体育法规在不同的时代要求所颁布内容也不相同。配套立法在体育产业中的实施：体育产业是我国体育法律法规确立的方向之一。在体育产业方面配套的立法保证体育产业在社会发展过程中的法制性，做到有法可依、有法必依、执法必严、违法必究的四大方针。体育产业配套立法的发展在我国发展较晚，1995年国家颁布《体育产业发展纲要》，体育产业开始受到国家的关注，随着社会经济不断发展，体育产业种类也在增加，因此对于体育产业法律法规的制定成为必要的管理规范，20世纪末至今，体育产业相关的体育法律法规越来越多，从国家来说，体育产业有关的体育法规有：1996年7月1日发布的《关于进一步加强体育经营活动管理的通知》、2001年9月26日发布的《中国足球彩票发行与销售办法》、2017年中共中央国务院印发《"健康中国2030"规划纲要》、2019年国务院办公厅《关于促进全民健身和体育消费推动体育产业高质量发展的意见》等；从地方来说，体育产业有关的法律文件包括：2015年《内蒙古出台促进体育产业发展实施意见》、2019年《北京市体育设施管理条例》、2021年山东省人民政府办公厅《关于促进全民健身和体育消费推动体育产业高质量发展的实施意见》等。国家和地方体育产业数量不断增加，国家和地方体育产业政策法规数量不断增加。

因此，立法和修改相关法律是极为重要的，也是社会发展所必需的。当然，在关于体育产业立法研究取得长足进展的同时，也发现对存在问题意识的研究并不多。改革开放40年来体育人文社会学研究的进展，在基础理论、行业体育法和部门体育法上的问题意识初具雏形，"体育产业"命题遭遇滑铁卢，体育产业特殊性已经被逐渐发现和提炼。

## 第二节 需求供给错位，无法满足人民群众对美好生活的向往

体育产业是伴随着社会与经济不断提高、体育事业逐渐发展而产生的，其存在价值是为满足人们的体育消费需求，向市场提供体育物质产品和体育服务产品。但是体育产业的主体是各种体育服务产品，因此体育产业属于第三产业。供给侧，顾名思义，即提供产品或劳动的一方，是与需求侧相对应的。二者是对立统一的辩证关系，脱离需求侧去研究供给侧，或者脱离供给侧去研究需求侧，都是没有任何意义的。供给侧改革就是从供给一方入手，通过提高生产力水平等手段促进经济的发展。

我国的体育产业因为政府部门不重视以及行业职能的失职，经历了集约化程度低、产品质量差、市场秩序混乱的时期，体育物质产品以及服务产品的质量长期得不到提升。由于长时间缺乏有效的指导和管理，如今随着供给侧改革的开展，一部分体育企业盲目扩张，不注重产品和服务的质量，扩张外壳而忽视内涵的现象越发严重，造成大量的体育产品无效供给。由于体育产品质量、服务没有与人民群众的消费需求、消费能力相一致，造成社会大量体育产品的无效供给现象。一方面是人民群众对于体育、文化的急切需求，另一方面却是大量体育产品造成无效供给，这就是当下社会中存在的一种极为不协调的现象。

### 一、我国体育产业中普遍存在无效供给的现象

#### （一）体育产业价格虚高形成的无效供给

有效供给隶属于经济学范畴，与产品价格有着直接关系。有效供给不仅要求产品的价格符合社会经济发展水平，即能够与当下人民群众的购买能力相适应，同时要求产品在品质上能够与当前的市场需求相一致。价格过低会直接影响企业盈利，容易挫伤企业积极性；价格过高，则会抑制消费者购买欲望，造成无效供给。

以高尔夫产业发展为例，高尔夫是典型的"贵族运动"，参与群体多以

会员身份加入俱乐部，活动期间所支付的高昂会员费使得普通薪资阶层望而却步。继"中央八项规定"开始施行后，我国体育市场对于高尔夫运动的需求明显降低。如今，高尔夫产业正面临着发展抉择，是对经营策略进行合理调整，通过有效途径降低运行成本以降低价格，形成有效供给；还是面对市场进一步优化，依然坚持高端路线。价格虚高往往是由于体育企业不准确的市场定位及错误的经营理念所导致，如果经营策略得不到及时调整，则会形成无效供给。

### （二）体育产业同质化产品形成的无效供给

我国体育用品业以及服务业在相当长一段时间内都处于管理散漫状态，致使体育产品一直徘徊在低水平、高数量的同类商品制造。目前，我国体育用品企业规模多为中小型，经营范围较小，销售渠道窄，经济效益也不够高；科学技术的落后直接导致产品同质化严重，造成市场竞争越来越激烈。我国体育用品企业发展总体竞争能力不是很强，企业规模较小，分布零散，产品生产成本高、企业集约化程度低，总体的发展处于中等阶段，还需极大的空间提升。体育服务业也是如此，比如我国体育俱乐部，大多数是借鉴体育发达国家的运营模式和经营理念，导致同类俱乐部竞争激烈。

### （三）体育产品伪劣形成的无效供给

体育产业作为新兴产业，在我国立足时间尚短，所以各方面都不够成熟，国家对其重视程度也不够，其本身也并未真正深入人心，因此对于体育用品各方面的标准化水平缺乏有效的推广实施。综观世界各国的体育产业，标准化是体育产业的核心竞争力，我国在此方面核心竞争力明显不足，严重影响着体育产业的发展，更是大大制约着体育产品的市场竞争力。对于我国体育产业的显性问题，我们不应漠视，更不该置之不理。由于长时间缺乏有效的指导和管理，如今随着供给侧改革的开展，一部分体育企业盲目扩张，不注重产品和服务的质量，扩张外壳而忽视内涵的现象更加严重，造成大量的体育产品无效供给。虽然人们对于体育产品的需求急剧增加，但是由于体育产品质量、服务没有与人民群众的消费需求、消费能力相一致，造成社会大量体育产品的无效供给现象。

## 二、有效供给不足制约了我国体育产业的发展

### （一）体育产品的质量难以满足人民群众的需求

体育产品包括体育物质产品和体育服务产品，但是，我国无论在体育物质产品方面，还是体育服务产品方面，都存在产品质量不高的问题。这是因为我国长时间缺乏有效的指导和管理，如今随着供给侧改革的开展，一部分体育企业盲目扩张，不注重产品和服务的质量，扩张外壳而忽视质量的现象更加严重。以体育赛事转播为例，随着2022年北京冬季奥运会成功举办，以及我国运动健儿努力拼搏也取得相当优异的成绩，因此，近年来我国人民群众对于体育赛事的观赏需求急剧增加。然而赛事转播服务仍未达到相应水平，没有竞争就无法刺激体育服务产品质量，同时也无法满足人民群众的不同需求。

### （二）体育品牌缺乏竞争力

体育品牌形成过程也是不断提高体育产品和服务质量、优化品牌的过程。体育产品品牌的树立是体育产品在其制造、销售过程中，不断地吸收全新理念，采用先进技术，逐步提高体育产品和服务的质量。因此，产品品牌也是产品质量的代名词，可以吸引消费者的消费行为，从而提高体育产品的有效供给。体育品牌形成的过程中，企业也会根据不同的消费者类型对产品进行定位，例如全球知名体育品牌——耐克，其旗下体育产品门类众多，同时根据不同消费层次的消费者提供相应的体育产品，力求满足各个阶层消费者的需求，这也是提高体育产品有效供给的合理措施。品牌效应在当下社会的影响力不容小觑，品牌规模越大，品牌效应就越明显，尤其对青少年吸引力更大。随着国际品牌在中国市场的份额不断加大，我国体育品牌的生存愈加显得困难，但近年来，国内体育品牌不断发展，部分品牌已经成功崛起，甚至发展到国外，是我国体育制造业重新燃起的希望。

### （三）体育企业创新意识缺乏难以满足人民群众的需求

当今是一个发展迅速、快速迭代的时期，企业想要良性的发展，必然要具备创新意识。创新包括战略创新、技术创新、产品创新、管理创新等。创新

意识是一个企业能够健康、持续发展的关键，也是企业打造品牌知名度的核心要素。随着经济社会的迅速发展、人民物质生活水平的不断提高，市场上所谓"山寨货"或残次品已经逐渐走向末路，消费者不再是一味地追求价格上的"便宜"，更注重产品的质量，体育产品尤其如此。人们在参与体育活动过程中，如果配备质量不达标的运动装备（如运动鞋、服装、运动器材等），可能会影响到自身健康状况，更遑论强身健体。我国的体育用品制造业在体育产业中占比非常高，是一个名副其实的体育用品制造大国，但目前还不是制造强国。如何将我国体育产业做强是目前体育产业研究亟待解决的问题。

### （四）产业结构和产业布局不合理限制了有效供给的产出

体育产业在其发展过程中应该尤其重视产业结构和产业布局优化，同时兼顾质量、规模和效益。目前体育服务业占据了相当重要的比例，高达51.6%。在体育服务业中，又以体育用品及相关产品销售、出租与贸易代理为主要内容，占比为16.5%。其次是体育用品及相关产品制造业，在我国体育产业总产出比重为44.90%，最后是体育场地设施建设，仅为3.50%。总体来看，我国体育产业结构呈现体育服务业与体育用品及相关产品制造业两足鼎立现状（图5-1）。我国体育用品制造业所占比重虽然很大，但是打造的优质品牌却极少，而且体育产品同质化严重。我国体育服务业所占比重远低于体育发达国家，而且没有形成产业聚集。

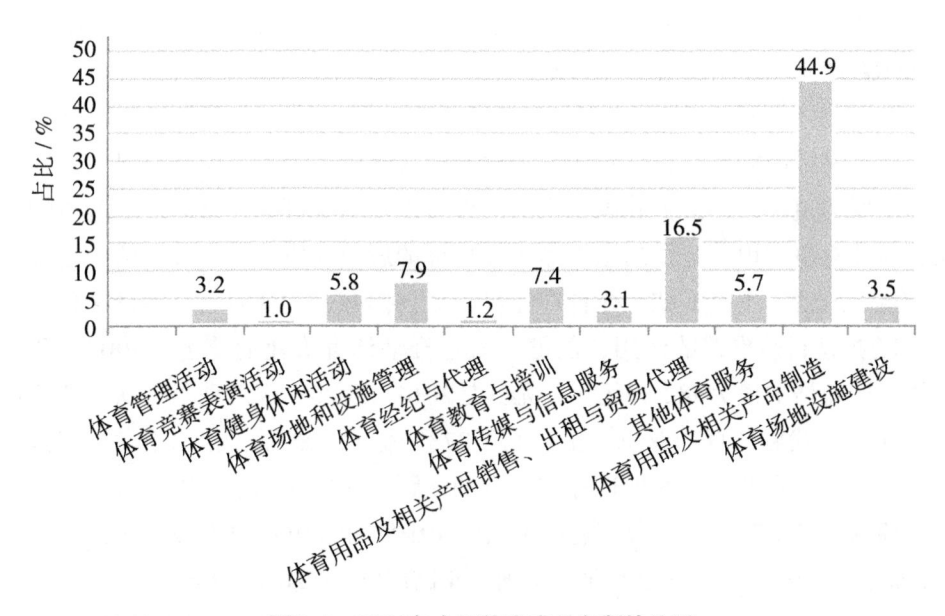

图5-1 2020年中国体育产业各版块比重

于我国体育产业而言,供给侧结构性改革的提出,既是严峻考验也是难得机遇。由于我国经济增速放缓,体育产业市场萎缩已成定局,体育产品利润将会不断下降,体育制造业会显得尤为突出。但与此同时,新时代背景下,国家出台了一系列的政策,其许多政策十分有利于优化体育产业结构和布局。

### 三、体育需求快速增长

体育作为集强身健体、培养意志品质和竞争意识于一身的社会文化现象,吸引广大人民群众的积极参与。但是,传统的体育活动形式已无法满足人们的体育需求。其一,群众的体育参与需求提升。以往传统的广播体操、跑步、跳绳等运动项目已经无法满足当代社会群众体育的需求,更多迎合时代的运动项目普及开来。其二,群众对于体育观赏需求提升。随着大数据时代的到来,人们的生产和生活方式发生翻天覆地的变化,对于体育运动的观赏也不再满足于电视直播中少数的体育项目和比赛内容。遥想当年,国民受限于不充足的物质条件,难以观赏到令人叹为观止的体育动作,难以接触到丰富多彩的运动项目。随着互联网时代的飞速发展,观赏各种体育赛事都已不再是奢望,如奥运会、世界杯、欧冠联赛、超级碗等不同项目、不同级别的比赛应有尽有。可以说,改革开放40多年来,我国人民的体育需求快速增长且在建设体育强国的未来几年会持续保持。快速、持久的体育需求是推动我国体育产业快速发展的强劲动力。

马斯洛需求层次理论指出,人在满足第一层次的生理需要之后,就会追求更为高级的需要。目前我国已经逐步迈入小康社会,人民群众对于美好生活需要的追求已经成为我国今后的工作重心。体育可以强身健体、陶冶情操,培养竞争意识、坚强的意志品质和良好的思想素质,在人民生活中占据着重要的地位,不可或缺。体育产业对于竞技体育、群众体育、体育文化的发展能够起到助推器的作用,能够有效地推动体育事业的前进。2007年我国体育产业增加值为982.89亿元,尤其是2014—2020年度出现了飞跃式的增长,2020年我国体育产业总产出达到了27372亿元。然而,相比于发达国家来说,我国体育产业的发展还存在一定的差距。我国相比于美国、瑞士、英国、德国、日本等国家体育产业占本国GDP比重的2.80%、1.80%、1.56%、1.25%、1.10%,我国体育产业占本国GDP比重仅有0.56%,远远低于国际平均水平。但是,我国体育产业正处于快速发展时期,具备良好的发展环境,一飞冲天指日可待。

## 第三节 体育企业垄断，致使中小微企业介入体育产业门槛高

### 一、垄断现象使市场环境趋于紧张

#### （一）市场类型分析

垄断作为市场上的一种经济现象，其存在与市场竞争是相互对立的。垄断现象出现，对市场内的活跃竞争无疑是一种实质性的限制，然而垄断却又是市场竞争发展的必然结果。当某一个市场发展趋于成熟时，势必会有一定数量或唯一的企业踏上行业链的顶端，该企业产品定位、价格设定在该行业中都起着举足轻重的作用，甚至可以说是决定性的意义。虽然这在一定意义上代表该企业的强大与成熟，但同时也限制市场的灵活性和多样化，使其他中小微型企业缺少生长的土壤和发展的养分，限制中小微企业的发展，形成一家独大的市场环境，这也是国际上为什么会大力提倡反垄断法的一部分原因。提及垄断，首先应详细了解一下不同类型的市场状态。市场分为四种类型，即完全竞争市场类型、垄断竞争市场类型、寡头垄断市场类型和完全垄断市场类型，这四种市场类型是市场发展的不同阶段，不同的市场环境所带来的经济效益也各不相同。

完全竞争是指在一个行业市场中，相关的企业厂商很多，产品定位设计、产品生产质量、产品形态、产品价格等相差无几，厂商之间不存在垄断威胁，任何厂商都不具备影响产品价格的资格，市场状态非常活跃。这种市场类型整体经济效益最高，且进出行业非常容易，是一个宽松的市场环境。

垄断竞争是指在一个行业市场中，从事该项目的企业和厂商虽然很多，但相互之间的产品存在着差别，例如产品形态、产品一系列设计、产品价值功能等都会存在一定差异。厂商会在一定程度上影响市场价格，相关企业厂商之间的竞争更为激烈，出现优胜劣汰的情况，市场环境并不是非常轻松，进出企业较为容易，市场的经济效益较高。

寡头垄断是指在一个行业市场中，有少数企业或厂商主导市场，并且在该

市场范围内只有少数企业与之存在竞争关系的一种市场形态。大企业在该市场份额中占有较大的比例，其发展走向和运营动态都会对市场产生举足轻重的影响。整个市场环境中竞争和垄断是同时存在的两个因素，属于有偏于完全垄断的一种市场结构。在这样的市场类型下，产品有差别或无差别，部分起主导作用的企业或厂商对产品的价格有相当大的影响，市场环境较为紧张，但没到一家独大的地步，在这种形势下，有关产业的厂商或者是企业要想进出市场是比较困难的。

完全垄断是指在一个行业市场中，有且仅有一家厂商或者企业，并且其生产的产品或所具备的资源在行业市场中不存在可与之相代替的替代物，与完全竞争市场相对立，属于一个极端市场类型。因为不存在所谓的竞争，以至于仅有的厂商可以独立决定产品价格、产品定位，甚至可以根据不同的市场情况，以获取自身最大利益为目的，实行差别定价。这就形成了一家独大的市场类型，厂商进出市场十分困难，该市场也并没有活跃性可言。

### （二）我国体育产业的市场现状

如今体育产业也逐渐靠近垄断的危险边缘。目前来说，我国体育产业市场属于寡头垄断的市场类型。上文已谈到，寡头垄断就如鹤立鸡群，虽与其他企业并存，但所占市场份额相对来说还是十分高的，大企业的一系列行动都会在一定程度上对市场有所影响。在我国体育产业市场中，例如阿迪达斯与耐克这两大品牌已经占据我国体育产业的高端市场，这些大牌企业不仅定位于高端系列产品，并逐渐深入到各种生活用品，如拖鞋、洗面奶、沐浴液、止汗露等这些基层生活用品，生产的产品类型可谓是复杂多样，很大程度上发展壮大了企业的产业结构。

中国体育产业的发展相对较晚，中国民族体育用品行业从最早的李宁开始。此后，安踏、匹克、特步等民族品牌也开始在用品行业崭露头角，纷纷发展壮大。经过几年的沉淀，我国已经基本形成了几个民族品牌。在发展过程中，国际体育用品品牌占据一线城市，通过在二、三线城市的推广，国内民族品牌也占有一定的市场份额。一个公司品牌形象的形成需要大量时间的沉淀，国内品牌想要占据我国本土消费的广阔市场，必须定位品牌的高端市场和低端市场，提高产品专业化程度，推出性价比更高的产品。这一系列的措施都需要相当长的时间去落实，与此同时，国际和国内大品牌由于已有的市场影响力和相当大的市场份额占据拦截，中小微型企业的生存领域和成长空间小之又小，其发展条件也受到相当多的限制，所以中小微型企业若要重新介入体育产业，想要摆脱束缚可以说是艰难重重。

## 二、中小微企业的自身问题

在如今的体育市场形势下，中小微企业进军体育产业市场可谓是步履维艰，我们上文已经做了大概了解，寡头垄断的市场环境的确很大程度上限制中小微企业的发展，但同时不可否认的是，尽管是目前市场环境束缚中小微企业的发展，但其自身也存在很大问题，最宏观、最核心的问题是核心竞争力不足，这也是造成中小微企业发展形势紧张的关键所在。具体体现在战略资源短缺、创新能力和技术水平存在差异、市场适应能力薄弱、企业文化系统不够完善、消费者认可度低、运行发展资金匮乏等。这些因素最终导致中小微型企业进入体育产业市场的门槛高，要想改变现状，首先要从自身出发，分析自身现有问题，从源头着手，从基础做起。

### （一）战略资源短缺

美国学者杰伊·巴尼，作为资源基础理论的著名代表人物之一，在其著作中强调：企业或厂商要想持续获得超额利润，所要具备的基本条件是拥有资源，同时，企业获得成功的基础也在于那些具有潜在租金价值的资源[112]。奥利维尔也表示，企业所拥有的核心竞争力是指在寻求战略性资源时，不同企业在战略决策上和实施过程中所表现出的差异，只有获得丰富的战略性资源，企业才能拥有甚至保持市场竞争优势[113]。企业战略资源具体是指相关企业为实行发展战略行动，促进发展计划推进实施的所有财力、人力、物力等资材的总和，其中也包括少被人关注的无形资产，如时间与通信等。所有的这些因素在一定的具体条件下都可能会成为影响企业战略实施的关键因素，这些资源也都是企业战略转化行为的前提条件和物资保证。想要在市场中占有一定的地位，企业在其资源识别、积累、储存和激活过程中的优势能力一定要有效发挥。在企业的成长发展中，如若没有人力、财力、物力等这些基础的战略资源进行整合支撑，不难想象该企业在艰难的市场环境中会怎样的飘摇不定。中小微型企业站在体育产业市场的低端，或者说是基层，这些战略资源的获取和应用都不够成熟，并且十分有限，可以说企业的地基并没有打固，纵然市场条件放宽，战略资源短缺的企业得以进入体育产业市场，发展也不会长久。在如今寡头垄断的市场形态下，战略资源短缺是使中小微型企业难以进入体育产业市场的一个重要原因。

## （二）市场适应能力低下

学者陈清泰表示，对于一个企业来讲，它的核心竞争力应该指该企业可以持续地创造新产品、涉及新领域，为消费者提供新服务，从而适应市场、发展市场的能力。创新性是最能体现一个企业的市场适应能力，包括制度层面的创新、管理层面的创新、营销手段的创新、产品定位的创新等，这都是提升一个企业市场适应能力的有效途径。对于中小微型企业来说，企业对于市场动态的洞察能力还不够敏锐，不能准确地对市场走向或者发展趋势作出预判，这充分说明企业发展的不成熟、不稳定，没有观察市场，无法适应市场，在市场的发展潮流中没有及时地做出改变或调整，缺少积极的自我创新。当企业的发展轨道偏离发展的趋势，或者没有跟上发展的步伐，必然会在一定程度上被市场遗忘，这样的企业在当今体育市场环境下也很难生存，最终导致中小微型企业介入体育产业市场的门槛高，实则也是由于这些企业自身所具备的发展条件还不够完善，这在很大程度上限制企业的发展。另外，中小微型企业不具备良好的关系网，在资源获取、市场预判、风险评估、信息流通等各方面略有欠缺，市场本就是一个大的关系网，环环相扣，利益相连，中小微企业起步较晚且发展缓慢，其与市场的关系网都没有有效的建立，这使得市场的有关信息并不能有效地传送至企业，企业的市场适应能力更无从说起。不了解体育产业市场、无法适应体育产业市场，当然也不可能在市场上立足，最终便导致中小微企业难以介入体育产业市场。

## （三）企业文化系统稚嫩

中小微企业主认为，在艰难的市场环境下，生存是所要考虑的首要问题。对于企业文化建设，很多企业主甚至是许多专家都忽视它的重要性。事实上，企业的文化建设与企业的经济活动有着密切的关联，如果没有高质量的企业文化体系建设，那么企业的生产、经营、管理都将没有灵魂，将毫无特色可言，企业的竞争力也将大打折扣。虽然文化建设是一项长期事业，但它所带来的效益是持久的、永恒的，不仅可以促进企业的长久发展，也是区别于其他企业的一种特色。如今体育产业市场属于寡头垄断的状态，撑起半壁江山的大企业都有属于自己的企业文化，有自己的文化价值导向，这样的深刻定位给企业发展打牢了基础，更吸引大批消费者，使消费者从思想上接受企业、依赖企业。无论何种类型的企业要想进入市场首先要了解市场，对市场的文化渊源和文化倾向有自己的认识，从切身利益出发，根据企业情况定位发展方向，在顺应市场、满足市场的前提下，丰富企业思想，为企业的整体发展注入灵魂。一个具有正确价值观的企业文化不仅对员工的工作状态、企业的发展方向起导向作用，还具备凝聚功能、规范功能、激励功能等，这无形带动企业的长久发展。在现今的市场状态下，中小微企业可以说是在夹缝中求生，对于企业文化这种无形资产的关注不够，企业文化系统相当稚嫩，这也是中小型企业发展艰难的一个重要因素。成熟的企业文化系统必然会带领企业走上高速度高质量的发展道路。

### （四）消费者认可度低

人民群众生活水平的普遍提高，使人们密切关注的热点问题逐渐过渡到生活品质上来。在这种社会大背景下，消费者的地位得到前所未有的提升，人们的消费理念也有所改变。消费者是一个企业的命脉所在，对于企业来讲，适度迎合大众，引领大众消费方向，吸引广大消费者，提高顾客满意度、忠实度是一个企业所要做的主要功课，也是企业能够长久立足于市场的关键。例如耐克、阿迪达斯这种大品牌在吸引消费者方面都有自己独到的方案，形成独特的品牌效应。首先保证产品质量，例如耐克品牌的鞋子，厂家不仅利用舒适的面料更添加人性化设计，气垫技术是耐克鞋优势的设计，并有多种系列，顾客体验升级，满意度、认可度自然提高。其次是鲜明的品牌定位，耐克的定位强调潮流化和个性化，主要面对有购买力、喜爱休闲、热爱运动、追求时尚、年轻的消费群体，而阿迪达斯更注重市场的细化，品牌下有三个系列，分别对应有购买力的不同人群。满足消费者多方面的需求。最后是有效的营销策略，大品牌的营销策略都非常专业，他们可以准确分析并掌握消费者的心理，无论是采用饥饿销售、提高产品话题度，还是利用消费者选择恐惧症，这些有效拿捏消费者心理的手段其实都为企业创造了可观的利润，并且成功地抓住顾客、留住顾客。这一系列的运营策略成功地提高了消费者的认可度，而对于中小微企业来说是有实际困难。中小微企业习惯于打价格战，而没有更多的资本去提高产品层次，从细节体验出发。另一方面来说，大品牌已有自己的品牌效应，消费者的忠实度是一个企业制胜法宝，很多消费者并不太会因为价格而去改变选择,更何况对于消费者来说大品牌的产品是有很多附加值的。因此,现今寡头垄断的市场环境下,中小微企业介入体育产业市场门槛高也有部分原因是由于消费者认可度低造成的。

## 第四节 本体产业滞后,经济贡献力与体育强国地位难以相称

### 一、总体发展概况

体育产业作为一种朝阳产业和民生产业,对我国体育产业经济的发展和社会体育消费产生较大的拉动作用,为挖掘地方消费潜力,扩大消费需求,推动经济发展做出重要的贡献。

我国体育产业虽然起步较晚,但发展很快。体育产业领域范围和发展规模也在不断扩大,在社会主义市场经济发展中,形成了独特的产业范畴。近年来,随着国家政策的支持,体育产业环境得到进一步优化,国家体育产业取得较快发展,体育产业规模和领域不断扩展,管理日趋完善。体育产业在国家和地方经济发展中体现出越来越重要的作用。

### 二、体育产业发展存在的问题

体育产业的发展呈快速上升趋势,而且形成了一定规模,发展前景呈现出良好的趋势。当然,这其中也存在明显问题。

#### (一)徘徊于传统体制与市场体制之间

目前,中国体育产业正在传统体制与市场体制之间徘徊。我国面临的迫切问题是如何在市场经济体制下管理好一名具有巨大商业价值的优秀运动员。在市场经济中,保留了"谁投资,谁收益"的原则,在中国体制下,运动员一切费用由国家承担,以举国之力培养运动员,才有运动员的好成绩,因此所形成的无形资产应属于国家。"田亮事件"恰恰反映出我国体育产业化和旧的管理体制之间的矛盾。

## （二）发展不均衡

首先，地区之间的不平衡。经济发达地区和一、二线城市发展迅速，西部地区发展稍显缓慢，地区间的绝对差距正在扩大。

其次，各体育项目的产业发展逐渐不均衡。由于各个运动项目的观赏性取决于每场体育赛事技术水平的发挥和国际体育赛事上取得的成绩，其产业资源价值，市场容量和产业效益差异很大。

最后，由于土地、住房和设施等资源配置的差异，各单位之间在过去计划经济体制下也造成产业收入差异。如何进行各区域体育产业的协同发展，如何实现项目间体育市场的共同繁荣，如何实现国家之间的资源共享是我们面临的问题。

## （三）产业结构有待进一步提高

体育产业结构缺陷主要体现在本体产业发展不够壮大，不能成为支柱性产业的现状。从长远来看，体育本体产业支柱应定位于竞技表演业，健身娱乐业和无形资产的发展。本体产业三大支柱定位主要取决于三大产业巨大市场的可能性。但本体行业三大支柱的规模有限，市场运作尚不规范。由于体育企业规模总体较小，缺乏可持续发展的活力，竞争力不强，因此行业质量有待提高。

## （四）市场管理的法制化、规范化程度还不高

目前，没有关于体育市场管理的先进法律，虽然在大多数中等城市发布了体育市场管理规定和政府法规，但仍存在一些重大问题。在法律上应进行明确控制、权限明确分类及执法程序的统一和法律责任的界定。在体育市场的实际管理中，一些体育管理项目存在权限交叉现象。不到位的情况意味着新兴的体育管理项目尚未实施有效的规范控制，没有人控制，因此造成消费者权益受到损害。

## （五）中外体育产业的差距

世界体育产业发展不到100年，但发展速度远超其他行业，年增长率高达20%。当前，世界体育产业年产值约为4000亿美元。在北美、西欧、日本等体

育强国中,体育产业年产值跻身国内前列,是国内的重要项目。与发达国家相比,我国体育产业化发展势头强劲,但仍存在较大差距,具体表现如下:与其他体育强国相比,我国体育产业整体规模偏小。90年代末发达国家体育用品人均年消费量分别为:日本888美元、德国790美元、美国695美元。然而在我国,城乡居民以家庭为单位全年体育消费在100元以下、100~200元及201元以上分别占总数的58.3%、27.8%与13.9%(表5-1)。

表5-1 全球体育产业概况

| 国家/地区 | 规模/亿元 | GDP/亿元 | 占国民总值比重/% | 产业雇员/万人 | 总劳动力/万人 | 总人口/万人 | 雇员占劳动人口比重/% |
| --- | --- | --- | --- | --- | --- | --- | --- |
| 中国 | 3135.93 | 519322.00 | 0.60 | 375.62 | 93727.00 | 135404.00 | 0.40 |
| 美国 | 27080.49 | 992476.31 | 2.67 | 320.00 | 15550.00 | 31204.00 | 2.10 |
| 欧盟 | 15159.94 | 938906.42 | 1.76 | 446.25 | 22300.00 | 46150.00 | 2.12 |
| 英国 | 4169.02 | 157047.17 | 1.69 | 63.24 | 3220.10 | 6226.00 | 1.46 |
| 德国 | 3939.84 | 187404.11 | 2.31 | 114.62 | 3800.00 | 8175.16 | 3.15 |
| 法国 | 1823.90 | 144755.24 | 1.40 | 41.65 | 3153.80 | 6582.18 | 1.30 |
| 意大利 | 1316.66 | 121184.50 | 1.21 | 32.99 | 2200.00 | 6062.64 | 1.47 |
| 西班牙 | 878.61 | 68671.88 | 1.28 | 33.62 | 1976.50 | 4612.51 | 1.77 |
| 奥地利 | 746.11 | 19279.33 | 4.03 | 20.59 | 420.00 | 840.42 | 5.38 |
| 希腊 | 212.69 | 14791.67 | 1.44 | 7.09 | 443.13 | 1078.76 | 1.63 |
| 匈牙利 | 65.83 | 6470.59 | 1.02 | 5.56 | 392.86 | 998.60 | 1.43 |

资料来源:世界银行、联合国经济社会事务部人口处、中国国家局、美国劳工统计部等。

目前我国体育产业的商业化水平有待提高。国外体育产业的资本体系主要由债券市场和风险投资组成。由于美国体育产业以高标准增长,其资本回报率远高于社会平均利润率。与此相反,中国体育产业不仅通过市场模式获得部分资金,还要依赖于国家大量资本投资,在体育产业自身发展和融资方面尚未实现良性发展。

上文中已和国外体育产业进行对比,我国体育产业在国民经济中所占比值较低。2008年美国专门发布一项报告,显示美国体育产业规模是电影行业的7倍。2014年的数据显示,体育产业是美国第六大产业。2016年国家体育产业总产出占同期国内生产总值比重的0.8%,和发达国体育产业还有差距。我国体育产业还有很大发展空间,其规模和产值仍然偏低。

《关于加快发展体育产业促进体育消费的若干意见》(国发〔2014〕46号)中在加快体育产业的总体要求上明确提出"促进体育产业与其他产业互相融合"的基本原则,以及"积极拓展业态,促进康体结合,鼓励交互融通"等3条促进融合发展的任务要求和方向。在发展意见里已将产业融合作为发展的基本原则,体育产业与其他产业之间融合分为部门之间的机制融合和业态融合。产业融合是一个多层面、多内容的融合过程,一般要经过技术融合、业务融合、市场融合3个阶段[114]。2016年12月22日,国家旅游局和国家体育总局共同发布《关于大力发展体育旅游的指导意见》,体育是发展旅游产业资源,旅游是推进体育产业的动力。在文件中不仅提供体育旅游的发展思路,还指明2020年的2万亿总消费规模的大市场目标,这就需要政府和企业之间的联动,建立互动的平台,进一步深化合作共赢。

20世纪中后期,以职业体育为核心的体育产业逐渐进入产业运营成熟阶段,举办职业体育联赛的国家逐渐形成了收益丰厚的市场运作机制。自20世纪90年代以来,随着全球经济水平的提升,人们的物质文化、生活水平不断改善,职业体育作为一种彰显人类优秀素质、体验人类身体美学的精神文化产品迅速流行开来,人类闲暇时间增多、民众健身意识增强等社会客观条件的产生,也极大地扩充了体育运动的参与人群,竞赛表演、体育传媒、运动员经纪等一系列衍生产品加入全球主流经济产品的行列。进入21世纪后,体育产业在各个国家国民经济构成乃至世界经济格局中的地位更加举足轻重。

体育产业在2008年次贷危机之后,全球经济持续低迷期间的表现较为抢眼,已然成为产业全球化的新兴典范,尤其是发达国家,体育产业逐渐从新兴产业跃升到支柱产业之列。

可以说,以中国为代表的发展中国家在"如何正确地、有效地从体育产业中获取利益"这一问题上面临着困难。这些困难的产生一方面来自西方发达国家,它们用已经达到的高标准、高专业度来评价处于初兴起的发展中国家职业体育产业,并输出诸如美职篮、英超联赛等高水平职业体育赛事。经济接轨、社会转型、文化转制、政府公共服务职能强化的大背景下,中国体育产业政策存在结构不平衡、提供方式单一、运行机制不畅等问题,导致中国体育产业发展难以走向"政府主导、市场配置、社团参与、公众受益"的有效运营环境,本体产业滞后,经济贡献力与体育强国地位难以相称。中国体育产业如果想呈现法治化、市场化、民主化、公开化、多元化等发展趋势,需要中国做出明智的应对。因此,中国体育产业及其产业政策框架的理论研究,不仅对中国体育产业具有重要的实践意义，而且对亚洲、非洲地区发展中国家的体育产业也能够提供有益的参考。

## 第五节　专业人才缺失，不能够匹配目前体育产业发展的速度

新世纪伊始，我国经济进入飞速发展阶段，同时体育产业也在新时代的带领下迎来更好的发展。然而在这个过程中，就体育产业而言，随着发展进程的加快以及发展方向的开拓，市场上对人才的需求无论是从数量上还是质量上都有了更高的要求。

### 一、体育产业发展类型及存在的问题

根据中国目前体育产业供给侧的研究发现，我国体育产业供给侧结构目前虽说尚不完整，但从社会发展现状来说，基本满足广大人民群众的需要。我国现阶段体育产业结构的划分基本可以分为体育产业政策供给、体育场地设施建设供给、体育用品及相关产业供给、体育传媒与信息服务供给等九种结构供给。供给结构与供给内容的不同，不仅能反映出当前我国体育产业的发展情况，同时也能有效地反映出多供给结构的创建必然会需要更多相关产业供给方面的人才。习近平总书记在十九大的报告中不仅指出中国特色社会主义进入了新时代，同时强调我国社会主要矛盾已然转变。无论是政治、经济、文化等各方面中国已经有了更好的发展，社会主要矛盾的变化，是我国发展过程中历史性的变化，不仅是对我国综合各方面的一种挑战，更是我国社会发展的机遇。相同，随着社会发展、主要矛盾的变化，体育产业的发展变化也是大势所趋。

经济社会的快速发展，全面建成小康社会的提出与实施，很大程度上改善了我国广大人民群众的生活环境和质量。人民对物质文化的需要逐渐转向为对精神文明、健康生活的需要。生活方式也发生了很大的变化，更加注重身体健康、精神健康、心理健康的问题，由此带动了我国体育产业的飞速发展，从而也让一部分人抓住了商机，从事体育产业的投资与建设，极大程度缓解了我国就业压力大的问题。但就此，中国的体育产业的发展也面临了诸多的问题，比如：立法界限不清，不能够深化体育产业法规的立法深度；需求供给错位，无法满足人民群众对美好体育的向往；企业垄断束缚，致使中小微企业介入体育

产业门槛高；本体产业滞后，经济贡献力与体育强国地位难以相称；专业人才缺失，不能够匹配目前体育产业发展的速度等。因此，这些矛盾的长期存在势必会对体育产业的发展构成一定的威胁。本节内容主要从专业人才的缺失，不能够匹配目前体育产业的发展速度方面来展开论述。分析当前人才的缺失对体育产业发展的影响，以促进体育产业的良性发展。

## 二、专业人才缺失与体育产业发展

根据全国数据显示：截至2019年底，全国体育产业法人单位达28.9万个，体育产业从业人员505.1万人。但从总体发展情况来看，仍存在很大的差距。通过黄海燕教授以及其他学者的努力，将我国体育产业人才缺失原因进行了总结，大致存在以下3个问题：首先是人才密度较低，高层次专业化人才严重缺失，比如体育赛事管理、体育场馆经营等其他体育类活动的组织、策划等相关事物的专业人才。由人才的缺失而导致体育产业人才身兼数职，相关产业人才无序流动。其次是人才地区的分布不合理，体育产业类高质量人才主要集中在发达的一线城市，而像三线城市的体育产业人才极为匮乏。再者就是体育产业人才行业数量分布存在严重不合理，比如体育用品市场营销等此类产业人才众多，体育资本运营人才、体育文化创意人才等供不应求[115]。

根据当前体育产业供给结构来看，由于体育产业供给侧结构的多样性，必然会造成对人才需要的多样性。从体育产业供给结构的划分特点来看，也必然会体现出对专业人才需要的特点。并根据各产业结构的工作内容，将体育产业人才分为体育传媒服务人才、体育产业经营管理人才、体育产业科研人才、体育培训与教育人才、竞技体育专门人才等。下面笔者将根据体育产业的供给结构划分和由体育产业工作内容不同而对不同人才类别的划分标准来展开分析。

上文介绍到体育产业的结构可分为九种，每种结构的发展必然需要各种专业人才的融入。就体育产业政策供给方面而言，政策是由国家政府相关部门制定，是国家各项事物合理化发展的风向标，对产业的发展具有极为重要的作用。我国现阶段有关体育产业的政策主要有产业关系政策、产业发展政策、产业运行政策等几项基本政策构架，并且我国体育产业发展中五大重要发展领域为政策的制定起到了至关重要的导向作用[113]。从这些内容足以看出体育产业政策供给并没有想象中的简单，不仅涉及内容繁多，而且细化程度较深，能有效地控制我国体育产业的发展。政策的制定是绝对严谨的，容不得半点马虎。在这个过程中，需要做无数次的调查研究，根据当前的发展模式反复试行，并经过多部门的共同决定才能最终颁布实施。因此,政策的制定必须符合当前社会的发展,并且为人们所接受,由此来看,在政策的制定过程中,将会需要大量专业的人才投入其中。在这其中不仅要有专修政策法律等方向的专业人才,还要有与产业发展管理等各方面精通的人才,更有甚者,在某些产业的发展上更需要体育方面的专业人才。另一方面来说,教育是我国实施科教兴国战略的重中之重,所以体育培训与教育方面的人才仍是我国迫切需要培养的。随着国民素质的提高,我国教育的质量和档次将全面提高。尤其是近年来,我国关于学生中招考试中的体育加试的政策改革,引起了越来越多的人去重视体育、参与体育之中。至此,社会中涌现出大批的体育培训训练营、发展幼儿体适能等机构,或以培养学生兴趣和爱好为目的的各种项目培训班。这些机构的产生促进了体育产业的发展,也拓展了体育产业的涉及范围。但是,根据我国现在情况分析,有很多类似机构并没有足够的能力开展,换句话来说,在这个物质等条件丰富的年代,缺乏的是对该产业机构有足够了解、能够促进该产业发展的优秀人才。从我国体育教育与培训的产业机构发展情况可以看出,该产业具有良好的发展前景,并且对中国体育教育的发展具有推动作用,也是体育产业经济不可缺少的一部分。总的来说,我国现阶段所需要的体育培训与教育产业机构的人才是综合多方面的,是能够把学校体育教学、专业运动训练和体育运动竞赛工作有序开展的人才,并且也是能够在学校体育科研和学校体育管理包括社会体育指导工作的高质量复合型人才[123]。培养高质量人才,能够弥补时下体育培训与教育中的缺失。

体育竞赛表演供给是体育产业发展过程中的重要组成部分,它贯穿于整个赛事的举办,从赛事开始的前期准备、赛事举办过程中的组织,以及赛后事物的整合,均对我国体育产业的发展影响重大。举办一个大型的体育赛事需要一个庞大的服务系统,它不仅能够直接为主办方和该范围体育服务业带来直接的经济利益,还有许多利益是难以直接表现出来的,比如说各相关体育设施的建设与更新,以及赛后对当地社会、文化、环境所带来的影响。同时还能很好地提升城市知名度,助推当地经济的发展。从长远的利益来看,要确保这些后期利益的实现,保障赛事的可持续发展,就要首先保证体育赛事的规划、运作及管理的各个环节良好的运行,将体育赛事的利益最大化[117]。通过对体育赛事的了解,并结合我国的基本情况考虑,我国现阶段体育赛事的运营主要有两种:市场主导和政府主导。在体育赛事的举办过程中,因为主导主体的不同,赛事运营方法、规划和体育赛事的运营理念等都有较大的差异。不管是哪种主导类型的体育赛事,其在赛事的结构上来讲都是大同小异的,从赛事的行政事

## 第五章 审时度势 突破瓶颈：我国体育产业发展瓶颈分析

物办公、场馆的准备、竞赛的组织、服务的保障、市场的开发等多个部门联合协作，都对相应的体育产业管理人才提出高标准的要求。近年来，虽然我国已经成功举办了很多场大大小小的比赛，但体育的快速发展，相关人才的数量已经无法满足当前赛事举办的需求，使得我国体育赛事的承办因受到人员的限制而不能向更好、更高的方向发展，一定程度上阻碍了当前体育产业赛事运营的进步。所以，培养高质量体育产业管理人才是我国发展体育产业首要解决的重点问题之一。

经济文化水平的发展，把人们从以前单纯的物质文化需要带到了精神文化需要的层面上，更多的人开始注重自己的生活质量，不断丰富自身精神文化的需要。机械化时代的发展为人类结余了更多的自由时间，经济社会的发展，提高了当代人们的经济消费水平。伴随着全民健身发展战略的提出，综合多方面的原因，人们在闲暇之余更愿意走进体育。体育不仅能够给人们一个健康的体魄，还能培养一个人积极健康的心态、调节一个人的情绪，在人类社会发展过程和社会和谐稳定治安过程中均具有不可忽视的作用和意义深远的影响。在体育产业结构中，体育传媒与信息服务是体育产业发展的重要组成部分，人们可以通过媒体的传播及时了解体育新闻的动向。现阶段我国关于体育传媒与信息服务人才的培养主要是通过高校的体育新闻传播学展开的，由于我国体育产业开始较晚、发展较快的特点，加上该项人才培养专业设置时间较短，难以更加全面的培养出符合社会体育媒体传播产业发展的要求的体育专业人才，在很多方面仍存在问题。产业机构岗位设置存在许多空缺，限制了体育媒体传播产业的发展。

随着我国科学技术水平的发展，高科技逐渐得到广泛推广。"互联网+"行动计划掀起了经济社会变革的同时，"互联网+体育"逐渐成为万众瞩目的新兴领域[118]。当前在体育的圈子中除去大型体育赛事比较惹人注目之外，就是电子竞技的发展。从产业角度看，全球电子竞技产业已经从1998年开始的第一轮产业周期进入到第二轮产业浪潮，世界电子竞技产业中心也从韩国转移到了中国，电子竞技产业的快速增长已经给中国体育产业发展带来新的机遇与挑战[119]。尤其是近年来各大网络直播平台的建立，更是为电子竞技的发展带来了春天，使更多的人通过互联网了解并参与电子竞技，或者说是参与到电子竞技赛事的管理等。这些年电子竞技举办的活动频次也在日益增多，人们可以直接参与其中，从形式上已经基本上与体育运动竞赛赛事的举办相差无几。然而根据电子竞技的特殊性，其所需要的主业性人才与传统的体育赛事管理所需人才存在极大差别，在团队的管理以及赛事的运营方面，电子竞技仍距真正的体育运动赛事有很大的差距。随着时间的推移，我国电子竞技活动开展得如火如荼，但在这些荣耀的背后，仍存在许多问题。一部分是因为社会历史原因，电子竞技一直不被早一辈人们所接受，他们认为电子竞技只是游戏，严重影响了后辈人的发展，不利于当代青少年的成长。所以，有很大一部分人严禁孩子从事与电子竞技相关的工作，更有甚者禁止从事一切关于电子竞技产业的工作。由此来看，我国电子竞技发展所衍生出的电子竞技产业面临着严重人才匮乏的问题。

总的来说，现阶段我国体育产业从表面看来发展形式一片大好，各项事物均能有条不紊地进行。深究便会发现，时下我国体育产业的发展正在面临着严重的人才匮乏问题，难以匹配我国当前体育产业发展速度，阻碍了我国体育产业长远持久的发展。通过研究，希望能引起社会以及有关部门的关注，为我国体育产业的发展培养更多优秀的人才。

# 第六章　统筹兼顾　因势利导：
# 创生体育产业发展路径

## 第一节　"完善"：构筑体育产业法规环境，完善体育产业制度

"科学立法、严格执法、公正司法、全民守法"是建设法治中国的基本要求。科学立法是前提，严格执法是关键，公正司法是防线，全民守法是基础，四者相互依存缺一不可。体育法规的完善可以从立法、执法、司法、守法四个方面切入。

### 一、科学立法：完善体育相关立法，尊重人民主体地位

建设法治中国以科学立法为前提。立足于新时代我国体育产业的发展，符合职业俱乐部、品牌赛事、无形资产等新需求。确保《体育法》在我国体育产业现行法律法规体系中的核心地位，应尽快完善《体育法》构建体系，且规范其内容，增强其对体育产业发展的引导和调节作用。

随着《体育法》的实施，我国在体育事业发展过程中法律法规建设方面也暴露出诸多问题：例如，法律与社会发展进程相比的滞后性以及社会实践的复杂性等。完善《体育法》应当加强对以下几方面问题的重视。

#### （一）群众基础摆在首位

对我国体育事业来说，群众基础尤为重要，群众的支持摆在首位。根据国家统计局第七次人口普查数据显示，截至2021年全国人口总数为14.12亿，由此可见，获得群众的支持，完善法规才能有迹可循。想要人民群众对法规的完善有热情，必须让人民群众从思想上重视，从行动上服从。

## （二）与群众需要、社会发展相结合

新中国成立以来，体育法规的制定尊重社会发展规律，与当时的社会需要相结合，相得益彰，促进人民健康发展，发挥应有的作用。改革开放以来，人民物质生活水平极大提高，开始由吃饱饭向吃好饭转变。依据当时社会实际制定的法律规范，与现在社会发展如有不符之处，便会阻碍体育事业的发展。此外，群众需要也是应当关注的重点。当人民群众的健身需求和社会发展不一致时，需要财政、卫生、教育、文化、体育等各方面的全面发展，需要国家方针指明发展方向，整合资源，避免资源的浪费。国家政策方针的支持，是全民方向的指引，是人民需求的体现。总之，完善《体育法》要遵从社会发展规律，迎合人民群众需要、服务社会、造福民众才能实现完善法规的意义。

## （三）坚持协调发展，追求和谐精神

根据《体育法》第二条规定"国家发展体育事业，开展群众性的体育活动，提高全民身体素质。体育工作坚持以开展全民健身活动为基础，实行普及与提高相结合，促进各类体育协调发展"的总体原则，我国《体育法》的完善应当追求和谐精神，促进协调发展。2021年印发《"十四五"体育发展规划》提出：体育发展目标、整体发展质量和效益显著提升，形成政府主导有力、社会充满活力、市场规范有序、人民积极参与，基本实现社会主义现代化相适应的体育发展新格局。体育协调发展，应当注重人文精神。充分保障权利，以人为本。

## （四）提升体育法治水平，确立法治管理观念

体育产业的法规完善是我国法治水平提高的指标，同样的，法治水平提高的同时也会促使体育产业法规体系化。自改革开放以来，我国法治工作建设的进程也从未停止过，初步建立起中国特色社会主义法制体系。中共中央和国务院发布的《法治政府建设实施纲要》提出，"基本建成职能科学、权责法定、执法严明、公开公正、廉洁高效、守法诚信的法治政府"的总目标，详细阐述了具体实施纲要和措施。切实提高法治思维、法治治国方式和社会主义发展的

改革能力。一系列举措的实施,科学体系化的指导立法,提升了我国的法制制度建设水平,推进了我国的法治社会发展,对我国未来社会主义发展产生了深远的影响。

## 二、严格执法:强化体育法执行性,规范公正文明执法

严格执法是建设法治中国的关键。我国当前存在的人情执法、关系执法等情形,严重损害了人民群众的合法权益与执法的公信力。严格执法就是要求权利与责任相依附,权利要受监督,违法行使权利要受到追究。执法人员要恪守职业道德,树立执法为民、执法如山的理念。只服从事实与法律,秉公执法。做一名知法、懂法、守法的执法者。要提高主动公开以及主动接受监督的意识,以公开促公正、以透明保廉洁,以零容忍、零懈怠的纪律要求杜绝暗箱操作,坚决根除腐败现象,保障社会的风清气正。为了防止和克服地方及部门保护主义,我们要加强对执法活动的监督,排除非法干预执法活动的行为。

### (一)深化改革,加强创新

体制增强多样化发展方式。政府方面,应在宏观调控中加强政策扶持,降低体育产业发展的门槛限制,先鼓励投资,再统一规范,同时调整体育产业运行机制。曾经提出过科教兴国,现在发展理念可以转变为科学教育旺兴体育,体育发展也可以促进国家强盛,以科技为基础进行保障,完善体育产业发展体制。

创新体育发展机制。体育需要发展,体育产品、健身产品也需要创新产品,积极推广自研产品,首先推动本地体育产业用品,从中国制造转变为中国创造,打造中国专业品牌,只有属于自身的品牌,才能让自己的产业有立足于世界的基础。我国以最大的生产基地闻名于世,但生产制造的体育产品品牌都是以国外知名品牌为主、以我国自主创新的品牌为辅。在生产技术、产品质量、市场环境方面我国并不输其他国家,仅仅缺乏品牌创新意识。有了品牌创新,加上法律法规支持,降低成本,提高质量,就能早日实现跨越发展。

### (二)建立开放体系,促进体育产业发展

一个行业的建立发展,需要配套的设施建立和相关制度的完善。所以体育

产业的发展，也需要体育法规的完善与体育设施的建立。

加强体育产业法制建设。国家要进行实地调查，现阶段我国为体育发展制定的法律法规和政策相对匮乏，《体育法》在不断修改完善的过程中，如果能够得到科学的修改，政府将积极配合，将群众需求和政府要求相结合，规范公示形式，加强体育产业发展的自主性。

科学制定规范文件。国家制定相关法律法规时，应反复讨论研究，完善法律体系。在执法过程中，应确保人们在维护自身权利时将法律作为武器，并严格遵守体育行业法律法规的基本原则。在执行各种法律法规的过程中，如有问题，可追查责任并存档记录，以提高体育行业的科学合理性。

### （三）推动体系调整，整合内容

当前，我国体育产业用品在国内尚有管理不当和不规范的地方，所以在国内没有过硬的可以走向世界的龙头产业，因此，国家应积极引导，提高体育产业的知名度，同时企业加大投资、提高产品质量、加大宣传开发、进一步占领国际市场、提高市场竞争力，早日给投资者带来回报，使社会主义经济能够得到更好的发展。

积极调整产业法规，达成经济转型。我国经济目前正处于快速发展阶段，随着社会主义事业发展产业结构也在不断调整。在国家扶持企业方面，除了税收优惠政策外，还应放宽投资门槛，引导体育产业投资者加大投资力度，国家还可以承诺对投资亏损进行合理补偿，稳定市场投资环境。

增加体育表演竞赛项目。我国政府应结合我国国情和发达国家的实践经验，规范体育竞赛和表演的发展，优先发展体育表演和竞赛产业，使其向社会主义事业发展。如前文所述，我国政府应该加快品牌建设，从一流制造业转变为一流创造业，推动我国体育用品向世界发展。

加大投资力度，促进体育产业发展。在体育产业发展方面，除上述几点外，国家政策指向性的倾斜是体育产业发展的有力武器。以国企成功投资为例，由国有企业牵头，多家大型企业共同投资，带动了整个民族体育事业的发展。所以国家的引导是不可或缺的，群众的支持也不可小视。增加公共设施建设不仅可以满足人们的需求，而且可以促进产业结构的优化和产业的进一步发展。

综上所述，总结优化体育产业发展的几种途径，认为上有国家支持，中有企业团体配合，下有群众基础，体育产业会在适应体育产业发展的同时得到进一步的结构优化。

## 三、公正司法：提升司法人员素质，完备司法问责机制

司法公正就是要求在每一个司法案件中都要让人民群众感受到公平正义。司法公正是社会公平正义的最终保障，也是最后防线。所以我们要加快解决影响司法公正的问题。首先，要改善司法工作作风，规范司法行为，树立司法为民的理念。司法工作者要密切联系群众，切实解决人们群众打官司难的现状，对于维护合法权益有困难的群众要加大法律援助。其次，要深化司法体制改革，构建权责统一与明晰的新机制，加大司法公开力度，提高司法透明度。最后，要加强对司法的监督，根除非法干预司法活动的行为，落实终身追责制度，真正做到让人民群众在每一个司法案件中都感受到公平、正义。

在法学界，已有"行业法"这一相关理论，该理论与原有的"部门法"大有出入。"行业法"可通过专门的行业视角来审视体育产业法规体系内部的调整与协调。我国体育产业法规的研究领域在逐步向各个领域扩展和延伸。在相关实体法研究的同时，也对相应程序法开始研究。在体育产业争议中，一般性法律不能完全适用，需在相应的体育法律法规的基础上，对体育产业纠纷的具体情况适当结合一般法的理论。虽然我国有相关部门法，如《民法》《合同法》《公司法》等都可以成为处理体育纠纷的依据，但是体育产业有其自身的特殊性，一些部门法是无法对具体的体育产业中某一问题作出细致的规范，这就需要体育产业立法在保持其特殊性的前提下，同其余部门共同构建我国体育法规体系。

在发展体育事业上如何促进全国体育事业发展，如何做到法律部门之间的完美衔接，如何对未来体育发展起到良好的基础建设作用，可从以下两个方面探讨。

### （一）加强区域合作机制

加强全国体育一体化发展，地方特色服务于中央发展。随着近年来体育事业的发展，全国体育应当加强"一体化"建设。例如北京奥运会的成功，是各省资源共享、交流合作的结果，也是中央指导、地方配合的成果。各个季节的项目发挥各个地区的优势，地方服从中央，更加鲜明地突出地方需求与特色，资源共享在发展体育事业的同时可以节约资源，照亮体育事业未来发展之路。

提高法律明确性，加强立法投资。立法明确性提高，会减少执法困难程

度。各个法律部门之间需要衔接，没有冲突立法，就需要立法时的法律法规明确清晰。实践证明，法规制定完善在增加立法成本的同时也降低了审判成本、司法成本和时间成本。越具体的法条，实施难度越小，法律适用越简单，部门间的法律衔接度更流畅。

全面深化改革，转变体育事业发展方式。党的十九大以来，社会职能转变、社会治理方式创新、国家实施全民健身战略，改变了多年来体育运动高度集中的管理模式，法律法规的实施与社会实际发展相衔接。体育事业发展方式改变会给法规建设带来巨大张力，实践反作用于法律规范，促使法律规范趋于完善，各个法律规范的运行才会奠定未来体育发展的良好基础。

### （二）国家加大对体育产业的重视

国家体育总局等部门加大对体育产业的重视，体育产业的发展也会推动经济发展，有利于社会主义国家的和谐与稳定。

宏观调控，保证市场稳定。国家通过宏观调控，规划体育事业发展，优化体育产业，根据当前社会发展形势，增加国家对体育产业布局的平衡和重视。体育产业发展也可以借鉴先富带动后富的发展理念，对体育产业发展劣势地区进行鼓励支持，给予经济方面的帮助，在政策方面倾斜。增加国家财政支持，提高投资力度。政府应该加强对公共设施建设尤其是体育设施建设的投资力度。国家减免税收或者给予税收优惠政策，政府宏观调控，市场在一定条件下自由发展，有了国家的支持，全民健身会顺利开展，从而提高全民身体素质。

### 四、全民守法：加强体育法律教育，营造守法法治氛围

全民守法是建设法治中国的基础。全民守法要求任何组织和个人都要依法行使权利或权力、履行义务或职责，要在法律允许的范围内进行活动。各级领导要树立忠守法律、维护法律的意识。各级领导干部带头遵守法律，带头依法办事是落实全民守法的关键。同时，要加强法律宣传教育，引导全体人民用法律解决纠纷，依法维护自身的合法权益。除此之外，要在全社会树立法律的权威，法律不仅是保护权利的武器，还是全体人民必须遵循的行为规范，广大人民群众运用法律捍卫权利的同时也要自觉履行法定义务，做到权利的行使和义务的履行相一致。

新中国成立以来，我国体育事业发展经历过初生萌芽、破坏重建、恢复发

展三个阶段，群众的支持和群众体育发展是体育事业恢复的重要力量基础。

### （一）全民共享体育事业发展成果

体育事业发展不仅是为国家做贡献，更是为民众个人身体素质提高做出了突出贡献。这样的意识要让越来越多的民众相信并认可。围绕群众，做好体育事业发展以下工程：在群众周围建设健身设施，让群众可以健身。提供免费的健身指导意见，促使群众科学健身，安全健身。组织体育活动，让人民群众切实参加。全民共享体育事业发展的优秀成果，才能让人民群众自发自愿地为体育事业发展而努力。

运动员在场上加油争光，教练员在场下不懈努力。但由于运动员的年龄限制，使得运动员培养费用较高，普通家庭无法支撑高额费用，且退役后没有合适的出路。教练员是运动员的指挥者和引导者，教练员可以激发运动员的激情和潜力，但是教练员的培养费用也非普通家庭承受范围。运动员与教练员的权益保护，夯实群众基础在狭义上是维护教练员、运动员的正当权利和权益，为他们解决后顾之忧，即加强体育领域治理人才，为体育事业发展培养一批坚实力量。

建立健全体育产业发展过程的监督机制。自改革开放以来，中国经济飞速发展，我国各项事业的发展都迎来了新的春天。体育产业发展过程中，应完善监督机制、规范监督方式、落实反腐政策。同时，建立专门机构，健全反腐制度，当出现责任主体推卸职责时，有相关机构指导和纠正错误，保证反腐倡廉制度的顺利实施。

### （二）创新体育发展机制，增强生机与活力

实践是检验真理的唯一标准。开拓创新、革故鼎新才是发展的未来。只有实践才能告诉我们我国体育产业机制创新的科学合理性和实用性。在实施产业创新机制时，要结合我国国情，坚持推陈出新的原则，制定与社会主义事业发展相适应的指导思想和相关法律法规，形成完善的体系，使体育产业发展科学合理，发展氛围公平、公正，发展未来具有生机活力。

增强体育产业国内外的交流与合作，我国产业目前正从中国制造转变为中国创造，为提高产品知名度和群众对体育的了解与热爱，应加强宣传力度，推广体育明星，推广体育产业种类，提升体育事业的社会形象。此外，加强体育产业法律法规政策方针的宣传力度，加强国家间体育产业的合作，扩大与其他

国家体育的交流与合作，增进国外对我国的了解，实现合作共赢。发展方式可以通过参加奥运会、冬奥会等国际赛事、国际会议、两国间的友谊赛，增强我国在国际上的影响力，有利于形成全新的外交格局。

## 第二节 "更新"：促进供给侧结构性变革，创生产业供给能力

### 一、优先发展本体产业

#### （一）竞赛表演

随着近年来我国各类体育赛事活动的频繁举办，体育竞赛表演业得到社会各界的广泛关注。以竞技体育活动为主发展起来的各种竞技体育项目迅速繁荣，相应的体育俱乐部经营实体不断形成，运动员的竞技表演是基本的商品或运动。服务于社会需求的各种行业，即广义上的体育竞赛表演行业。这些以体育俱乐部为实体，以运动员的竞技表演为基本商品或提供体育服务以满足社会各行各业的需求就是广义上的体育竞赛表演业[120]。

《关于加快发展体育竞赛表演产业的指导意见》中提出：体育竞赛表演产业是体育产业的重要组成部分，主要表现为体育竞赛表演组织者为满足消费者运动竞技观赏需要，向市场提供各类运动竞技表演产品而开展的一系列经济活动[121]。体育竞赛表演业是竞技体育的商业化，教练员、运动员、裁判员的职业化产生的结果，属于竞技体育范畴，同时也是体育产业的一部分[122]。体育竞赛表演业是以各种高水平的体育赛事、精彩的体育表演满足人们的观赏性体育需求，可以说，体育竞赛表演业具有非常广阔的市场发展前景。

体育竞赛表演业能够对体育产业的上游产业与下游产业起到巨大的相互联系作用，可以带动体育产业的上、下游产业实现稳步发展，进而推动整个体育产业的发展。例如，竞赛表演业为体育用品业提供广阔的消费市场，其进行的活动需要体育服装、器材、饮食住宿、卫生服务等，并且还需要体育培训业为其提供竞赛表演人才、体育中介业的运营协作等。竞赛表演业既是体育产业的核心部分，也是体育产业各业态中最具引领和带动作用的产业。

第一，以国家体育产业政策为导向，积极推进体育赛事管理制度的改革，

放宽体育赛事活动的承办审批制度,通过开展多种形式的竞赛表演活动,增强体育产业的服务能力与引导能力,让人们可以利用多种方式参与体育锻炼,从而吸引更多的人参与社会健身活动,进而提高人们参与体育锻炼的积极主动性。伴随着人数增多,场地需求、器材需求、活动组织等方面的需求逐渐增多,进而促进体育产业管理方式与服务方式的适应性改革。

第二,通过社会力量的有效参与,以竞赛表演业为突出点,充分协调各组织相关部门和社会团体协同办好竞赛表演。通过积极举办高水平、高效应、高质量的体育赛事,丰富体育竞赛产业的市场供给,发挥体育竞赛表演广阔的市场优势与效应优势。通过邀请体育明星参与,举办一批具有社会影响力的高水平赛事,打造一批具有吸引力的国际性、区域性的品牌赛事。引导支持体育社会组织等社会力量举办群众性体育赛事活动,创办一批自主知识产权赛事,通过运营组织本土赛事,激发体育企业积极参与,以经营、合作等方式来大力开发体育赛事的知识产权市场,加大体育赛事无形资产的开发和保护力量[123]。

第三,借助现代信息网络技术的发展,增强健身休闲业的宣传力度,扩大健身休闲业的品牌效应和带动效应。在面向大众、服务群体的基础上实现体育健身休闲业产业内容的创新型发展。开发专业化、特色化、时代化的健身休闲课程和健身休闲产品,如健身休闲与电子商务的结合,健身休闲与新闻媒体的结合,健身休闲与医疗保险的结合等,促进建设休闲业运营模式的转变,以及服务方式的创新。

## (二)场馆服务

改革开放以来,我国人民生活水平的提升,物质资源的丰富,闲暇娱乐时间的增多以及健身休闲观念的增强,促使人民群众对于身心健康的心理需求增大,从而提高我国体育消费层面增长速度。我国体育场馆的建设数量、管理质量、服务水平、使用效率等都有了长足的进步。但是,由于我国的场馆服务业相对于发达国家起步较晚,加之我国的国土面积幅员辽阔,人口基数大,以及各民族迥异的风俗习惯等,场馆服务业的区域性发展差异显著;另外,随着我国改革开放城市化建设步伐的加快,城乡体育场馆服务业差异也十分明显。特别是我国关于体育产业相关的政策扶持还不够完整,法律法规的规范还不够健全,导致我国场馆服务业面临诸多的发展问题。

在现阶段,以国家体育产业政策为导向,国内体育产业发展形势的大趋势下,体育场馆服务业应顺应国内体育发展形势走向,抓住时代契机,争取稳健快速的发展，以满足人民群众日益增长的健身休闲需求。

第一，各地政府机关应立足本地实际情况，对于大型体育场馆的建设在满足本地体育赛事活动需求的前提下，建设力度应适度调节。将建设力度投入到本地中小型体育场馆和基础公共体育设施的建设上来，以此来满足本地人民群众的健身休闲需求。

第二，通过调整体育产业管理制度和完善体育相关法律法规，积极引入社会资源和现代化公司运营管理机制，激发体育场馆服务的活力。积极发展体育场馆服务业，完善体育场馆服务业的管理机制，选择各方面实力强劲的体育企业进行合作，形成与体育场馆服务配套的专业服务链，促成社会分工与合作机制的形成。

第三，突出体育场馆的体育服务主体功能，大力加强对于社会体育群众的开放程度，提高体育赛事活动的承办能力，规范体育培训管理以及健身健康、休闲娱乐等体育场馆范畴的经营活动。通过对体育场馆服务业整体水平的提高，发挥大型体育场馆业的资金投入相对充足，技术服务相对完善，产业规模化，产品信誉度较好，销售渠道稳定化管理优势等，以大型体育场馆为依托，如省体育场馆，加强同周边大、中、小型体育场馆的联系，逐步形成体育场馆服务业的场馆联盟，从而提高体育场馆服务业的专业化、制度化、规模化、科学化管理的运作水平，以体育赛事品牌效应来带动体育场馆业品牌培育，加强体育场馆业品牌输出、管理输出和资本输出，引导体育场馆向市场化、商业化方向发展。

### （三）健身休闲

从2009年起，我国将每年的8月8日设置为"全民健身日"，"全民的健康，中国的健康"成为国家的顶层战略：提高人民健康水平，改善健康公平，为我国全民进入小康社会和实现中华民族的伟大复兴打下健康基础[124]。

健身休闲在我国的全民健身热潮中拥有非常广阔的市场前景，在拓展体育消费市场、提高体育消费水平、满足人民群众的体育消费需要等方面都起到了积极的促进作用。例如，健身休闲业为体育制造业打开了市场，通过培养人民群众的健身习惯，提高了他们对健身休闲的热情，也对竞赛表演业、体育彩票业等具有良好的促进作用。总而言之，健身休闲业也是体育产业的核心产业之一。

随着我国改革开放城市化建设步伐的加快，健身休闲的城乡差异也十分明显。对于体育消费层面的城乡差异，在保证城市化发展的前提下，推动乡镇学校体育建设的投入力度，以点带面，逐步促进乡镇居民健身休闲意识的提高，特别是近年来城市化对于乡镇发展带动作用的逐步显现，居民收入的稳定增长，乡镇健身休闲业发展虽需要一定的时间，但乡镇健身休闲业发展的市场前景不容忽视。发挥健身休闲的社会功能，特别是在提升社会凝聚力，如2008年北京奥运会的举办，中国国际地位的提升，民族自豪感、民族凝聚力空前高涨；健身休闲在塑造人的性格，给予青少年缓解的宣泄口，降低青少年违法犯罪行为；健身休闲增强人民体质健康，减少人民疾病的困扰，减少政府医疗财政支出等社会问题。

第一，以人民群众的体育需求为市场主体，构建人民大众化市场，以满足多元化消费需求的健身休闲业发展新格局。加大力度对于体育健身休闲空间的建设，特别是对于群众性体育基础设施的建设，从而激活一定的社会资源用于健身休闲业。引导鼓励社会力量的加入，促进户外运动、水上运动、冰雪运动、航空运动等体育产业的发展，完善相关产业连接和设施建设。

第二，结合国内外优势体育休闲健身服务品牌，积极引进健身服务业的良好发展模式，加大本土健身休闲业的融合力度，以优带劣，提高本土体育休闲产业的管理服务水平，从而形成有效的产业链和本土健身休闲产业品牌，实现健身休闲业品牌连锁化，促进品牌发展。

第三，通过与体育培训机构、体育院校、体育人才市场的交流合作，引入体育专业化后备人才，建全体育休闲业质量化的标准体系和高效的管理体系，在促进体育休闲业进一步提升发展潜力的同时，促进体育休闲业相关产业服务链条的连接和发展，完善服务方式与提高服务品质。以完善健身休闲业配套产业发展带动健身休闲业发展，如体育用品业、体育培训业、体育场馆服务业等，以互动式发展来相互促进，达到提高整个体育产业良好发展的目的。

## （四）体育培训

随着我国体育产业管理机制的完善与法律制度的规范，政府对于体育产业的扶持政策增多。自国务院《关于加快发展体育产业促进体育消费若干意见》发布以来，体育产业的发展迎来了春天。体育竞赛和体育健身娱乐市场的开放，体育培训业作为两者的催生产业，拥有良好的市场发展前景。

体育培训业由其市场发展潜力大，现金资源流动快，逐步得到商业化模式的发展，特别是以小众型体育项目的培训为主。例如，在我国高考体制的推行下，因为文化课的分值占高考分数的比重大，重视文化课的学习已成为人们的认知习惯，社会各界对于文化课的学习培训机构也是趋之若鹜，从而衍生出了一大批文化课培训机构。自我国中考体制改革后，体育加试的分值在中考分数的比重相对增加，促使学生参与体育活动，中学生的体育锻炼开始受到重视，这也促使有关学校学生的体育培训机构相继产生并发展起来。

现代我国体育培训业主体主要为面向学生群体的体育培训；另一方面是面向健身锻炼人群的体育培训。主要是基于体育培训业的两大关联产业的发展，一个是体育培训业为体育竞技表演业提供体育人才后备军；另一个是健身休闲业为体育培训业创造的巨大市场前景，这也造成体育培训业并没有形成完善的市场体系。

第一，在培育主体的基础上，对于专业培训机构的创办需要大力支持，并开发出特色的培训项目，从而拓宽体育培训产业的市场。积极培育一批体育培训品牌企业，对整体体育培训机构产生引领带动作用的同时起到规范化作用。

第二，对于体育培训需求复杂的情况，开展体育培训高、中、低端相结合的综合性覆盖，满足不同人群的体育培训需求。通过现代网络技术与多媒体的发展与应用，扩大体育培训的宣传力度，开展计算机网络为载体的线上、线下相互融合的体育培训模式，满足体育培训的个性化需求。

第三，体育产业作为朝阳产业，在促进经济方式转变、调整产业结构、扩大就业、提高人民健康生活水平、改善民生等方面具有重要作用。体育培训业作为体育产业重要产业之一，深度挖掘其作为朝阳产业一部分的重要功能[125]。结合市场需求，鼓励社会资本通过直接创办、合作培育、投资入股等多种方式参与到体育培训业中来。对于体育产业人才匮乏现状，需要对体育培训业的教育培训制度进行改革，加大体教融合与深化，扩大对青少年体育培训市场的开发。拓展排球、足球、篮球、健身操等一批社会吸引力大、人民群众关注度高、人员培养基础好的运动项目培训市场。

第四，教练员、体育课程和体育设施是体育培训的三大要素，注重体育培训教练员的选拔和考核，注重体育培训课程的科学化设置与合理安排，注重场地设施的大力投资与安全检查等，通过对体育培训课程的标准化开发，建设一批具有高标准的体育特色学校。通过依托政府大力支持与本地体育院校的合作，加大对体育人才的培训力度，完善体育后备人才的培养机制。在全民健身意识的不断提高与国家政策的支持下，大力开展购买、投资、补助、合作等多种形式的培训服务产品的供给，减少无效供给、有效供给不足的现象，为我国青少年提供优质的体育培训服务，开发体育培训的潜在市场。

## 二、着重发展相关产业

体育产业是我国最具活力的朝阳产业之一，是我国政府正在大力培育和发展的一个新兴产业，当前我国体育产业发展势头猛烈，产业的规模日渐壮大，形成了一个成熟的体育产业系统。体育产业包括本体产业和相关产业，相关产业包括体育彩票销售、体育用品制造、体育中介服务、体育场地建设和体育服务综合体，其主要作用是为体育活动提供服务。

### （一）体育彩票销售

中国体育彩票是为体育事业发展筹集资金而发行的，其特征是彩票上面印有号码、图形或文字，人们进行自愿购买，并以此为凭证在特定规则获取中奖权利。体育彩票是一项公益事业，它所筹集的资金主要用于奥运争光计划和全民健身计划。1994年，国务院批准国家体委在全国发行体育彩票，从此体育彩票开始在全国范围内正式发行。体育彩票的发行为我国体育事业发展做出了巨大贡献，1994—1995年，共筹集3亿元资金，解决了第43届世乒赛等13项大型赛事经费不足的问题。为了使体育彩票走向正规化，国家体育总局体育彩票管理中心对体育彩票从管理、编号、印刷到发行进行统一的管理，还将其命名为"中国体育彩票"。

第一，体育彩票从发行至今，通过改革不断壮大，规模和收益逐步提升，从收益远远不及福利彩票到大幅反超福利彩票。但是体育彩票的发展也不是一帆风顺的，在2004年体育彩票问题不断出现，从西安的宝马假票案到贵阳的人为爆炸事件再到深圳世塔公司的作弊事件，对体育彩票都有很大的影响。正是因为这些问题的出现，体育彩票管理中心对体育彩票作出进一步改进，中国体育彩票系统更加完善。

第二，体育彩票的销售要按照规范运作、创新玩法、提升渠道、打造品牌为思路，在此思路的引导下改革体育彩票的销售运作系统，提升体育彩票的销售业绩。规范运作是体育彩票进行销售的基础，只有这样才能保证每个体育彩民的合法权益不受侵害。2004年出现的诸多体育彩票问题的主要原因之一就是运作不规范，导致一些不法分子有了可乘之机，最终造成严重的损失。在彩票的设计、印发、销售、开奖等环节进行严密把控，确保各个环节都不出现失误，减少不必要的纷争，树立良好的体育彩票形象。对彩票的管理员、销售员加强专业培训，创造出具有高水平专业能力的团队，保证体育彩票销售规范。

第三，体育彩票从开始发行时，只有即开型、传统型、即开与传统结合型三种类型，为了能够吸引更多群众加入，中国体育彩票也在不断地改进，创造出更多新的玩法。目前已经有很多新的玩法出现，像超级大乐透、排列3、排列5、七星彩等玩法逐渐走入彩民的视线中，成为彩民们所喜爱的玩法。现在的销售方式不再是只在特定的体育彩票点进行销售，已经实现了线上线下共同销售。优化彩票购买服务，升级体育彩票购买系统，规范线上销售，在此基础上拓展更多销售渠道，实现销售规模最大化。加强对体育彩票的推广，提升体育彩票的公益形象，打造出体育彩票的公益品牌形象。

## （二）体育用品制造

在《新华字典》中将体育用品定义为："体育用品就是指在进行体育教育、竞技运动和身体锻炼的过程中所使用到的所有物品的统称。"[126]为了纪念2008年奥运会的成功举办，国务院批准从2009年起，将每年的8月8日定为全民健身日，从此掀起了全民健身的大热潮。体育用品制造业从此出现了新的转机，成为体育相关产业中最热门的产业之一，我国也已经成为继美国之后第二大体育用品消费市场。随着社会的发展，人们的运动健身意识增强，更多人认识到健康和运动的重要意义，并参与到全民健身运动中来。从国家体育总局的全民健身计划来看，城乡居民达到《国民体质测定标准》合格以上的人数比例分别不低于90.86%和92.17%；经常参加体育锻炼人数比例达到37%及以上和40%及以上，这对体育用品行业的发展做出很大的贡献。

第一，经济水平的提升伴随着人们对体育用品需求的增多，更多人以品牌为第一购买要素，注重科技对产品的创新，新的智能体育用品研发能够提升体育用品吸引力。我国的现状是高端体育用品比较缺乏，而国外的高科技产品较多，消费者更倾向于购买高科技含量高的产品，导致大量的体育消费者与消费资金流向国外。

第二，国内的中低端产品无法满足消费者的需要，而高端产品的高仿产品又大量销售，压缩了国内的中低端产品市场份额。所以在这个科技引领生活的时代，充分利用科技重新打造出更好的体育品牌，对体育用品制造业进行升级转型，鼓励拥有先进技术的其他行业与体育用品行业进行合作，推进其成为具有优势的龙头企业。积极推进智能体育用品的开发制造，打造出全新的智能化体育用品制造工程，着重培养出一批能够引领智能体育用品制造业的骨干企业和智能团队。运动型装备成为人们最喜爱的运动产品之一，像运动手环这样的产品深受大众欢迎，要把运动型装备开发放在重要地位。

第三，除了可穿戴的运动产品外，还要重视运动康复装备和运动健身技术指导装备等其他技术产品的开发。人们对体育产品的需求不仅仅是高科技，更需要美观，像李宁这近几年在运动鞋服的设计中做出了很大的改革，打破了人们对原有运动鞋服的印象。体育产品设计要跟随潮流的变化，符合现代消费者的审美，让体育产品不只是出现在运动中，还要引领时尚的潮流，让大众接受并喜欢。要做到工匠精神，认真对待每一个产品，对产品的生产做到高标准、严要求，努力做到最好。

### （三）体育中介服务

体育中介是体育活动过程中支持"体育人"与体育爱好者相互作用的全部媒介，主要是以体育中介事务所、中介公司及体育经纪人等形式存在。体育中介的责任就是调节体育经济市场中信息不对称的问题，为需求方和供应方提供沟通交流通道，加快信息交换，加速提升体育产业经济效益。目前我国体育中介服务还有很多的问题需要解决，比如服务种类较少、相关体系制度较不完善、人才缺失、信息处理和趋势预判暂不成熟等，导致体育中介服务还不能较好地满足市场需求，刺激体育经济发展。

第一，随着全民健身的不断发展，国民经济水平的持续提升，越来越多的人更注重身体健康，并加入到体育运动中来，加速了体育中介的发展，当然也对体育中介服务有了更高的要求。政府要加大力度发展体育中介服务业，鼓励体育产业市场增加体育竞赛、运动员经纪、体育组织、体育中介服务团队的开展与组建，从根本上提升体育中介服务力度。供需相连，满足市场的需求是产业发展的最低要求，市场的需求要求政府必须要对体育中介服务做出改革，以适应市场经济。

第二，引入国内外著名体育中介服务机构，以品牌形象来吸引消费者的关注，并且让消费者体验到高质量的中介服务水平。以国外的高端体育中介服务机构带动本土的中介服务机构，促进本土中介服务机构快速发展，加强本土体育中介服务机构与国际机构的沟通交流，借鉴国际机构的经验和技术，加快提升本土体育中介的服务水平。

第三，通过与国际机构的合作，将国际机构中优质的资源、先进的技术与理念、前沿的运作模式和高端的服务人才引入国内体育中介服务市场中来，对本土体育中介市场进行深化改革、提升品质。在根本上提升体育中介服务团队水平，加强对体育中介服务人员的专业培训，提升经纪人团队的技术水平和服务能力。加快发展体育产业资源交易平台，让更多有用信息能够在最短时间内被了解，提升资源交易的速度与质量。从各个方面对我国本土体育中介服务市场进行全方位提升，让国民相信本土体育中介服务水平，促进体育产业更加快速增长。

### （四）体育场地建设

体育场地是发展体育产业的重要基础之一，是发展我国体育产业的前提，所以体育场地的建设对发展我国体育产业至关重要，体育场地建设主要包括体育场、体育馆、体育公园、户外健身设施等多项内容。受2008年北京奥运会成功举办的影响，我国体育场馆建设走进黄金时代，从申奥成功到现在，大大小小的体育场馆一座座落成。在"全民健身计划"的影响下，更多人参与到建身事业中来，对体育场地的需求也不断增加。在体育场地建设方面除了体育场馆的数量不断增多以外，体育公园、户外健身场地也逐渐增多，我国走进了全民体育的新时代。

第一，在全民体育的新时代下，人们对体育场地的要求也日益提升，所以体育场地建设就显得尤为重要。加快引进重大体育赛事，打造出品牌体育竞赛，提升体育场地利用率，增加经济收入，形成完整的体育赛事产业链，以经济为基础改善场馆建设与设施。完善体育产业体系，创造多元化体育产业体系，将竞技体育与文化、旅游、会展、教育、娱乐等多种元素相融合，形成体育产业与其他多种产业相结合的发展格局。

第二，要加快对体育品牌的创造：除了引入国际品牌的活动外，还要加快对自主品牌的创造，来提升品牌影响力，以此来提高体育产业市场经济。通过互联网、物联网等资源加强对体育场地的推销，吸引更多的活动在体育场地内举办，提升体育场地的知名度和利用率。以国际化和全球化的思路，对体育场馆各方面进行更新和改革，创新运营方式，降低体育场馆运营成本。

第三，场馆的运营仍然存在许多问题，由于大多数场馆的运营都是由政府出资，而场馆运营费用较高，导致政府在资金方面也出现了问题。要加大对企业的招商引资，通过企业的投融资来解决资金问题，同时还要加强场馆经营能力，提升运营规模和市场地位。支持大型体育建筑企业积极承担大型体育场地设施建设，特别是近些年比较流行的户外活动场地，像攀岩、滑雪、马术等项目。不断创新研发新的场地建设技术和材料，并鼓励运用新技术、新材料来建成新型体育场馆，实现科技化、智能化、绿色节能的新型运动场地。在体育场地的设计与施工过程中引入有资格的大型体育场地建筑企业，在场地的设计与施工中能够发挥其作用，以专业的能力协助体育场地建设，实现从规划到设计再到施工，实现一体化服务。在建设过程中对所有环节实行高标准、严要求的理念，建设出高质量的体育场地，满足人们对体育场地的需求。

### （五）体育服务综合体

体育服务综合体是以体育场馆为平台，通过体育场馆将文化、娱乐、餐饮等消费活动融为一体，促进体育产业发展。2014年国务院发布的46号文件中提出打造体育服务综合体，随后又在2016年发布的《体育产业发展"十三五"规划》中再次提出打造体育服务综合体，2021年《"十四五"体育发展规划》提出要打造一批地域特色鲜明、服务功能完善、经济效益良好的体育服务综合体。由于打造体育服务综合体的政策引导，各个地区开始尝试对体育场馆的转型，并取得了一定的成功。通过对体育服务综合体的不断尝试，全新的体育产业发展越来越好，逐渐发展成为集体育、娱乐、餐饮、商业为一体的体育服务综合体。全新的体育服务综合体能够带动体育消费，推动体育本体产业和相关产业共同发展。为了推进体育服务综合体的发展，国家发布了一系列的政策文件，这些文件的发布为建设体育服务综合体创造了良好的环境氛围。除了相关政策的支持外，政府还对体育服务综合体的发展提供了资金方面的补助，以确保体育服务综合体的更好发展。

体育服务综合体虽然在国家政策和资金的帮助下得到了很大的发展和提升，但是还面临着一些困难。前期我国大部分的大型场馆是为了给2008年奥运会中的大型比赛提供场地而建立的，其功能比较单一，也因此被大量闲置。由于前期设计与建立考虑不完善，造成这些大型体育场馆不够多元化，面临改造且需要高额的费用，这是改革体育服务综合体的最大障碍。

在建设大型体育场馆时，由于需要大面积的场地，而市中心又不能满足这个要求，所以大型场馆大部分都建立在离市中心较远的郊区，郊区的发展与配套设施不够完善，与市中心的距离又比较远，所以体育服务综合体的建设也受到了局限。但是要以发展的目光看待体育服务综合体的建设，发挥其带动周边经济发展的功能，为郊区经济发展提速。

体育服务综合体的规模不是一定的，要根据地区、经济、居住人群的不同而调整综合体的规模，只要它能够发挥其经济辐射功能，带动周边体育产业发展，就是成功的体育服务综合体。体育服务综合体的本质特征是以体育场馆为服务平台，利用其多元素的综合服务来带动体育产业发展。体育服务综合体虽然已经在发展上有了很大的进步，但是却没有一个特别成功的榜样，很多地区都是在不断尝试着探索发展的道路，这是体育服务综合体发展缓慢的重要原因，在体育服务综合体发展过程中要总结成功与失败的经验，让后来者有所参考，提高改革发展的成功率。体育服务综合体是体育产业的核心要素，需要通过体育服务综合体来提高体育产业经济，带动国民经济发展。

## 三、创新发展新兴力量

### （一）体育科技

科技是第一生产力，科技的发展带动产业的发展。依照"引领技术的投放、重点在于突破整体、多元化的融入创新、提升优质的服务保障"的思路，带动我国体育科技行业的开展。加快完善体育科技管理制度和运行体制的改革，推进体育产业实行优质高效的发展，从而为我国体育产业的发展奠定坚实的理论和技术创新的保障。

第一，在全国范围内培养一批具有高素质的体育科技领军部队和高新企业相结合的团队，开发一批特有的体育智能硬件产品，为我国体育产业带来经济收益；新兴的能源技术、材料技术的发展，标志着现代人类社会已迈入强大的高科技时代。现如今，我国现代化、国际化、社会化科学技术的发展，体育科技作为我国体育产业范畴中新兴发展的重要力量之一，被高度重视，优先开展，彰显了国家或地域的体育综合实力。

第二，开创体育科技服务平台，优化服务质量，开启创业孵化、经营场地、服务指导、申请创业资金、技术监管、咨询顾问、项目策划、人才培养、运营管理等多种多样的一体化服务。科学技术的健康发展推动了我国现代化技术的发展，促进了人类社会的文明。理论、实践、文化及制度的创新，对我国正在加快建设创新型国家提供了强大的思想武器和行动指南。

第三，优先发展类似电子竞技产业等新形式体育项目，培育中国制造的本土电子竞技品牌企业[127]。制造属于中国的体育电子竞技软硬件，并举办新兴赞助的体育电子竞技赛事，推动我国体育产业的发展，完善体育产业的发展蓝图。

体育科技是推动我国社会文明发展的重要动力。科技与体育事业相融合，促进了我国体育产业的发展。体育科技针对所有的体育实践，充分地发挥创新引领科技的重要支撑和保障作用。

### （二）体育旅游

现如今，人们对物质及精神的需求越来越丰富，体育旅游的发展正符合了人们对此的需求，体育旅游是旅游者以体育活动为动力而旅游的形式。因此，体育旅游的发展具有必然性。

第一，加强对体育旅游的宣传。我国地域辽阔、文化底蕴浓厚，各地域的体育运动形式多样化，同时拥有浓厚的文化底蕴，我国疆域辽阔，经纬度跨度大，不同地区具有不同的气候和地貌。因此，我国基本可以开展所有类型的体育项目。发掘符合自然条件、拥有浓厚历史文化、民族文化底蕴的地区，使当地政府、团队、个人深刻意识到体育旅游的意义与作用，鼓励全民积极参与到体育旅游中去。

第二，创新发展体育主题公园，大型户外基地训练场地。依据体育旅游的定义再结合我国的地质特点，可以对此开发，山水、湖泊等具有地质特点的旅游地方，对应可开展的攀岩、漂流、徒步旅行，等等。建设一个集运动、健身、游戏休闲等功能于一体的体育旅游综合度假村。积极向当地政府申请资金，投入于体育场地、场馆及训练基地的建设，并完善现有的旅游设施，创造一个国际化、现代化、社会化的综合型的健康舒适的体育旅游度假村。

第三，加强体育旅游专业化发展。各地区根据地区特色、地区资源，有重点有针对地发展专项体育项目。合理利用城市资源、土地资源，杜绝同质化严重、水平低的体育项目，多元素合作发展，不仅要把专项、文化、场所相结合，同时可以联合周边地区发展国际化体育旅游线路，带动体育旅游的发展。

第四，完善体育旅游规章制度。体育旅游发展的初期阶段有着资金不充足，人才缺乏，政府支持力度薄弱的问题。国家应当抓住现在体育旅游发展蓬勃生机，鼓励转型。完善相关规章制度，以政府为导向，拉动体育旅游事业的发展。

第五，建设体育旅游特色小镇。对具有浓厚文化的地域可结合当地文化特色发展特色旅游小镇,在选址方面要具有文化特性,大部分体育文化小镇选在著名风景区附近。体育旅游特色小镇相比较其他古镇旅游景点,具有更高的要求,要确保硬件设施的完整,小镇中的各项服务要更加完善,更加专业。

## (三)体育康复

在"健康中国2030年"的发展背景下,人们生活质量不断提高,人们开始关注体育休闲养生,重视身心健康。随之,城区的健身器材、室内的健身房、公园的体育设施随处可见,体育康复在当今时代的作用越发突显。

第一,培养体育康复相关专业型人才。在高等院校内注重培养运动康复相关专业的高端人才,国家教育部需要制定和完善一套统一的运动康复专业规划教材;根据国家教育部高等院校的教学质量标准制定合理的运动康复专业人才的培养计划与培养方案;促进我国运动康复理疗师的人才培养[128]。

第二,丰富体育康复设备。需要结合我国运动康复医疗设备上的不足,引入一批国外的先进医疗设备,同时也要结合我国的优势,设计并研发出更科学、更具体的康复医疗设备。目前市面上的体育康复设备依旧单一,不能完全符合患者的具体情况。因此,体育康复设备的研发至关重要。

第三,加大对中医药学运动康复疗法,以及体育康复产品的推广。近年来,人们在预防疾病的同时也注重医学保健,需要加强对市场上足疗、中医按摩、针灸、推拿机构的推广及加大对营养保健品、运动型功能饮料的宣传。网络媒体发展迅速,推广不仅仅要在线下进行推广更要结合网络平台积极做线上推广。

第四,学习国内外知名健身培训服务机构,建立一批高端、有特色、有针对性的体育康复、健身平台。如在城市社区建立体育健康社区、运动康复中心等康复类医院,服务大众群体。加大对体育康复新兴技术的研发,积极研发出适合残疾人、老年人专用的运动康复产品。

第五,必须加大政府的帮扶力度。各项服务的推广都离不开政府的支持,颁布有力的法律法规是体育康复发展的强大力量。完善的管理机制,不仅仅要对服务进行监督,同时对体育康复各项费用严格把控。

## (四)体育服务贸易

随着全球服务贸易的快速发展,在全面改革开放和"一带一路"进入新常态的背景下，在体育产业新兴发展的国际服务贸易之中，体育服务贸易的市场比较庞大，有着巨大的潜力。2019年中国体育服务贸易进出口额占中国服务贸易总额的4.25%，进出口额相较于2017年的1222.09亿元增长到2302.0931亿元，整体来看体育服务贸易已成为中国体育贸易的重要组成部分。

第一，按照"发展特色的贸易服务、加强国际贸易合作、打造本土的国际化品牌、提升我国服务贸易的综合实力"的思路，要打开体育服务贸易的大门，打造我国自主品牌。从体育服装、体育设施等方面重点打造品牌化；学习成功案例，取其精华，再结合本土特点，打造特色鲜明的品牌。

第二，要逐步扩展体育服务贸易的规模，发展国际化贸易。在当今世界，贸易自由化是各国进步的必由之路，我国的体育服务贸易也要遵循这一原则，转变"故步自封"的观念，实现真正意义上的以人为本，走上国际化的道路，让体育真正地做到为大众服务。

第三，建立科学的管理体制。需要加大政府宏观调控，必须改革促进体育产业发展的相关管理体制。加深对我国服务贸易发展的管理和运行机制。建立一套合理化、规范化的体育服务贸易体制。并同时设立专门的管理机构，加强我国的国际体育服务贸易。依照法律法规对体育服务贸易市场进行监管，为我国体育服务贸易市场的发展制定目标计划，提供理论科学依据，带动相关体育产业的发展，为促进我国优质的体育服务贸易走向国际市场[129]。

第四，培养高素质的体育产业从业人才，其中包括体育贸易企业经营人才、市场营销人才、策划人员、广告宣传人才等。大学是培养人才的摇篮，改变传统教育，着力培养体育贸易相关人才，同时避免人才的流失。一方面是社会的需求，同时也提供了更多的就业岗位。

第五，使用资金运作手段，解决产业融资难的问题。资金是体育贸易发展必不可少的条件，对此能够激励社会资金投入到体育贸易中来，制定多项优惠帮扶政策吸引大众投资。也可以推出低息或贴息贷款等方案，推动体育贸易的发展。体育服务贸易是在体育产业的前提下，进而体育产业的快速发展带动了体育经济的发展，同时也推动了体育服务贸易的发展[130]。

### （五）体育传媒

目前，我国媒介随着科技的发展而不断的壮大，网络信息的大爆发、相关的宣传设备、宣传途径及平台也在不断的革新，体育传媒行业的竞争也在人们的生活中占据越来越显著的地位。

第一，加强体育相关的传媒人才。如今的传媒人才更偏向于常规电视、新闻、影视方面。而具有体育专业知识和专业传媒技术的人少之又少，要培养体育传媒相关的专业人才，打造专业的管理团队。发展相关的体育方面专业传媒人才要做到不急于求成，要看重长远的利益。只有具备了强大的传媒专业团队，我国体育传媒业才会更好的发展[131]。

第二，主动迎合新兴媒体发展。增强体育与传媒相关等单位的合作，做好体育类电视频道，移动端App、体育类报刊杂志等。人们获取信息的途径从看文字到听广播，到固定端设备，再到移动端设备。因此，体育传媒要迎合主流的发展趋势，结合如今新兴的传媒平台，如：微信公众号、短视频平台等。

第三，增强与体育传媒企业的合作。推进体育传媒国有的特色品牌和优化项目的推广。积极鼓励开发以体育为核心，结合我国的传统、文娱等综合内容组合打造产品。大力开发体育传媒产品与服务的个性化、专业化，加强对体育传媒的鼓励与管控。我们要制定特有的体育传媒服务，不仅需要政策的支持，在人才资金等方面也要支持，同时也不能放松对体育媒体内容的管控。

第四，需要优质体育传媒的内容。现在人们对文字、图片、视频的质量要求越来越高，单一的模式已经满足不了人们的需要。因此，体育传媒传播的内容要更加符合大众的口味。加强深度的传媒报道，体育传媒需要全力地打造一支专业性较强的采编团队，做好深入报道，精确独特地剖析文章[132]。

第五，加强对外合作的新领域。加快发展体育传媒的实力和规模。需要扩大体育传媒的新领域，重视传统意义上的内容产品的生产，如体育新闻、篮球、排球等项目，注重开发体育休闲、体育娱乐、体育用品等与体育产业相关的内容产品。加强体育传媒与品牌企业的合作，不断推进体育传媒的专业品牌，促进体育产业链的快速发展。

## （六）体育保险

近年来，我国体育保险业研究起步较晚，但发展的速度较快，我国体育产业的科研数量持续上升，从而进一步推动了体育保险业的发展。

第一，完善体育保险相关法律。我国对于体育保险的研究还处于发展阶段，体育保险业的研究道路才刚刚开始。随着体育产业的蓬勃发展，体育保险更需要完善有力的法律保障，需要政府和监管进一步完善，填补我国在体育保险方面的空白。

第二，加强大众群体及运动员的参保意识。我国运动员的保险观念相对落后，购买力也相对薄弱，要进一步加强对体育保险产品的宣传，通过各种的手段提高人们的风险意识；同时也要根据市场监管的不断变化，促进保险种类的创新开发。依据市场的发展，拓展体育保险的覆盖面，使体育保险的理念深入人心，进一步提高体育保险的保障制度。

第三，丰富体育保险的产品种类。体育保险可以面向不同人群的需求开设相关的产品，鼓励研发与大众群体健康健身有关的体育保险产品。进一步推广面向老年人、青少年及残疾人等相关的体育保险产品。目前我国针对体育旅游爱好者开设特有的体育保险产品，如户外运动中攀岩、骑行、跑酷、登山等相对危险性较高的运动项目的体育保险产品，提高体育保险的灵活性。

第四，培养相关的保险管理人才。鼓励政府培养体育保险业的相关专业人才，建立一批优秀的体育保险管理队伍。要加强体育保险机构研发，扶持保险行业。依据体育保险服务领域充分利用市场化机制，促成我国体育保险经纪公司及体育保险经纪人行业的发展。

第五，加强体育保险中介的快速发展。体育保险较人寿保险来说，险种更为专业，服务必然更需要细致化。这种服务包括中介机构和保险机构两个部分。第一部分是当前国外的部分体育保险公司开始入驻我国的体育保险业务，我国要建设相关的中介机构，主要负责体育保险的推广及宣传，也能够代理部分体育保险产品。第二部分是加强保险公司的服务意识。要更多地顾及运动员的利益，提升服务质量，满足运动员的各种需求。

## 第三节 "转型"：依托新时代发展理念，引领产业转型升级

十八届五中全会首次提出了五大发展理念。作为党的发展理论的最新成果，它在解决发展问题上显示出明显的效果。无论从国家整体水平还是从具体行业水平来看，五大发展理念在解决发展问题中的作用是毋庸置疑的。作为一种新的发展理论，尤其是将五大发展理念运用到实践中之后，有一点是可以肯定的：无论五大发展理念如何拓展，其基本内涵和出发点都没有改变，其总是着眼于发展，总是优先考虑人民的福祉。

创新发展的理念是解决发展问题，创新是发展的第一推动力；协调发展的理念是解决发展的整体性问题，发展要着眼全局，注重发展的平衡与协调，消除发展中的不和谐因素；绿色发展理念是解决发展道路问题，要求走可持续

发展道路；开放发展的理念是解决国内外市场的问题，它要求确立长期发展目标，坚持对外开放的基本原则，努力开展并不断深化中外双向文化交流；共同发展的理念是解决社会公平正义问题，这就要求发展必须依靠人民的力量，发展的根本目的必须是为了人民的福祉，体现社会主义制度的优越性。创新、协调、绿色、开放、共享不是偶然的。这五个发展理念相辅相成，在逻辑和实际应用上都可以紧密结合。创新发展是动力源泉，协调是内在要求，绿色起着连接的作用，开放是国家繁荣的必由之路，共享发展是最终目的，它们之间形成了一个系统性的发展脉络，缺一不可[133]。

## 一、创新引领：培养体育发展新动力

"创新发展"为五大发展新理念首位，是引领发展的第一动力，处于国家发展全局的核心地位。体育产业供给侧改革，必须通过科技进步和创新驱动，以创新引领产业发展，实现由"投资驱动""要素驱动"使国民经济获得新的增长动力。自改革开放以来，我国体育产业整体发展一直备受瞩目。但其起步晚，基础仍旧十分薄弱，产业结构不合理、产业组织不尽完善、区域分布差异严重、产业产值偏低，可持续发展成为众多专家及学者十分关注的问题。体育产业融合成长，即根据产业发展的客观需求，打破产业界限，充分利用工业革命和科技成果，采用新兴的经营理念和管理模式，有力扩展体育产业发展空间，在体育与相关产业交叉与融合中实现区域资源的优化配置，构建新的产业价值链，进而实现体育产业创新型发展。

### （一）树立引领型的创新发展理念

在体育产业的发展中，创新理念可以引领观念面的形成，理念引领行动。坚持创新发展理念是引领体育产业供给侧改革的主要动力源。树立领先的创新发展观，就是要在理念和行动上认识创新的意义，形成抓创新、求创新的共识。创新已经成为体育产业发展的内在动力。创新的风险和不确定性，尤其是重大创新，需要政府财政的支持。我国体育产业尚处于起步阶段，应将其纳入国家战略性新兴产业范畴，以促进体育产业转型升级和可持续发展，使体育产业成为新的经济增长点，进而成为国家支柱产业。大众创业、大众创新和"双创新"项目的提出，迎合了新常态经济下供给侧结构问题、经济增长乏力、部分消费部门和领域需求旺盛的现状。创新是打破行业壁垒、提高竞争水平、满足市场需求的重要途径。

## （二）加大体育产业的科技创新

互联网是当下最热门的话题之一。在2015年的中华人民共和国全国人民代表大会和中国人民政治协商会议上，政府工作报告首次提出了"互联网+"行动计划。近年来出现了一些像"群体通"这样的移动应用软件，如北京市民提供的羽毛球场地预订软件"场地通"。用户可以通过"周边场馆"找到附近的羽毛球场馆，显示场馆的具体地理位置、联系电话、场馆简介、收费价格。但当记者想预订场地时，在"即时预订"中可以预订到的球场相对较小，距离也很远。似乎由于上线时间短，缺乏合作场馆，未来需要加强"场馆链接"的推广。相对于App的开发成本，开通微信官方账号或微信小程序的成本要低很多。很多地方的体育部门和场馆也在尝试利用微信官方账号发送场馆相关信息，宣传体育场馆，提升场馆利用率。根据一家咨询公司最近发布的调查报告，移动App的生命周期平均只有10个月。85%的用户会在一个月内从手机上删除下载的应用。5个月后，这些应用的保留率只有5%。微信官方账号也出现了同样的情况。截至2019年8月，腾讯注册微信公众账号2000万个。PPP模式即公私合作模式，它是指政府和社会资本提供公共产品或服务的"全过程"合作关系。在授予特许经营权的基础上，引入市场竞争和激励约束机制，发挥双方的优势，提高公共产品或服务的质量和供给效率。所以，体育部门、体育场馆和"互联网+"，并不是设计一款手机App或者开通一个微信公众号那么简单，还要有长久做下去的恒心，有好的团队，有好的推广营销方式，才能"脱颖而出"[134]。科研成果与产业结合的力度和速度也在快速发展，C919、CRH等一大批创新科研项目孵化的产业成功落地，提升了我国创新带动发展的能力，引领了经济发展的新潮流。

## （三）增加体育产业的公益创新

中国体育彩票是国务院特许发行的，是以筹集社会公益金为目的的国家公益彩票，一直秉承取之于民、用之于民的公益理念，积极履行"保民生，促和谐"的社会责任，充分诠释了"国家公益彩票"的内容。经全国人大审议批准，2018年中央财政安排彩票公益金支出5865392万元，按分配政策进行分配，分配给社保基金会3584500万元，用于补充全国社会保障基金；分配给中央专项彩票公益金1683492万元，用于国务院批准的社会公益事业项目，经由彩票公益金的使用部门或单位向财政部提出申请，财政部审核报国务院批准后组织实施；分配给民政部298700万元，按照"扶老、助残、救孤、济困、赈灾"的宗旨，安排用于资助老年人、残疾人、孤儿、有特殊困难等人群服务的社会福利设施建设等项目；分配给体育总局298700万元，支持群众体育和竞技体育发展项目。

中国体育彩票2018中国郑港国际徒步大会在河南省郑州市经开区中心广场鸣枪开赛，3万余名徒步爱好者参加了这场全民健身盛会。河南省体彩中心连续4年助力这项大型国际性群众赛事，使更多民众在健身锻炼的同时，加深了对体彩公益性的认识[135]。

2018年穿越内蒙古汽车集结赛在内蒙古赛马场盛大开幕，自治区体育局局长谭景峰出席发车仪式、宣布开赛，并为首车发车。现场共有50辆车100余人参加了开幕仪式。此次比赛从呼和浩特市阿拉善左旗发车，历时3天，全程888公里。开幕式上，汽车集结赛的"老朋友"——内蒙古体育彩票，再次出现在大家的视野中。内蒙古体彩走进此次2018年穿越内蒙古汽车集结赛开幕式，为各位参赛选手加油鼓劲的同时也传播着"公益体彩、乐善人生"的公益理念。体育彩票自发行以来，在体育事业和公益事业方面作出了重要贡献，可以说体彩的身影始终伴随各类体育项目的发展，体育彩票就是将"体育"与"公益彩票"二者紧密结合在一起，让体育事业在体彩公益金的哺育下健康、快速地成长。

近年来，河北省体育彩票按照中国体育彩票"十三五"规划的要求，围绕建设负责任、可靠、健康、可持续的国家级公益彩票的战略部署，不断加强规范运作、品牌建设和责任意识培养，确保体育彩票市场健康发展和体育彩票品牌声誉的提升。自2016年以来，河北省体育彩票销售额首次突破100亿元，稳步前进，至2019年连续四年实现销售额100亿元。截至9月22日，河北省体育彩票已获10万元以上奖项1003项，100万元以上奖项44项，500万元以上奖项17项。其中，在超级乐透中，廊坊彩票买家全省中奖2400万元，成为今年最高单中奖纪录。河北体育彩票除了积极筹集公益资金外，还继续从发行资金中挤压资金，开展一系列公益活动。其中"我给河北添绿"活动，支持绿色环保，组织热心买家到林场种树；有以青少年健康发展为重点的"快乐操场"活动，向全省缺少体育教学设备的25所中小学捐赠器材；有促进青少年足球事业发展的"青少年公益足球"活动，通过校园足球联赛和职业足球体验培养青少年足球氛围；有一项"志愿服务到农村"的活动来帮助扶贫，向该省的10个贫困村庄提供文化援助。有一个倡导全民健康的"体育彩票爱心吧"活动，不仅为人们提供免费便捷的服务，还组织100次"健康讲座"，普及最实用的保健知识；有"泡泡跑""色彩跑"等倡导时尚快乐传播健康快乐的活动；响应"绿色"的号召，凉爽的驿站感受"冰冻"的夏日活动，关爱户外工作者等。活动内容丰富，形式生动，吸引了人们的关注和参与，惠及10000多人。近年来，秦皇岛市北戴河区一直在利用体育彩票公益金建设国际体育城市，不断增加体育项目投资。今年又对奥林匹克大道公园进行了全面升级，进一步营造全民体育健身的良好氛围，促进北戴河区体育旅游的一体化发展。截至目前，全区已举办国际马拉松、全国青少年速度轮滑锦标赛、全国公路自行车赛等近百项大型体育赛事，积累了丰富的经验[136]。

据悉，各种群众性体育赛事都离不开体育彩票的支持。广东省体育局发布的《公益金使用情况报告》显示，2020年广东省体育局安排体育彩票公益金支出56112.13万元，用于开展群众体育、竞技体育、体育改革与发展工作。具体支出安排如下：群众体育25334.99万元、竞技体育28566.97万元、体育改革与发展项目2210.17万元。为公共体育设施建设与维护、群众体育组织与队伍建设、全民健身活动、青少年竞赛等群众体育项目提供了有力支持，促进了全民健身与国民健康的深度融合，充分满足了人民群众日益增长的美好生活需求。

2017年，福建省体育局使用彩票公益金49669.29万元，主要用于实施群众体育工作、竞技体育工作和支持体育产业发展等体育项目。其中，群众体育金额18008.44万元，占彩票公益金的36.26%；竞技体育25506.85万元，占彩票公益金的51.35%；体育产业6154万元，占彩票公益金的12.39%。2017年，福建省体育局体育产业彩票基金支出6154万元，用于培育和支持国际国内品牌赛事、支持具有地域和民族传统特色的体育赛事、补贴体育产业平台建设、中国国际体育用品博览会、中国国际体育用品博览会、中国体育协会等，用于参与体育旅游博览会等方面的支出。2020年第八届中国生态四项公开赛在江苏省宿迁市成功举办，致力于打造"小而精""细而优"的赛事风格。中国生态四项赛为国际A级赛事，起源于宿迁，本届赛事分为29公里个人挑战赛和29公里接力赛，包括越野跑、山地自行车、游泳、皮划艇四个项目，是国内首个将体育、健康、生态等元素有机融为一体的创新运动项目。中国生态四项公开赛作为全国首个将生态保护融入体育运动的原创户外运动赛事，能让运动员在比赛过程中感受人与自然的和谐，让更多的人成为生态保护的实践者和引导者，是宿迁对发展体育运动、增强人民体质的生动实践，有助于人们在踊跃参与体育运动的过程中一起共建共享健康中国。加快政府职能转变，强化政府在公共体育服务中的责任，完善政府购买服务政策。应以竞技体育改革为手段，鼓励竞技体育市场化、专业化发展；以足球改革为突破口，大力提高足球比赛和项目推广水平。在体育社会组织改革方向上，要稳步推进体育协会与行政机关和事业单位脱钩。应以场馆改革为出发点，推进PPP模式。

上海体育竞赛非常活跃。"十二五"期间，平均每年举办130多项国家级赛事，其中国际赛事占40%，伴随国内疫情防控持续向好，上海体育赛事在安全防疫的前提下纷纷"重启"，全年依然举办了40余项国际国内重要体育赛事。在体育产业发展中，要充分发挥体育赛事在体育产业发展和改革中的主导作用，推进体育赛事审批制度改革，调整产业布局，完善产业结构，促进竞赛表演、健身休闲、体育用品装备、体育培训和中介健康均衡发展。优化体育赛事布局，完善大型体育赛事评价体系和科学决策机制，逐步探索建立体育赛事外部效应的"反馈"机制。我们将进一步建设一批便利、惠民的中小型体育场馆、健身活动中心、健身步道、户外休闲体育基地等设施，积极培育小微企业、大型体育产业集团等多元化市场主体，鼓励发展适合不同人群的休闲体育项目，促进体育产业与旅游、文化、卫生、科技、教育、体育等领域的融合发展。加快智能体育公共信息服务平台建设，逐步培养经常参与体育健身活动的公众生活习惯，积极支持各种资源交易和商业平台，促进多主体共同发展[137]。

## 二、协调推进：推动体育发展新布局

2016年3月18日，习近平总书记在听取北京冬奥会、冬残奥会筹办工作情况汇报时指出："要增强使命感、责任感，认真落实创新、协调、绿色、开放、共享的发展理念，坚持绿色办奥、共享办奥、开放办奥、廉洁办奥，高标准、高质量完成各项筹办任务，把北京冬奥会、冬残奥会办成一届精彩、非凡、卓越的奥运盛会，向祖国人民、向国际社会交上一份满意答卷。"[138]习近平总书记关于体育发展的系列讲话，深化了对体育本质的认识，揭示了中国特色社会主义体育发展的规律，激发了全民族发展体育的积极性，进一步明确了用"五大发展观"指导我国体育强国建设的总方针。它是中国体育当前和未来发展的整体设计。

在五大发展理念中，协调发展担负着重要的角色。协调发展解决人们在发展过程中所出现的非平衡性的问题，协调发展的理念主要从四个部分进行分析，第一，协调发展即直接面对短板问题，并且在一定条件下补齐短板，拓宽发展的空间，保证人们在发展过程中人力资源协调、场地资源协调发展等发展问题。第二，协调发展主要解决的是现实生活中的问题，特别是我国城乡发展不平衡、经济社会发展不平衡的严重问题，通过问题的提出能够解决发展过程中所出现的各种矛盾，从而使得社会更好更快发展。第三，促进工业、农业、城市化和信息技术同步发展。随着国家硬实力的增强，国家软实力也应受到高度重视。在协调发展的过程中多方面协调发展，体育产业的发展中不能只重视热门项目的发展和产业，应该多样性产业和项目共同发展，从而达到互利共赢、友好发展的良性局面。

在体育产业的发展过程中协调发展分别从经济、群体、结构和布局等方面协调发展，并加以阐述。体育产业要与经济因素协调发展。在我国经济发展初期，某些方面或者某些领域在一定阶段的非均衡发展是在所难免的，但发展到一定的程度，我国的体育产业需要通过补齐短板和调整关系来追求发展过程中的协调性和整体性。在"十二五"时期，我国体育产业规模和质量不断提升，但目前总体规模和质量与其他产业相比仍然很小，每年的增加占我国国民经济总量的0.63%，与体育产业发达的国家相比，差距很大[139]。经济新常态的社会形势下，体育产业作为第三产业的重要组成部分，应该与经济社会协调快速发展，在体育产业的发展中将体育产业的发展推向经济社会发展的最高点，从而使体育产业在发展过程中占据最重要的地位。

体育产业与人群体育协调发展。"人群体育"主要指的是竞技体育、群众体育。新中国成立后，我国虽然在竞技体育中取得了不小的成就，但体育产业发展相对滞后。"十三五"规划的提出，体育产业迎来了前所未有的黄金发展时期。按照全面建成小康社会、建设健康中国的战略要求，全面深化和推进重点体育领域改革，体育产业要与竞技体育和群众体育协调发展。在我国体育产业的发展过程中体育产业的发展还包含较多的方面，例如"互联网+"行动计划、筹办2022年北京冬奥会、"中国制造2025""大众创业、万众创业"等多方面的体育产业的内容，他们的发展为体育产业的发展提供了一定的发展动机。我们在体育产业的发展中应该坚持"协调"发展，提升体育产业规模和质量，提高体育消费水平，从而促进体育全面协调可持续发展。体育产业供给侧改革要坚持协调发展的理念。在"供给结构改革"战略的背景下，强调制度创新和快速发展，通过弥补不足来调整体育产业供方发展的结构和布局。补短板是体育产业供给侧发展过程中的重点和发展难点，因此要加大力度发展和强化体育产业。目前，体育产业发展的不足体现在健身业和竞赛表演业等健身业比重低、体育场馆少、空置率高、体育产业发展不平衡等因素上。因此，体育产业供给侧改革，要坚持协调发展理念，使市场在资源配置中起决定性作用，更好地发挥政府作用，出台促进体育产业的政策和制度，大力发展健身休闲产业，并且发展竞赛表演等主体产业，推进体育用品制造业的升级与转型，加大力度探索性地发挥"互联网+体育"的产业模式，积极吸引社会力量投资兴建体育场馆，创新体育场馆的运营模式，提高体育场馆的经营能力和利用效率。并且在发展过程中将2022年北京冬奥会为发展重点和发展机遇，大力发展冰雪运动体育产业，通过在协调发展的理念下弥补我国体育产业项目中体育产业发展中的短板。合理规划体育产业发展的布局，扩大"珠三角""京津冀""长三角"等区域体育产业的快速发展，扩大区域体育产业发展的影响力，鼓励中西部地区发展特色体育产业，利用中西部自然资源的优势积极发展体育旅游业。在协调发展的理念下尽量缩小城市与农村之间的产业发展差距，逐渐形成全国体育产业发展的良好局面。在体育产业的发展中重视全国各地区的快速发展以及体育产业的全面发展，注重的是统筹全局的发展。但是在我国体育产业的发展过程中出现较多不协调的发展局面，主要表现在：第一，经济与社会之间的发展不协调。改革开放至今，我国的国民经济、社会的发展速度和发展水平在世界上的影响力已经不容忽视。改革开放之初，我国经济体量发展水平的落后到现在我国发展水平达到世界的平均水平。我国经济的快速发展主要集中在21世纪的黄金10年期间，随着经济水平的不断发展也带动了我国体育产业的快速发展，但在整体上我国经济发展是不平衡的，我国的快速发展带动了特大城市、大城市的快速发展，但是一些小城市与大城市之间出现了较大的经济差距，随着经济差距的不断扩大，促使我国各地区体育产业之间的发展出现不平衡的现象。我国是社会主义国家，一切依靠人民，一切为了人民，尽管我国不断推出各种社会保障体制机制，建立了较为良好的保障人民生活的社会保障体系，但人均发展水平也未能达到世界平均水平。社会保障的不协调发展影响我国体育产业的发展速度，由于社会的发展得不到相应的基础保障，使得体育产业的发展步伐滞后。第二，区域之间发展不协调。我国体育产业的发展不协调主要指的是我国东中西部发展之间存在较大的发展差距。改革开放初期，我国实行"先富带动后富"的政策，鼓励东部沿海地区率先发展，在经济达到一定程度时带动中西部地区的发展。由于东中西部区域发展的不平衡，导致体育产业的发展也处于不平衡的状态，不利于体育产业协调发展。第三，城乡之间发展不协调。党的十六大提出要统筹城乡发展，这是基于我国城乡发展不协调的基础上进行的。国家对农村的发展投入比例有所升高，但依然存在城乡具有较大差距的局面。城乡区域之间的经济差距、人们思想意识之间的差距等各方面的发展不同影响体育产业协调发展。第四，人与自然生态关系不协调。无论是经济发展、社会发展还是政治、文化的发展，都离不开赖以生存的自然生态环境。在经济发展历程中，我们忽略了对生态环境发展的重视，导致了我国森林资源的减少、土地荒漠化程度的加深、淡水资源的减少、湿地面积的减少、不可持续的自然资源的严重匮乏等问题。在过度开采自然资源、严重破坏自然环境，温室效应、臭氧层减少、自然灾害频发等自然危机的发生，室内的体育锻炼方式开始逐渐地流行并且不断地发展，从而促进了体育产业的快速发展。

### 三、绿色低碳：开启体育发展新模式

新时代，绿色低碳生活成为社会发展大势。目前环境资源承载力处于超负荷状态。随着科技的发展，新兴技术的革新为环境可持续发展提供了新的机会。环境污染的加重使得污染治理成为一个新兴行业。"绿色发展"是应对粗放型发展模式与资源环境之间的矛盾而提出的新发展理念。体育产业作为绿色产业的一部分，在建设资源节约型、环境友好型社会中占据重要地位。要发挥体育绿色优势，坚持可持续发展道路，造福全社会。

#### （一）追求体育产业发展的经济正义

绿色发展以保护生态环境为内核，妥善处理发展与保护二者联系，实现双赢。体育产业发展的经济正义是经济正义在体育产业领域内的具体体现，就是要实现经济效益与社会效益的统一，确保体育产业健康、合理、可持续发展。促进体育产业高质量发展，就要以绿色发展理念为核心，坚持可持续发展。此外，要树立正确的价值观，摆脱传统的以经济效益为主的观念，注重社会效益，构建和谐的社会大环境，追求人与自然和谐相处。

#### （二）推动体育产业的绿色发展

竞技体育、群众体育都蕴含于体育产业之中，与体育产业相辅相成。在追求体育产业高质量发展的同时不仅要追求其经济效益，也要注重其公益性。体育在积极传播健康向上的社会文化的同时，也能进一步协调竞技体育与群众体育二者之间的高质量发展。

市场作为经济调控的"看不见的手"，要和作为"看得见的手"——政府二者之间协调配合，依托多种治理手段，打造绿色低碳的社会产业发展体系，加

快国家产业体系转型升级。在大力发展体育产业的同时,掌权者应加强社会主义生态文明建设,避免资源浪费等现象,从而在最大程度上满足群众需求。在场馆经营中,要注重大型体育场馆资源消耗,增强场馆经济效益。同时注重场馆的科技化建设,建设智慧场馆,减少维护成本。

### (三)形成积极健康的体育生活方式

体育产业作为新兴融合产业,融多方元素于一体,在促进社会公众形成健康生活方式方面有重要作用。"十三五"期间,各大产业坚持绿色可持续发展理念,在引领大众积极锻炼、亲近自然方面有重要意义。有助于进一步促进体育回归本质,引领社会风尚。近年来,国家大力推进供给侧结构性改革,体育产业迎风而上,积极参与供给侧改革。在配合全民健身计划的同时提高了居民生活品质,培育了健康生活方式,最终促进竞技体育与群众体育融合发展,培育体育产业发展新方向。在促进体育产业高质量发展、促进居民体育消费时,要以消费者为核心,以绿色消费观念为导向,以经济生态思维为引领,倡导保护生态绿色消费、量入为出适度消费。体育产业的发展与区域经济发展水平息息相关。浙江作为发展大省,经济发展水平高,在促进体育消费方面拥有巨大潜力。2015年6月浙江省颁布《浙江省人民政府关于加快发展体育产业促进体育消费的实施意见》(以下简称《意见》),《意见》指出要加快综合和单项体育竞赛活动管理体系改革,规范和标准化体育赛事的招标和承办要求。合理使用"看不见的手",通过市场运行机制将社会资本与政府资本相结合,将社会资本注入相关赛事,减少政府负担,增强社会效益。此外,积极建立体育相关产业资源交易云平台,促进活动主办权透明流通;鼓励引导多元主体构建体育俱乐部,依托民间资本,凝聚社会力量聚集竞技体育后备人才;借助浙江培育特色城镇的顺风车,努力构建以体育产业为承载体的特色城镇。目前,浙江省内多个省市城镇已满足一定的申请和设立要求;合理分配浙江省丰富的景观和海洋旅游资源,进一步扩大政策辐射范围与力度,广泛开展户外山地运动。加快落实省级体育休闲(旅游)基地等相关行业等级认证,引导优秀基地争取国家体育产业基地这一称号。最后将体育旅游资源列入旅游资源,并进行宣传推广。此外,浙江省在体育俱乐部的运作中将面临"大改革"。第一批省级体育协会和行业协会将很快进入产业孵化基地。通过三年的支持和培养,加强体育俱乐部的建设,从而能够更好地承担政府公共体育服务[140]。

## 四、开放包容：拓展体育发展新空间

经济新常态下，贸易保护主义抬头，在这种背景下，深化对外开放的层次和水平，充分合理利用外部资本，进一步加强对外合理投资，有助于企业在国内外市场赢得更多发展机遇。体育产业的供给侧改革应以开放发展理念为本，采取多样化举措，开放发展思路，充分合理整合中国产业资源优势，突破产业壁垒，强化国内外产业整合，扩大体育产业开发领域。

### （一）吸引社会力量积极参与体育产业领域

体育产业的蓬勃发展受诸多方面影响，如经济、政治、文化等，一方面的失调都会对体育产业总体布局产生负面影响。在此环境下，体育产业发展要以开放发展理念为导向，加大体育产业相关行业开放力度，增强发展广度，大量吸取社会资本与力量参与体育产业建设，共同推动体育产业布局发展。在主管部门方面，相关部门应贯彻落实简政放权规范，营造公正公开的规范化市场环境。此外，应最大限度调动市场潜力，发挥市场自身作用。在地方政府方面，应以国家发展政策为基准，围绕相关政策法规引导社会资本力量参与体育产业建设，提高体育产业国内地位与影响力。在国际发展方面，要注重世界发展思潮，具有国际视野，深入落实"走出去，引进来"、结合"取其精华，去其糟粕"的思想，最大限度将国际经验进行中国化建设，从而促进双赢模式的国际体育产业发展合作。五棵松文化体育中心二期于2016年10月1日正式对外开放。二期工程位于五棵松体育馆西南侧，最初用于北京奥运会棒球比赛。从规划上来看，完整的二期工程包括餐饮、娱乐、休闲，建筑面积达50000多平方米。完工后，二期工程不仅能满足周边群众的的健身、娱乐、餐饮等需求，还将一跃成为北京西部聚会娱乐空间和商业交流空间。

### （二）促进体育产业与相关产业进行跨界融合

京西大安山，曾经是北京市重要的煤炭产地。随着国家和北京市对煤矿企业的整顿，2005年开始，大安山乡陆续关闭区域内的煤矿企业，开始打造以"生态大安山"为目标，形成了"体育+旅游"的新型发展之路。现在，三期工程已开始建设，投资1085万元，景区内容和设施将得到进一步完善，最终计划将其建成享誉京西、独具特色的登山步道。此外，随着全乡环境不断改善和旅游产业稳步发展，对社会资本的吸引力日益提升。

### （三）发展"互联网+体育"产业模式

当前，无论是从中央到地方对于发展体育产业的重视和支持，还是正在全国各地方兴未艾的"互联网+"创新大潮，都让体育产业迎来前所未有的政策及市场机遇，加之体育人本身就具有朝气蓬勃、昂扬奋发、积极进取、追求卓越的行业精神，未来体育产业的大发展可谓天时地利人和兼备。体育产业蓬勃而兴，焕发无限活力，正其时也[141]。

近年来，互联网与餐饮、交通、广告等行业完美融合，互联网与体育成为新的潮流。大数据和机器学习是目前移动互联网发展的主旋律，而正如我们之前提到的，体育App可以聚集一批高质量的用户。在一个综合的体育App里，用户阅读文章、观看视频、实现支付行为等，可以推测出一个用户的兴趣、习惯、出行、经济能力。在体育博彩方面，我国有众多体育App，例如雷速体育是由上海炫体信息科技有限公司主办的涵盖各类大小足球、篮球赛事比分直播App，是国内知名的体育数据服务商，为用户提供体育赛事比分直播、动画视频直播、赔率数据、球队资料等综合性体育数据服务的App。雷速体育App是为服务体育群体，提供详细、专业的赛事讯息聚合交流平台，为体育机构提供数据和资讯服务。新浪体育客户端是新浪网体育频道的官方手机客户端，其功能是创新浏览交互展现10余项赛事视频直播、点播和海量比赛数据及新闻报道，支持一键分享到微博、微信，并提供多种个性化提醒模式。乐视体育全年精选1500+场直播比赛，为乐视超级体育会员提供独享内容，覆盖中超、世界杯亚洲区预选赛、意甲、F1、CBA、ATP、WTA、戴维斯杯、联合会杯、英国公开赛、欧亚杯、莱德杯、英冠、英甲、法甲、J联赛、苏超、葡超等赛事中的热门场次。虎扑体育成立于2004年，是中国最具资源优势及营销实力的专业体育营销公司。旗下拥有中国最大的专业体育网站——虎扑体育网。

当前，中国比较流行的互联网项目——共享单车，骑单车也是一项体育运动。共享单车是指企业在校园、地铁站点、公交站点、居民区、商业区、公共服务区等提供自行车单车共享服务，是一种分时租赁模式。共享单车是一种新型共享经济。自行车共享具有开放性、互联网+运动、低碳、环保、便捷的特点[142]。第三方数据研究机构比达尔咨询发布的《2019年第1季度中国共享单车市场研究报告》显示，国内共享单车处于行业发展转型阶段，2019年第一季度在用户年龄分布上，31~35岁人口占比最高，占总数的32.8%。其次是25~30岁人群，占比为25.4%。在用户区域分布上，华东和华中占比最高，分别为30.2%和19.5%。在华东区域内，使用人群主要集中在经济发达程度较高、人口出行频率较大的上海、南京等地区。在华中区域内，使用人群集中在人口较为密集且对共享单车扶持力度较大的地区，如河南、湖南、湖北等地区。占比最小的为东北地区，用户比例不断下滑。在使用频率方面，低频用户使用频率有了大幅上升，由2018年第一季度的3.2%上升到16.8%。未来自行车共享市场的用户规模将持续大幅度增长，用户规模也将越来越大。

## 五、共享经济：谋求体育发展新成果

在体育产业供给侧结构的发展中，"共享发展"作为经济社会发展的出发点和落脚点，指明了发展的价值取向和发展方向，旨在着力解决社会公平正义问题。人人共建和人人共享，既可以作为发展体育产业的指导理念，又能作为发展体育产业的具体行为，既是发展体育产业的目的，又是发展体育产业的归宿。以共享发展理念引领体育产业供给侧结构性改革，就是通过深化改革和创新驱动，生产出更多更好的体育服务和产品，满足社会公众日益增长的体育需求。

在体育产业共享理念的发展过程中，需要构建人人共享的安全机制。体育产业的发展应坚持共享发展的理念，强调体育产业的发展离不开人民群众，同时也要关注人民群众的根本利益，使体育产业的成果能够与人民群众共享，在体育产业的发展中，建立人人共享理念的保障机制。

推进政府购买公共体育服务。"十三五"时期提出的规划纲要中，主要是解决人民最现实最直接的利益问题，增加公共服务供给问题，提高公共服务的共建能力以及共享的发展水平，为了使全体人民在共建共享的发展中获得更多的满足感。

共享发展：共享发展新成果，推进区域休闲体育公共服务均等化。在体育产业的发展中共享的发展主要表现在：第一，加大城市公园绿地供给，重点解决城市公园分布不均、功能不全、类型单一等方面的问题。随着我国城市不断的内改外扩，城市公园绿地出现了明显的外移现象，城市中心区和老城区公园绿地大量减少，绿地明显不足[143]。第二，引导和鼓励各系统体育场馆、设施和基地向社会开放。统筹利用体育场馆设施、公园绿地、城市建筑及空置场所等区域，规划建设便民利民的休闲体育场地，打造"10分钟城市休闲健身圈"。在共享理念的发展过程中，要完善休闲体育发展利益共享的机制，主要通过实施休闲体育扶贫脱贫工程的发展，并且组织动员休闲体育企业、产业基地、体育院校等单位的发展，并且通过精准扶贫、安置就业、项目开发、定点采购、指导培训等方式帮助经济落后区域重点发展休闲体育产业；并且搭建休闲体育创业就业平台，建设国家休闲体育就业需求服务平台，统筹市场快速发展，建设共享人力资源。

我国体育产业的发展过程中有较多运动项目发展不安全的例子，如在我国体育产业发展过程中，马拉松赛事的发展越来越红火，但参加者猝死事件也不断发生，使得休闲产业的安全问题成为当务之急，因此，通过设置公共安全应急平台，建立共享理念的发展来解决体育产业安全问题。

在共享发展的视角下，我国体育产业的发展能够促进旅游产业的快速发展。2008年以来，我国体育产业的发展主要是从北京奥运会后开始不断发展，国家提出全民健身运动，我国体育人口的不断增加，促进了体育产业的卓越发展。通过信息化和网络化技术的快速发展，我国近些年来越来越多的闲置旅游资源被不断激活，推动了我国旅游业的发展，并且符合我国旅游产业供给侧结构性改革的需求，能够为产业发展不断开辟新的发展渠道。在共享理念提出之前，我国旅游产业的发展主要依赖专业性的旅游企业的发展，在我国体育旅游业的快速发展中，我国体育旅游产业的快速发展呈现出多样化的发展，在我国发达的通信网络和技术革新的支持下，在旅游产业发展的过程中旅游资源能够快速的发展和被充实，能够快速得到广大人民的认可。根据国家统计数据显示，我国旅游市场发展呈现平稳增长态势。2019年国内旅游人次达60.06亿，同比增长8.4%；2019年国内旅游总收入达57251亿元，同比增长11.7%。我国体育旅游业的发展在共享的理念发展中十分明显，并且产生了"旅游+"等与旅游相关的名词，随着我国经济的快速发展，共享理念下我国体育旅游的发展呈现前途似锦、发展方向一片光明的局面。

在共享理念飞速发展过程中，体育产业的发展具有卓越表现的是体育旅游业的发展，通过一些社会资源的共享与发展达到体育产业整体上的快速发展，从而促进体育产业共享理念的实施与发展，在很大程度上促进了体育产业的蓬勃发展。

## 第四节 "延伸"：优化体育产业结构布局，加强产业开放力

### 一、冰雪运动

#### （一）冰雪运动概念的界定

冰雪运动是指人在寒冷环境中（温度通常为0℃或更低），涉及到与冰和雪相关的体育运动项目。冰雪运动项目涵盖许多类型，包括速度滑冰、花样滑冰、冰球以及滑雪等运动项目。速度滑冰是一种在冰面上竞速的一项运动，分为短距离速滑、中距离速滑、长距离速滑和全能四项。花样滑冰是一种可以在冰面上进行表演多种技巧或者是伴随音乐施展出优美的舞蹈动作，这一冰上运动项目将体育和艺术浑然天成地紧密结合在一起。冰球又叫"冰上曲棍球"，是一项冰上运动集体竞赛项目，它将多变的滑冰技艺和敏捷娴熟的曲棍球技艺相结合，并且具有较强的对抗性。滑雪是一项运动员将滑雪板安装在靴底，在雪地上进行速度、跳跃和滑降的一项竞赛运动。它包括越野滑雪、高山滑雪、跳台滑雪、花样滑雪等。这些冰雪运动项目蕴含着人类在大自然面前争夺运动自由的大智慧，是几千年来人们征服冰面、享受运动乐趣的实践成果。冰雪运动项目在世界体育史有着很重要的地位，它是北方人民大众体育和冬季文化的重要构成因素，更是北方地区竞技体育运动的主要赛事构成。

#### （二）中国大众冰雪运动的兴起

滑冰是北方地区人们锻炼身体和娱乐活动的主要内容，在中国北方已经非常流行。20世纪70年代末到80年代初，在北方地区，尤其是冰上运动最受欢迎的中国东北地区，哈尔滨等大城市，几乎所有的中小学以及高校都在浇筑冰场，学生们体育课上或者校园体育活动的主要内容便是滑冰、滑雪等冰雪运动。社会上大多工厂或者事业单位都有初具规模的冰球队伍。而在当时，主要的社会体育活动正是打冰球。北方这种现象昙花一现，并没有持

续很长时间，受到改革开放的影响，中国经济体制改革也不断深入，中国社会开始逐步转型，部分工厂、企业关停并转，国家当时的发展重点在于经济体制的改革，而大众体育活动的开展主要靠国家的拨款扶持，这样经费来源就受到了影响。再加上当时社会生产力水平低下，国家综合实力不强，人们的闲暇时间以及个人财力有限，各种条件都不允许在体育上有较大的投资，因此群众体育的发展并没有得到延续。20世纪80年代，国家体育部门提出了"北冰南移"战略，以及后来推行的《全民健身计划纲要》，大众冰上运动逐渐复苏，加上改革开放后我国经济的迅速发展，经济实力的快步提升，人民生活水平的不断升高，冰雪运动在大众体育中开始回暖。

在我国，群众真正接触现代滑雪运动较晚。1996年，我国现有的滑雪场只有9个，会滑雪的不到千人，这与拥有成千上万滑雪人数的滑雪强国相比有很大差距。然而，随着近10年来中国经济水平的提高，特别是随着滑雪旅游的兴起，大众滑雪发展速度非常快，相对应的各个地区建立的滑雪场也迅速增加，以吸引更多人了解冰雪运动并学习滑雪等冰雪项目。

### （三）中国大众冰雪运动的发展现状

在过去10年中，我国通过"举国体制"在竞技体育领域取得了骄人的成绩，2022年北京冬奥会斩获奖牌15枚，包含金牌9枚，金牌数位列第三。在"举国体制"的大力支持下，竞技冰雪运动项目有着飞跃性的提高，但是大众冰雪运动的发展仍然道阻且长。近年来，随着国家不断加深对冰雪运动的关注度，大众冰雪运动有了一定的发展，但与冰雪强国相比仍存在较大差距。根据中国旅游研究院的数据显示，2017—2018年，我国冰雪旅游共创收3300亿元，参与人次达1.97亿人次。但是根据2018年《全国冰雪运动参与状况调查报告》研究分析发现，我国冰雪运动取得了一定的发展成果，但是发展仍存在较大的不足，特别是大众冰雪参与度仍有较大的提升空间。

### （四）我国冰雪运动发展对策分析

首先应该在管理理念上面有所改变，要推动冰雪运动走可持续发展道路。"全民健身计划"的发布和实施已明确表明我国体育管理重心已经从竞技体育向大众体育开始转变，同时也说明它已经从短期效应转变为重视长期效应，在提高每项运动的专业化水平的同时，还要注重这项运动的普及化程度，是否达到了全民体育的标准，要做到两头抓，不能注重一方面而偏废另一方面，应该遵循科学发展观的原则，走可持续发展道路。有关部门不能仅仅以提高成绩、拿奖牌为主要目标，应该把重点放在全局，只有这样，才不会导致项目的单一发展，冰雪运动才能朝着可持续发展的道路正常前进。

打造品牌效应。加快创新，创造我国自主的冰雪运动品牌。随着体育产业的迅速发展，加速冰雪运动的产业化进程也是大势所趋，冰雪运动作为大众喜闻乐见的项目之一，拥有较为广阔的市场空间，并且发展前景良好，各区域要抓好机遇，依据自身特点以及现状，充分发挥自己的长处，积极打造冰雪运动相关产业的品牌形象，提高以体育产业作为新的经济增长点促进我国经济持续稳定发展的认识。

积极调动两大群体。这里所说的两大群体实际上指的是社会体育活动，以及以校园为主题的学校体育教育。首先，学校体育应该加大对冰雪运动教育的投资，多多开展冰雪项目的活动、赛事，提高和培养学生对冰雪体育运动的兴趣；其次，社会冰雪体育活动应基于现有的冰雪运动条件，继续加大对其开发力度，充分利用该领域具备的潜力，增强便利性，做好宣传工作，加大冰雪运动的吸引力，吸引人们接近大自然和季节性运动。最后，要建立并完善一个独特的冰雪体育产业体系，深入对冰雪产业的了解，努力探索出一条较为完善的冰雪产业链。

## 二、水上运动

### （一）水上运动概念的界定

水上运动指的是在水中、水面或者水上进行的各种形式的体育赛事和体育活动。水上运动大致分为水上竞技项目、潜水运动、划水运动和船类竞技项目。其中水上竞技项目是由跳水、水球、游泳和花样游泳四个项目构成。船类竞技项目包含有划船、帆船、龙舟、赛艇和皮划艇等项目。水上运动既包括游泳、赛艇、皮划艇、帆船帆板类的奥运项目，也包括龙舟、漂流和大量民族民俗民间涉水运动竞技和游乐项目，既有极具商业价值的项目，也有大量社会影响力弱、市场开发价值低的运动项目。与此同时，水上运动以海洋和湖泊为载体，以竞技、探险、娱乐、休闲、旅游为主要表现形式，为群众体育提供相关服务，是健身休闲体育产业的重要组成部分。

### （二）国外发达国家水上运动的开展现状

西方国家的人民具有豪放、勇敢、独立的个性，以及冒险精神，像冲浪、漂流、帆船等一些水上项目正是极限挑战的代名词，这些水上运动的挑战性和刺激性正符合西方国家的冒险家精神。

第一，娱乐休闲是水上运动的一大特点和主要内容之一，大部分的水上运动项目起源于欧美国家，他们以单项协会或者俱乐部等具有商业性质的社会组织开展一系列活动。如第一家浮架独木舟俱乐部在1908年成立，这家俱乐部以冲浪运动为主开展活动赛事，随后在美国夏威夷、印度尼西亚、巴厘岛，以及澳大利亚等海洋资源比较丰富并且气候条件允许的地方相继成立了一批冲浪俱乐部，并且由于举办的各种活动比较丰富，吸引着全球各地的水上运动爱好者纷纷加入。

第二，众所周知，水上运动所涉及到的专业器材有船、帆、艇，以及潜水设备等，以这些专业器材为基础，发展了一批不同档次而且垄断行业资源的水上运动企业。水上运动所涉及到的船舶、船艇、帆船、潜水等设备具有很强的专业性，尤其是在制作材料、制作工艺，以及产品造型等方面。如世界游艇项目属于水上运动的高端形式且跨界旅游、休闲和商务领域，全球每年游艇经济收入超过500亿美元。

第三，欧美一些国家已经成为水上运动和竞技体育的领导者，单独形成了产业化系统。欧洲国家经过数百年的部署，以欧美国家为首的水上运动强国已经建立了具有全球影响力的职业水上运动赛事体系，展现出高度特色，引领水上运动的高度专业化发展。作为世界上最古老的沃尔沃环球帆船赛，赛事持续时间长达9个月，活动里程38739海里，整个航线跨越四大洲五大洋，每艘参赛船价值超过2000万美元，每个俱乐部都是由许多大公司赞助。还有受到美国和欧洲国家广泛喜爱的冲浪运动，每年国际冲浪协会都会举办世界锦标赛、世界青年锦标赛和世界各地巡回赛，建立冲浪运动国际化赛事体系，因为受到当地经济状况、开发情况和区域条件影响，欧美国家创建了更加职业化的冲浪运动职业赛事，美国冲浪公开赛，成立于1959年，该赛事是职业赛事的引导者，并且每年一次的冲浪比赛是全国最有影响力的赛事之一，大约有50万人前来观看，在赛季期间组织举办水上用品展览和其他活动，形成了以赛事为中心的产业集群。

第四，水上运动与文化相互交叉融合形成了水上运动发展的新局面。水上运动参与便捷，在艺术表演方面有很高的观赏性，并且与娱乐时尚主题结合紧密。综合这些特征考虑，从水上运动产业发展的角度来看，发达国家大多都本着水上运动发展的基本规律，结合本国自身拥有的条件，与体育旅游、娱乐休闲等跨界融合，形成了水上运动产业发展的新模式。随着休闲体育产业的发展，美国和澳大利亚等国家以冲浪运动作为休闲旅游产业主题，利用自身拥有的海滩等海洋资源，开发了大量适合冲浪运动的海滩，其中新南威尔士州—拜伦湾8个冲浪点最为著名，并且这些冲浪点已经成为著名旅游景点，常年开展冲浪比赛，举办冲浪节等集体活动，吸引大量水上运动爱好者和运动员以及世界各地的游客。总而言之，水上运动产业已经进入了一个较为成熟的发展阶段，尤其是发达国家的高端休闲体育发展形式，拥有更多的跨界领域和更广泛的受众和行业基础，在行业中占有较高的份额。

### （三）我国水上运动项目发展现状

我国的水上运动起步较晚，落后于欧美等国家。在2004年雅典奥运会上，孟关良和杨文军在男子双人划艇500米比赛中获得金牌，这是中国水上运动的一大突破。虽然我国水上运动在奥运会上取得了突破性的成就，但水上运动在我国的普及程度和参与程度都不高。一方面水上运动的宣传推广力度不够，人们的水上运动意识不高，另一方面由于地理条件和经济因素，水上运动的普及程度不够，水上运动后备人才状况令人担忧。

第一，随着人们对水上运动的参与度和热情的提高，水上运动相关产品产业也得到了发展。目前我国有300多家主要船舶制造商，近2万个各类船舶泊位，近200家专业会所，水上运动休闲、比赛表演、体验旅游、场地设计、信息等行业类别逐年增加，市场需求类别不断扩大，数量不断增加，产业潜力进一步释放，空间巨大。第二，工业体系日益完善。水上运动相关产业的发展主要是以职业体育、业余娱乐和商业活动为主，以各类水上运动俱乐部为支撑，水上运动产品的销售、制造，以及体育训练等都呈现出良好的快速发展趋势。水上运动与互联网、卫生、养老、旅游、文教等相关产业日益融合。第三，社会基础逐年巩固。经常参加水上运动项目的人数已达到一定规模，各项目协会、各级企事业单位和社会各界开展的各种水上运动活动日益丰富，投资水上健身俱乐部等企业步入良性轨道。

### （四）我国水上运动项目资源开发现状

国家体育总局直接负责中国水上运动的训练管理和发展。目前分为风帆部、赛艇部、皮划艇部、极限潜水部、摩托艇滑水部和奥林匹克保安部六个职能部门。相关市场发展起步较晚，当前商业收入通常以竞争为支撑，营销转移权、获得赞助商为主，市场发展受到国际竞争影响较大。

### （五）我国水上运动的开发策略

注重营造浓厚的水上运动文化氛围，引导水上运动消费，扩大消费群体，调整产业结构，优化空间布局，促进"互联网+"一体化发展。水上活动有许多表演项目，要充分利用水上运动项目强大的表演特色，做好主题节和特色表演的开发工作，为了推动群众水上运动的推广和开展，大力培养多样化水上运动的活动主体。

## 三、山地户外运动

山地项目主要是以山地资源为基础，利用山地的高、远、险、峻、难等特点开展户外运动。山地户外运动代表性项目有登山、攀岩、探险、山涧徒步、沙漠徒步、越野挑战、高山速降、高山探险、野营等。这些项目极富挑战性，是人类挑战极限、超越自我的极佳选择，也正因如此，山地户外项目备受人们的青睐。

### （一）山地户外运动概念的界定

户外运动是指在室外进行的体育活动，分为广义的户外运动和狭义的户外运动。广义上的户外运动指的是大多数体育运动项目都可以归纳为户外运动。狭义上的户外运动指的是人们在空闲的时间，为了达到自身身体健康、放松休息、人际交往，以及寻求刺激进行极限挑战等目的，多在河流、山地、湖泊、沙漠，以及高原等特殊自然环境下，所进行的各种休闲活动。早在1993年，中国登山协会王凤桐提出了山地户外运动定义，即户外运动是指人类离开现实生存的空间，到其他领域进行的带有探险性质的体育活动。

### （二）山地户外运动的起源与发展

早期的户外运动其实是一种生存手段，药物采集、狩猎，以及战争等活动都是人类为了生存和社会的发展所进行的活动。然而，今天人们进行户外活动的目的不再只是为了物质需要，而是集中精力去改善内心和精神，鼓励人们的身心发展、认识自我、挑战极限和提高生活质量的非生产性社会活动。在实际开发过程中，户外活动展示了户外运动、户外休闲，以及户外教育开展等众多项目。

20世纪50至90年代，我国的户外运动发展缓慢，受众仅仅局限于部分登山爱好者和一些爱冒险的年轻人，而且仅仅采用各种比赛或者探险活动的形式进行户外推广，开展的活动在内容和形式上也很有限，因此，这一时期的户外运动是初步探索学习的阶段；20世纪90年代至21世纪初依托电视、报刊及互联网等作为传播媒介，户外运动在我国的北上广等地悄然兴起，迅速成为一种社会时尚，并且很快从北上广等大城市发展到其他城市，这是我国户外运动的逐渐兴起阶段；2004年至今，我国户外运动开始步入正轨，进入规范化发展阶段。山地户外运动于2005年4月被正式设立为我国正式开展的体育项目，属于登山项目的下属分项，由国家体育总局登山运动管理中心负责其主要业务工作。由于新时代的到来，国家对山地户外运动愈加重视，人们对户外运动的需求也一直在增加，因此，户外运动有着不错的发展前景。

随着西方城市化以及工业化的逐步发展，出现了现代户外运动的大众化发展。生活在工业文明下的人们为了躲避喧嚣的都市生活，逐渐将目光投向户外的一些山地、森林、湖泊、海滩等较为广阔的自然资源，并且逐渐开始以自然资源为基础开展一些丰富的体育活动，户外运动具有独特的娱乐休闲特征，因此受到广大群众的喜欢。由于户外运动受众多，受到群众的喜爱，各国政府对于户外运动的开展十分重视，因此在西方各国，户外运动的热潮居高不下。另外，虽然很多户外运动项目发展历史较短，但是由于受欢迎程度较高，短短几十年中，已经在很多发达国家里成为较为普及的运动。

### （三）山地户外运动产业的发展现状

首先，从国外山地户外运动产业的发展来看，随着社会的不断发展和进步，越来越多的人热衷于户外运动。户外运动产业的兴起，不仅满足了人们希望拥有健康生活方式和健康体魄的心理需求，与此同时，户外运动产业的发展带来了良好经济效益，这对促进国民经济发展起了重要的作用。在美国，由于政府立法和资金扶持的双重助力，民众积极参与山地户外运动，形成了多渠道全方位培养人才的特点，为户外运动的发展起到重大作用。

除美国外，被称为"户外运动之乡"的欧洲，也同样是现代户外运动的发源地和户外运动产业的领跑者。欧洲户外联合会（The European Outdoor Group，简称"EOG"）于2003年成立，欧洲户外联合会是由19家世界知名户外公司共同构成，并且已经成为目前国际户外行业影响力最大的机构，它的成立主要是为了解决欧洲户外产业存在的问题，并不断地完善欧洲户外产业体系，代表着整个欧洲户外市场的共同利益。首先是由于气候条件和优越的地理位置，大多欧洲国家水资源、山地资源等自然资源较为丰富，非常便于户外运动的开展；其次是在后工业化时代，人们对大自然的渴望，避开城市的喧嚣接近大自然。户外运动逐渐被人们接受并喜爱，开始逐渐深入到人们的生活中去。这些条件使得欧洲户外运动的发展进度逐步加快，欧洲户外运动市场也正从一个健康稳步发展的状态逐渐变得成熟。

其次，近年来，山地户外运动在我国也迅速发展成为一种新兴体育项目，所吸引的群众也大量增加。2005年4月29日，经国家体育总局批准，我国把山地户外运动作为正式的体育项目，并且是隶属于登山运动下的二级体育项目，被界定为"山地户外运动"。同时，我国在近些年多次开展举办了国内外大型山地户外运动比赛，因此山地户外运动的国际影响得到了提高。据不完全统计，目前已有三十余万的户外运动爱好者注册，每年参加户外运动的人数更是上千万，并且人数在逐渐增加。同时，在体育教育方面，国内多数高校开设有野外生存、定向运动，以及攀岩等与山地户外运动相关课程，以便于学生更深入地了解户外运动方面的知识并吸引学生们积极参与。学校和社会上一些体育培训机构开展的户外运动培训，以及公司或事业单位到户外参与的素质拓展的出现，这些都为山地户外运动的发展注入了活力。

### （四）我国山地户外运动的发展前景分析

发掘行业潜力，不断创新发展理念。创新必须成为中国山地户外运动产业的核心。山地户外体育市场需要适应"健康中国"的发展理念，需要合理的发展规划，不断优化产业升级，把握市场发展趋势，进行市场深入分析，形成多元化的市场供给格局。我们制定了创新的发展战略，开始形成"新理念、新思想、新战略"，敢于创新、敢于实践，建立中国山地户外运动产业发展的创新机制。我国山地户外运动产业发展迅速，要充分利用山地资源，挖掘山地产业的巨大潜力，培育新的发展动力，激发户外体育产业的发展活力。

可持续发展理念，倡导绿色户外、环保户外。中国主张走可持续发展道路。在体育运动特别是山地户外运动的发展中，必须结合可持续发展的理念，坚持绿色、低碳的理念，坚持人与自然和谐、环保、低碳户外、绿色户外的原则。通过绿色发展实现经济、社会和生态的可持续和平衡发展。

实现多领域一体化，形成多元化发展模式。要遵循国家提出的"引进来、走出去"的发展战略，以开放的发展模式发展我国山地户外产业，不断加强与外界的沟通和交流，借鉴国外的良好经验，实现互利共赢的发展模式。因此，中国不仅要开拓自己的视野，借鉴他国的经验，而且要不断提高自己的水平，积极开展国际竞争，打造自己的独特品牌，提高自己的国际形象。

## 第五节 "助力"：积极培育体育产业人才，助力体育产业发展

随着我国新经济的发展，体育产业逐渐发展成为我国经济的重要一部分，在我国经济发展水平上所占比重越来越大，这与我国发展体育强国战略的实施计划是密不可分的。但是，就体育产业发展情况来说，相较于欧美等发达国家而言，我国体育产业的发展仍处于刚刚起步阶段，各项产业类型发展仍不完整，存在许多问题亟待改善。国内许多学者也一直致力于我国体育产业更好发展的研究提出诸多改善策略和建议。

体育产业研究学者姜同仁、张林等在《中国体育产业演进的内在逻辑、政策趋向和高质量发展路径》一文中对我国体育产业内部逻辑、发展脉络等问题进行了详细的梳理与分析，对我国体育产业发展的战略地位、科学体系、产业发展方向等问题进行陈述。文章最后提出了高质量发展路径，指出应从体育产业发展方向、产业政策落地、保障发展三方面进行发展，从而为我国体育产业的发展提供了参考依据[144]。国内著名体育产业研究学者黄海燕在《新阶段、新形势：我国体育产业发展战略前瞻》一文中综合评价了"十三五"时期我国体育产业发展的概况，数据表明我国体育产业发展内部业态结构有了明显的改善，"十三五"发展目标也得到了极大的实现。作者此后立足于我国未来体育产业发展的机遇、挑战提出了看法与建议。

通过中国知网进行体育产业类文献查询，最早研究体育产业类的文章发表于1984年，并且其关注度在2000年之前都在缓慢上升，2000年之后体育产业研究进入了快速发展阶段。我国体育产业发展逐渐步入正轨，走向专业化。在专业化发展的背后，难免会暴露出许多问题，就当前发展形势来看，人才的

供给是体育产业发展急需解决的重要问题之一。当今是社会经济体飞速发展的时代，是一个日新月异的时代，高科技技术水平的发展更是迅速，不断引导着人类追求更高的生活水平。在这个经济飞速发展的时代，体育从最开始的强身健体功能被大众熟知之外，体育的经济功能、娱乐功能、政治功能、文化功能、教育功能等多种功能逐渐被大家所接受。体育产业可谓是当今最具发展潜力的产业之一，关系着人们的生活水平和健康，更与国家产业链有着密不可分的关系。那么，在这个体育产业高速发展的年代，人才便成为限制发展的首要因素，如果没有人才，即使有很好的项目、很好的发展前景，所有的一切都将化为虚无。与其说当今社会是经济的竞争、是产业的竞争、是高科技技术的竞争，倒不如直接说是人才的竞争，因为有了人才就代表有了企业发展的保障。人才既是最高级的竞争，同时也是最根本的竞争，是一个企业的立身之本、发展之源。总而言之，人才是21世纪产业发展的重要影响因素。体育产业"十四五"规划提出，支持高等院校、知名企业等发挥主体作用，建设10所高水平体育产业学院，就强烈反映了我国体育产业对人才的需求与渴望，同时也从另一个方面更好地衬托出我国体育产业发展的光明前景。就我国发展而言，各类相关人才的培养主要源自高校，同时高校所培养的人才在这个社会上也是被广泛认可的，无论是质量还是数量，高校在人才的培养方面都起着决定性作用。就体育产业的发展来说，相关职业的要求不仅需要具备高学历，同时还要精通体育产业类型的发展。所以说目前我国走向体育产业发展方面的人才大致有这么几种，一是从事过体育类的职业，但经济学、管理学方面学习尚浅；二是有一定的经济头脑、敏锐的商业嗅觉，从产业发展中预测到体育产业的未来和将要带来的丰厚利润，但是这类人对体育却是相知甚少。所以，现阶段只有一少部分从事体育产业的人既了解体育发展又熟知经济管理。巨大的体育产业市场需要人才，需要一批高质量、全方位的优秀人才。

人才缺乏已经成为体育产业高速发展的制约因素。原国家体育总局副局长赵勇在全国体育产业发展大会上也讲到，人才瓶颈和人才问题，我们要推动体育明星通过培训转行来担当体育产业的创业者。体育院校要加大体育经营管理人才的专业培养力度，要面向全球召集体育各个方面的专业人才，要和各个方面展开合作特别是要提供人才政策。政策具有一定的导向作用，所以在体育产业人才培养的过程中，政府等相关部门有必要加强相关政策指导，促进和引领优秀人才走向体育产业，有责任和义务为体育产业的发展注入新鲜血液，提供发展动力。

## 一、加强体育重点学科建设，提高人才质量

国家重点学科是指根据国家的发展需要而选择建设的以培养创新型人才、进行科研为目的的重要基地。培养体育人才是体育重点学科建设的主要目标之一，而高校又是培养体育人才的重要基地，所以加强高校的体育重点学科建设是促进我国体育发展的必然条件，那么，如何建设体育重点学科？这成为了我国高校体育院系所重视的问题。

目前我国的大部分高校已经将体育重点学科的建设纳入学校的可持续发展战略中。虽然近些年体育重点学科的发展一直在进步，但是由于发展的时间较短，还不够成熟，所以体育重点学科的发展还面临着许多困难，还需要进行不断的改革发展来完善。在体育学科建设的发展中，很多人是在借鉴他人的研究成果的基础上进行研究，而相互借鉴就导致了在研究中出现了局限性，大家研究的方向和内容大体上一致，就很难出现创新。只有创新才能够有力地推动体育重点学科的发展，没有创新就不能建立起具有独特性的体育重点学科。所以在研究体育重点学科的时候要勇于创新，不能局限在他人所研究过的领域中，积极开辟新的领域，每一次的研究都要有新的突破与收获。通过不断地探索与创新，最终形成独特的体育重点学科，提升体育重点学科的水平。体育重点学科开始发展的时间较短，属于后起之秀，所以有关体育重点学科方面的人才并不多，而且从整体的水平上来看普遍较低，与其他学科相比差距还是比较明显的。尽管近年来体育重点学科建设的人才逐渐增多，但是还需要通过不断地实践与锻炼才能成为体育重点学科的优秀建设者，为体育重点学科的建设添砖加瓦。在高校中，大多数青年教师较为重视技能的发展，学科的理论研究却往往被忽视，这就导致学术研究的发展十分缓慢。发展高校的体育重点学科建设不仅要从人才方面考虑，还需要高校的基础设施从各方面进行支持。例如合理的体育场地、实验器材与场所等，这些基础设施对体育重点学科建设的研究有着很大的影响。但是，很多高校建校较早，在基础设施方面不够完善，需要耗费较大的人力物力来改革，而学校在经费等方面却不能满足基础设施完善，这在很大程度上阻碍了体育重点学科建设的发展。体育重点学科的建设并非一朝一夕就能完善的，它需要在各个方面共同发展的前提下才能够进步，让体育重点学科的建设从稚嫩走向成熟。

体育重点学科建设的发展对于我国高校的发展和体育学科人才的培养有着重大的影响，所以要加强体育重点学科建设，提高体育相关人才的质量，推

动我国体育产业更快更好的发展，散发出朝阳产业应有的活力。首先要做的就是对体育重点学科建设进行准确的定位，找准体育重点学科发展的方向，有了灯塔的指引，才能少走弯路，更加迅速的到达目的地。在高校体育重点学科的建设中对于课程的设计与实施、基础设施的准备等都要作好明确的规划，要符合学校的实际情况，从实际问题出发，因地制宜创造出具有学校特色的体育重点学科。每个学校的特色和优势不尽相同，所以要在众多的体育项目中找到属于自己的特点和优势才是发展本校体育重点学科建设的条件。发掘与培养出属于本校的体育特色项目，从自己的优势出发才能更加快速的发展。我国地域广阔，而且民族众多，各个地方的特色与优势大有不同，所以找出自己的特长也很容易，先从优势项目出发，逐步带动其他项目共同发展，共同推进体育重点学科的建设。全面型的人才才是符合社会需求的，是推进我国各方面不断进步的主力军，所以体育重点学科的建设要从学科教学和科学研究两方面共同入手，打造出各方面共同发展的体育人才，更加有力地推进体育重点学科建设的发展。现在的青年教师和学生大都致力于运动技术的教学和学习，极少数的人愿意坐下来搞研究，所以要加强青年教师与学生科研方面的教育和培训，使其明白科研的重要性，增强他们的科研能力和对科研的兴趣。学校还要建设一支甚至多支体育教学和科研团队，在团队的组织与带领下实现体育重点学科建设的快速发展。对体育科研成果的评估建立完善的体系，在奖励、升职等方面作好详细的条例，以激发青年教师与学生的积极性，积极地参与到科学研究中，为体育重点学科的建设增添力量。人才的培养不能只停留在本科生阶段，还要加强对研究生的教育，研究生属于高层次人才，对研究生的培养更能体现我国高校对体育重点学科建设的重视程度。近年来，更多高校的体育院系将研究生的培养作为重中之重，这从很大的程度上提升了体育人才的培养，加快了体育重点学科的建设。但是就目前的现状来说，还有很大的进步空间，还需要进行不断的改革来完善其培养系统。

## 二、发挥高等院校优势，培育体育产业人才

高校具有丰富的资源，高校在体育师资队伍、大量的图书资料、档案、交流渠道、场馆优势，拥有完备的体育设施等方面具有自身独特的优势。高校师资的建设可以说是各专业领域内的精英，无论是商业界、文学界、艺术界等，高校老师都是一个知识技术密集型的群体，他们无论是从教学方面，还是训练、培训方面，抑或其他方面都在为我国人才的培养做出贡献。另外就是高校

## 第六章 统筹兼顾 因势利导：创生体育产业发展路径

得天独厚的条件，宽广的操场、标准的体育馆、完备的体育设施和庞大的图书馆藏书量，更是有些学校有自己专门的实践基地，为广大学生提供专业实习基地，使学生有机会接触社会中体育产业发展的具体实施步骤等，这些条件不仅为体育产业人才的培养提供技术、软件支持，更有技能的实践机会，帮助将要走进社会和步入工作岗位的年轻一代人才熟悉发展路径等内容，极大地促进了人才的高效培养。通过协同创新、跨界融合，高校应当主动承担起"桥梁"作用，充分发挥高等院校的优势，增强高校的社会服务功能。

本研究通过2017年我国体育类本科人才培养院校等信息分别介绍了我国体育类人才培养的发展现状。由表6-1可以看出我国体育类本科人才培养学科共可分为8种，分别是体育教育、运动训练、社会体育指导与管理、运动人体科学、武术与民族传统体育、运动康复、休闲体育、体育经济与管理。从表中我们还可以看出8个专业年毕业生总规模在65250～72100人次，可以看出在我国体育事业的发展上人才的缺失仍是一个相当严重的问题。从男女比例的情况可知，除了运动康复和体育经济与管理两个专业之外，其余各专业均呈现出男多女少的现象，就此应该引起相关人员的注意，要摒弃传统观念。因此，在体育人才的培养过程中不仅要注重培养内容的因素，还应该考虑到与其相关的社会环境因素，只有这样才能达到体育人才培养的效果。

表6-1 2017年我国体育类本科人才培养院校及数量信息一览表

| 数量\专业 | 体育教育 | 运动训练 | 社会体育指导与管理 | 运动人体科学 | 武术与民族传统体育 | 运动康复 | 休闲体育 | 体育经济与管理 |
|---|---|---|---|---|---|---|---|---|
| 开展院校数量/所 | 311 | 90 | 268 | 29 | 48 | 51 | 60 | 22 |
| 占本科院校1237所比例/% | 25.1 | 7.3 | 21.7 | 2.3 | 3.9 | 4.1 | 4.9 | 1.8 |
| 男女比例/% | 79：21 | 76：24 | 79：21 | 57：43 | 80：20 | 49：51 | 83：17 | 45：55 |
| 当年毕业生规模/人 | 36000～38000 | 12000～14000 | 12000～14000 | 900～1000 | 2500～3000 | 700～800 | 700～800 | 450～500 |
| 当前毕业生总规模/人 | 65250～72100 ||||||||

同时，从数据可以看出，全国开展体育教学的学校所占比重最大，共有311所学校设立了体育教育专业，占我国本科院校的25.1%，全年体育教育专业的毕业生规模在36000~38000人次，可见我国从事体育教育人才的缺失还是相当大的。其次是社会体育指导与管理，以开设学校数量268所排在第二位，占我国本科院校的21.7%。就这一情况足以说明当前我国体育的发展、人才的需要更倾向于体育教育和社会体育指导与管理。体育教育，顾名思义是对人的体育活动进行的教育活动，多指以学校体育教育为主的教育活动。在我国，体育教育专业的学生是以师范生的标准进行培养的，大多数毕业生在毕业以后从事学校体育教育工作，担任体育教师。随着我国体育的改革，学校体育也逐渐发生了变化，不管是从教学思想还是教学模式以及教学目标上都有改动，因此，就需要对将要从事学校体育工作的体育教育专业的学生进行相应的培养，确保能够贯彻落实我国学校体育教育方针，能够为国家培养出新一代的年轻力量。随着"全民健身计划"的提出与实施以及人民群众生活水平的提高，越来越多的人参与到体育运动中去。但是，对于没有经过相关专业培训的广大人民群众来说，如何正确健身，采取怎样的方法手段可以使健身的效果达到更好便是在开展全民健身活动中所必须要解决的一个问题。至此，社会体育指导与管理专业便迎来了发展的最佳时机，近年来报考该专业的人数每年都呈递增趋势，且院校开设该专业规模直逼体育教育。学生通过高校社会体育指导与管理专业知识的学习，不仅能够达到社区体育指导员的水平，还能在社区体育的发展与管理中起到重要的作用。总的来说，体育教育与社会体育指导与管理是我国体育人才培养过程中的重要学科，无论是出于对我国体育人才的培养，还是发展我国体育事业，高校培养都是最佳的选择。

当然，从表中我们也可以看出，我国体育类高校对于体育产业人才培养关系最为紧密的专业当属体育经济与管理，它的开设要相比于运动训练专业、运动人体科学专业、武术与民族传统体育专业，以及运动康复和休闲体育专业对我国体育产业的发展更具有现实意义。表中数据显示，截至2017年，我国本科院校开设体育经济与管理专业的院校共22所，仅占全国本科院校的1.8%，并且就男女比例情况来看，它的比例是相对均衡的，但是，从当年毕业生人数规模我们可以看到仅有450~500人毕业，占所有专业毕业生人数的0.7%左右。上述的这些数据无不显示了我国体育产业型人才的紧缺。不仅开设体育产业类专业院校少，报考本专业的学生更是少之又少。就目前我国体育产业发展情况和体育产业专业性人才紧缺的现状来看，加强体育产业类人才培养势在必行，同时也刻不容缓，如果长此以往发展下去，势必会造成我国体育产业的发展速度有所下降，同时将严重影响我国经济发展。

由上述内容来看，我国必须就体育产业人才培养拿出新的方案，不仅要加强高校培养的数量和质量，还应该另辟蹊径，寻找一个同样能够为我国体育产业培养人才的模式，满足我国体育产业的发展需求，改变我国体育产业人才紧缺的现状。结合当前发展和社会所需人才的特点，关于体育产业人才培养的模式可以适当有所创新，不能仅仅依靠高校全日制学生的培养计划进行。高校可以有计划地适当调整非全日制学生招生比例，扩大生源，在短时间内以高质量教学来提高学生的能力，让学生在学习中参与实践，在实践中继续学习。总之，一定要扩展体育产业的人才来源，尽可能满足产业发展要求，为体育产业的发展起到基本保障作用。

## 三、体育产业人才培养策略分析

就目前我国体育产业人才的培养情况来讲，高校培养是人才培养的重要路径之一，但并不是唯一的。推进社会的全面发展与进步，并且不断改革创新，积极学习其他国家或是其他产业发展的成功经验，切实通过有效的办法，推进体育产业人才培养。针对现阶段我国体育产业人才培养过程中存在的问题有以下几点考虑：一是创新培养模式，扩大人才培养范围；二是优化供给内容，培养专项人才；三是改善人才供给环境，加强人才培养保障机制；四是完善人才培养供给主体，提高培养质量；五是学用结合，巩固提升。

### （一）创新培养模式，扩大人才培养范围

在我国，体育产业人才的培养路径不只有高校，还包括在职人员的培训教育、校企结合的人才培养等。所以，在这个体育产业发展十分迅速的时代，无论是国家有关部门或是企业管理部门都有责任和义务保证体育产业人才的供给。从这两个主体来讲创新培养模式和扩大人才培养范围都是极为有利的，一是可以在体育产业发展需要的前提下提供更多的专业人才，其次是扩大广大人民群众的就业范围，提升国家公民就业率。人才的培养不能仅依靠高校，因为任何一个事物都有其弊端，就高校来说，弊端是人才培养周期较长，同时培养内容不能够与时俱进、满足社会需求。同时，高校人才培养也存在重理论轻实践的倾向，与体育产业发展需要方向上有所偏离。创新人才培养模式，扩大人才招收范围，是能够更好满足当前发展需要的重要任务，也是有效解决我国人

口就业率的重要手段。

## （二）优化供给内容，培养专项人才

在体育产业人才培养过程中，虽然我国现在有相当一部分高校开设有体育产业相关的专业或是理论课程。但是，人才培养的供给内容仍存在许多弊端，培养结构仍是以传统的教材、课程、教学所组成，并且相关专业分离不清。在培养教学过程中还是把教学内容、教材内容、课程安排归为一类，没有进行不同人才的区别对待、区别培养，从而不能够达到所需要的培养效果。就我国高校体育产业人才培养来说，高校体育产业人才培养教育应当对教材内容、课程内容、教学安排各个方面对应的范围、目标予以充分明确，把它们区别开来，不仅能够有效提高高校体育产业人才培养教师的教学质量，还能促进人才培养过程达到更好的效果。同时，应该强化教师在教学期间对教育内容的合理把握、引导，通过列举体育产业发展过程中的案例，更加清晰直观地向受培养者解释相关专业的理论知识，切实提高学生综合素质。另外，高校应当积极与社会企业建立合作关系，企业可以适当向高校提供相关的发展案例，使培训者能够在第一时间掌握发展方向、发展形式和发展现状，从而有针对性地开展培训工作。

## （三）改善人才供给环境，加强人才培养保障机制

体育，一直是受传统观念影响所不被大家看好的社会文化活动，所以直接造成没有人愿意从事与之相关的职业，新一代青年学者在早期受家庭教育影响同样对体育有所偏见，导致高校体育类招生困难，更不用说刚刚起步的体育产业，更是处在人才极度匮乏的阶段。随着新世纪、新时代的到来，传统观念影响因素逐渐被人们摒弃，体育的功能也逐渐被大家所接受，近年来体育产业的发展形式一片大好，但是，人才缺失阻碍了体育产业的发展。所以要想使体育产业更好地发展，必须要解决人才供给问题。改善和加强人才培养保障机制能够有效改善当前体育产业人才不足的情况。就这方面来讲，可以采用部分专业的定向招生方案，为学生等参加培训人员提供工作保障，消除大部分人所考虑的体育类职业就业难的疑惑。同时，国家等有关部门应该加强体育产业人才就业保障等相关的政策法规，在这方面国家立法部门也一直在努力，并且已经颁布和实施了部分体育产业人才保障机制，极大地改善了当前体育产业的就业环

境。更希望有相应能力的企业等体育产业从事者扩大人才招收，吸纳有志之士加入到体育产业发展的大军之中。

## （四）完善人才培养供给主体，提高培养质量

体育产业培养供给主体，是保证体育产业人才质量的重中之重。这方面包括高校教师，同时也应该包括体育产业的直接从事者，因为他们所具备的综合素质和能力直接影响着体育产业人才培养的质量。基于此，在供给主体上，提升教师的综合素质。首先要求教师要多方面内容兼顾，比如职业愿景、合理组织、发展路径等。职业愿景是人们从事工作的精神动力，可以很好地激发个人的主观能动性。合理的组织能够节约时间，把时间利用在有效率的教学方面，不仅有利于教师个人的发展，同时对学生来讲更是非常重要。发展路径也可以说是价值取向，正确的世界观、人生观、价值观能够使一个人明确自己的定位，同时也是综合素质的体现。在培养过程中，积极引导，鼓励学习，在传授相关专业技能的同时结合实际案例，深入发掘体育产业内涵，把体育产业发展前景、职业魅力等传递给学生，提升学生对从事体育产业工作的兴趣。其次是体育产业直接从事者，应该从个人工作中所遇到的问题或是企业发展中发现的问题，抑或从体育产业发展的大背景下面对的困扰等方面入手，让学生接受一手资料，学习到体育产业发展过程中切实有用的相关知识，在此前提下让学生感受到体育产业的发展环境，激发个人奋斗意志。

## （五）学用结合，巩固提升

学用结合，基于高校将要毕业学生的实习阶段考虑，将实习运用到体育产业人才培养之中，并且贯穿始终。这样学生不仅可以通过高校学习到体育产业方面的相关理论知识，还可以通过实习阶段的实践直接从事体育产业工作，并将在学校所学习的理论知识直接运用到工作实践中，既可以培养学生的实际操作能力，同时也能够培养学生在面对或处理与体育产业相关问题过程中的随机应变能力。在该过程中，企业可以自主选择优秀实习生毕业直接参加工作，在提高学生学习积极性的前提下，也为高校体育产业类招生提升知名度，对以后此类专业招生具有深远意义的影响。

# 参考文献

［1］王子晖.十九大报告，习近平宣示"新时代"［EB/OL］.（2017-10-22）［2023-2-18］.http：//www.china.com.cn/19da/2017-10/22/content_41773193_2.htm.

［2］曲青山.中国共产党百年辉煌［J］.政工学刊，2021（4）：5-10.

［3］刘亮.新时代推进理论和实践创新的光辉篇章——论党的十九大报告的十二个创新亮点［EB/OL］.（2017-12-17）［2023-2-18］.http：//www.qstheory.cn/dukan/qs/2017-12/15/c_1122089538.htm.

［4］易剑东.中国体育产业的现状、机遇与挑战［J］.武汉体育学院学报，2016，50（7）：5-12.

［5］李明.体育产业学导论［M］.北京：北京体育大学出版社，2001.

［6］张瑞林，秦椿林.体育管理学［M］.北京：高等教育出版社，2008.

［7］原田宗彦.日本的体育与休闲市场之新趋势［A］.华南师范大学（South China Normal University）.第二届社会体育国际论坛文集［C］.华南师范大学（South China Normal University），2004：4.

［8］杨文轩.体育概论［M］.北京：高等教育出版社，2005.

［9］杨叶红，方新普.体育产业概念界定及分类研究［J］.安徽师范大学学报（自然科学版），2011，34（4）：394-397.

［10］周波.论体育产业核心竞争力［D］.长沙：湖南师范大学，2013.

［11］孙宁丽，刘应.供给侧结构性改革背景下我国体育产业发展新思路［J］.运动，2017（11）：130-131.

［12］贾康.供给侧改革及相关基本学理的认识框架［J］.经济与管理研究，2018（1）：13-22.

［13］靳英华.体育经济学［M］.北京：高等教育出版社，2011.

［14］王佳宁，盛朝迅.重点领域改革节点研判：供给侧与需求侧［J］.改革，2016（1）：35-51.

［15］林卫斌，苏剑.供给侧改革的性质及其实现方式［J］.价格理论与实践，2016（1）：16-19.

［16］贾康，苏京春.论供给侧改革［J］.管理世界.2016，270（3）：1-24.

［17］冯志峰.供给侧结构性改革的理论逻辑与实践路径［J］.经济问题，2016（2）：12-17.

［18］胡鞍钢，周绍杰，任皓.供给侧结构性改革：适应和引领中国经济新常态［J］.社会科学文稿，2016（8）：3.

［19］李翀.论供给侧改革的理论依据和政策选择［J］.经济社会体制比较，2016（1）：9-18.

［20］贾康."十三五"时期的供给侧改革［J］.国家行政学院学报，2015（6）：12-21.

［21］魏玮，张兵.供给侧改革对中国潜在经济增长率的影响研究［J］.西安交通大学学报（社会科学版），2022，42（1）：68-75.

［22］张正祎，刘兵.供给侧改革背景下武汉体育产业多元发展体系的构建［J］.湖北体育科技，2018，37（4）：297-300，304.

［23］金海年.关于新供给经济学的理论基础探讨［J］.财政研究，2013（9）：25-30.

［24］徐诺金.新供给经济学的来龙去脉［J］.征信，2016，34（4）：1-8.

［25］原松华.中国经济需要新供给的"破"与"立"——访华夏新供给经济学研究院院长贾康［J］.中国发展观察，2015（12）：25-28.

［26］孟国正，牛牧浩.中国体育产业研究主题演进分析［J］.体育文化导刊，2017（2）：118-122，134.

［27］廖培.我国体育产业现状与发展前景［J］.体育学刊，2005，12（4）：28-31.

［28］贺新家，潘磊.高质量发展视域下我国体育产业发展动力演进与展望［J］.沈阳体育学院学报，2022，41（2）：94-101，137.

［29］何祖新，马宇峰.河南省体育产业发展现状与发展趋势研究［J］.体育与科学，2000（3）：13-17.

［30］杨年松.广东体育产业现状与发展对策［J］.广州体育学院学报，2005，25（4）：47-49.

［31］臧连明.珠江三角洲体育产业现状与发展对策［J］.体育学刊，2006，13（2）：54-57.

［32］兰迪，方春妮.长江经济带体育产业协同发展的现状、现实困境及实施路径［J］.广州体育学院学报，2022，42（1）：59-68.

［33］鲍明晓.我国体育产业的形成和发展［J］.首都体育学院学报，1999，26（4）：1-12.

［34］骆雷，张林，黄海燕.改革开放30年我国体育产业研究的总体述评［J］.体育科学，2012，32（11）：83-89.

［35］鲍明晓."十三五"我国体育发展战略研究［J］.上海体育学院学报，2016，40（2）：1-6.

［36］黄海燕.新阶段、新形势：我国体育产业发展战略前瞻［J］.上海体育学院学报，2022，46（1）：20-31，51.

［37］王慧.中外体育产业发展比较研究［J］.体育文化导刊，2013（6）：93-96.

［38］任波，黄海燕.数字经济驱动体育产业高质量发展的理论逻辑、现实困境与实施路径［J］.上海体育学院学报，2021，45（7）：22-34，66.

［39］姜同仁，郭振，王松，等.中国体育产业发展回顾与"十四五"前景展望［J］.天津体育学院学报，2022（1）：51-59.

［40］姜同仁.新常态下中国体育产业政策调整研究［J］.体育科学，2016，36（4）：33-41.

［41］黄海燕，张林，陈元欣，等."十三五"我国体育产业战略目标与实施路径［J］.上海体育学院学报，2016，40（2）：13-18.

［42］丛湖平，郑芳，童莹娟，等.我国体育产业政策研究［J］.体育科学，2013，33（9）：3-13.

［43］李明，许文鑫.治理势能：中国情境下公共体育政策高质量执行的驱动力——基于近30年体育产业政策文本解读［J］.北京体育大学学报，2021，44（11）：38-50.

［44］刘建明，米靖，金乃婧，等.我国冰雪运动产业政策演进特征及展望［J］.体育文化导刊，2022（2）：1-7.

［45］LisaPikeMasteralexis.PRINCIPLES AND PRACTICE of SPORT MANAGEMEN.TAsPenPublishers，Inc.1998.

［46］姜同仁，刘娜，侯晋龙.发达国家体育产业演进的趋势与启示［J］.武汉体育学院学报，2012，46（9）：42-49.

［47］季永刚.日本体育产业概论（一）［J］.辽宁体育科技，1995（1）：28-31.

［48］Oga J，Kimura K. Recent trends in the sports industry in Japan.［J］.Journal of Sport Management，1993，43（3-4）：165-72.

［49］Kim D E，Benavides-Espinoza C，Lavetter D，et al. Impact of the smart device interactivity on the co-creation of value in the sport industry［J］.

Journal of Physical Education & Sport, 2016, 16.

[50] Rooham M, Shahsavari A, Zohrabi F. The new factors determining on attract foreign direct investment in the sports industry of Iran. [J]. International Journal of Sport Studies, 2012, 15 (3): 1-12.

[51] Elendu I C. INSURGENCY OF BOKO HARAM TERRORISM IN NIGERIA AND OTHER TERRORIST ATTACKS ACROSS GLOBE: PERCEIVED AND ACTUAL NEGATIVE IMPACTS ON SPORTS INDUSTRY [J]. Shield Research Journal of Physical Education & Sports Science, 2012.

[52] Ioakimidis M, Tripolitsioti A. Environmental resposibility in the sport industry: Why it makes sense [J]. Choregia, 2006, 2 (1-2): 103-116.

[53] Steven W. Pope. Embracing Cultural Contexts and Critical Reflexivity: (Re) presenting the Global Sports Industry in Research and Practice [J]. European Sport Management Quarterly, 2010, 4 (4): 509-524.

[54] Wohlfart Olivia, Adam Sandy, Hovemann Gregor. Aligning competence-oriented qualifications in sport management higher education with industry requirements: An importance-performance analysis [J]. Industry and Higher Education, 2022, 36 (2): 163-176.

[55] Milano M, Chelladurai P.Gross domestic sport product: the size of the sport industry in the United States. [J]. Journal of Sport Management, 2011, 25 (1): 24-35.

[56] 报告大厅. 体育产业数据统计 [EB/OL]. (2017-08-23) [2023-02-18]. http://www.chinabgao.com/k/tiyu/28641.html.

[57] 付政浩. 四次全国经济普查, 一部体育产业统计分类扩张简史 [EB/OL]. (2018-05-25) [2023-02-18]. https://baijiahao.baidu.com/s?id=1601395366716804658.

[58] 张毅恒, 柳鸣毅. 基于知识图谱的中国体育产业研究可视化分析 [J]. 中国体育科技, 2016, 52 (1): 24-29, 35.

[59] 高明, 段卉, 韩尚洁. 基于CiteSpaceⅢ的国外体育教育研究计量学分析 [J]. 体育科学, 2015, 35 (1): 4-12.

[60] 吴雄. 广东吸引和承接第三次国际体育产业转移的研究 [J]. 体育学刊, 2006, 13 (5): 132-134.

[61] 邓国良. 体育产业可持续发展战略探析——以江苏为调研个案 [J]. 体育与科学, 2006, 27 (5): 58-61.

[62] 莫凯敏.我国体育产业民族品牌的国际化发展探讨[J].体育与科学，2010，31（6）：45-48.

[63] 李建臣，冯爱云.发展我国体育产业风险投资的战略性思考[J].体育与科学，2006，27（6）：31-35.

[64] 石岩.体育产业新政背景下中国体育产业发展的机遇与挑战[J].体育学刊，2014（6）：13-18.

[65] 张永韬.我国体育产业发展的新常态：特征、挑战与转型[J].体育与科学，2015，36（5）：22-27.

[66] 李芳，司虎克，尹龙.中外体育教师教育研究前沿与热点对比分析[J].首都体育学院学报，2015，27（4）：327-335.

[67] 尹龙，李芳，司虎克.国际速度训练研究热点与前沿的图谱分析[J].南京体育学院学报：自然科学版，2014（3）：18-24.

[68] 赵丙军.国外力量训练研究热点主题的演进特征[J].中国体育科技，2015，51（3）：3-22.

[69] 王占坤，陈华伟，唐闻捷.21世纪初以来我国公共体育服务研究回顾与展望：基于文献计量学和科学知识图谱分析[J].首都体育学院学报，2015（2）：109-115.

[70] 梁进.中国加入WTO后体育产业面临的机遇与挑战[J].天津体育学院学报，2000（2）：22-25.

[71] 林显鹏，虞重干，杨越.我国体育产业发展现状及对策研究[J].体育科学，2006，26（2）：3-9.

[72] 张林，陈锡尧，钟天朗，等.我国体育产业未来5年发展构想与展望[J].体育科学，2006，26（7）：13-19.

[73] 鲍明晓.国外体育产业形成与发展[J].体育科技文献通报，2005，26（5）：1-9.

[74] 胡乔.美国体育产业发展的法律调控分析[J].体育文化导刊，2014，25（2）：45-50.

[75] Milano M, Chelladurai P.Gross domestic sport product: the size of the sport industry in the United States.[J]. Journal of Sport Management, 2011, 25（1）：24-35.

[76] Stokburger-Sauer N E, Teichmann K.The relevance of consumer—brand identification in the team sport industry[J]. Marketing Review St Gallen, 2014, 31（2）：20-31.

[77] 姜同仁,宋旭,刘玉.欧美日体育产业发展方式的经验与启示[J].上海体育学院学报,2013,37(2):19-24.

[78] 国家体育总局.2015年中国体育行业产值将达6879亿元[EB/OL].(2016-12-27)[2023-2-18].http://www.stats.gov.cn/tjsJ/zxfb/201612/t20161227_1446406.html.

[79] Coakley J J.Sport in society:issues&controversies.[J].Sport in Society Issues&Controversies,1997.

[80] Budzinski O.The institutional framework for doing sports business:principles of EU competition policy in sports markets.[J].International Journal of Sport Management&Marketing,2011,11(1):44-72.

[81] Staudohar P D. Playing for Dollars:Labor R lations andSports Business[J].Ithaca:Cornell University,1989:95.

[82] 许正勇.美国体育产业的结构特征及其启示[J].体育文化导刊,2015(9):153-157.

[83] 鲍明晓.体育产业:下一个中国经济超预期增长的行业[J].成都体育学院学报,2012,38(7):1-5.

[84] 蒋亚明,冯蕾.增强体育产业实力推进体育强国建设——访北京大学国家发展研究院体育商学院院长易剑东[N].中国体育报,2017-11-02.

[85] 中共中央、国务院.健康中国2030规划纲要[Z].2016.

[86] 中央政府门户网站.李克强主持召开国务院常务会议[EB/OL].(2016-10-14)[2023-2-18].http://www.gov.cn/premier/2016-10-14/content_5119206.htm.

[87] 新华社.习近平出席"一带一路"国际合作高峰论坛开幕式并发表主旨演讲[EB/OL].(2019-4-26)[2023-2-18].http://www.mofcom.gov.cn/article/i/jyjl/l/201904/20190402857837.shtml.

[88] 新华网.一图看懂"一带一路"框架思路[EB/OL].(2016-9-20)[2023-2-18].https://www.yidaiyilu.gov.cn/zchj/tjzc/316.htm.

[89] 国家体育总局,国家旅游局."一带一路"体育旅游发展行动方案[EB/OL].(2017-7-7)[2023-2-18].https://www.yidaiyilu.gov.cn/zchj/jggg/18658.htm.

[90] 国家体育总局."十四五"体育发展规划构建体育未来[EB/OL].(2021-12-24)[2023-2-18].https://www.sport.gov.cn/n20001280/n20745751/c23860528/content.html.

[91] 何强.健身休闲产业发展的伦理审视[J].西安体育学院学报,2017,34(5):569-573.

[92] 李小建.经济地理学[M].北京:高等教育出版社,2006.

[93] 中国体育科学学会体育产业分会.中国体育及相关产业统计[M].北京:人民体育出版社,2011.

[94] 张牛.鄂尔多斯市大型体育场馆提升社会服务功能研究[D].呼和浩特:内蒙古师范大学,2018.

[95] 杨慕屹,陆亨伯.大型体育场馆公共服务协同治理要素探索[J].浙江体育科学,2018,40(4):23-27.

[96] 李佳颖,陈元欣.我国体育场馆供给存在的问题及创新路径[J].体育成人教育学刊,2018,34(3):6-9,2.

[97] 裴立新.建立体育中介人制度是构建和完善我国体育产业体系的重要环节[J].西安体育学院学报,1995(4):17-20.

[98] 谭建湘.论我国体育中介市场的地位与市场功能[J].广州体育学院学报,2003(5):1-3.

[99] 陈平,孙庆祝,王志宏.市场经济条件下体育中介组织规范问题的思考[J].中国体育科技,1999(7):10-12.

[100] 费艳红,丛湖平.我国体育中介组织研究述评[J].浙江体育科学,2008(2):1-4+8.

[101] 朱茜.2017年全国及各省市体育产业政策汇总及解读[EB/OL].(2019-4-26)[2023-2-18].http://www.mofcom.gov.cn/article/i/jyjl/l/201904/20190402857837.shtml.

[102] 道可特.探析我国体育产业的发展现状及体育政策[EB/OL].(2017-05-02)[2023-2-18].https://www.dtlawyers.com.cn/article/list/414.html.

[103] 谭建湘,邹亮畴,张宏,等.我国体育中介市场现状与对策研究[J].广州体育学院学报,2004,24(5):26-26.

[104] 新华网.习近平主持召开中央财经领导小组第十一次会议[EB/OL].(2015-11-11)[2023-2-18].http://xj.cnr.cn/2014xjfw/2014xjfwgj/20151111/t20151111_520471744.shtml.

[105] 中国产业信息.美国体育产业的发展现状及发展模式分析[EB/OL].(2017-2-18)[2023-2-18].https://www.chyxx.com/research/201702/495809.html.

［106］杨成波.国外发达国家体育场馆运营模式及启示［J］.经济与社会发展研究，2014（10）：182.

［107］郭艳华.发达国家大型体育场馆建设的国际经验［J］.武汉体育学院学报，2017，51（7）：44-48.

［108］李颖川.体育蓝皮书：中国体育产业发展报告（2019）［M］.北京：社会科学文献出版社，2019.

［109］周清明，周咏松.我国体育用品业的现状及发展对策研究［J］.吉林体育学院学报，2008，24（2）：20-22.

［110］石奇.产业经济学（第三版）［M］.北京：中国人民大学出版社，2015.

［111］国务院办公厅.关于加快发展健身休闲产业的指导意见［EB/OL］.（2016-10-28）［2023-2-18］.http：//www.gov.cn/zhengce/content/2016/10/28/content_5125475.htm.

［112］万金.我国竞技体育核心竞争力动态链管理体系研究［J］.北京体育大学学报，2018，41（2）：101-108.

［113］哈伯德.把信送给加西亚：白金版［M］.北京：企业管理出版社，2011.

［114］马健.产业融合理论研究评述［J］.经济学动态，2002，（5）：78-81.

［115］黄海燕，张林，姜同仁.我国体育产业人才队伍建设的现状、问题及措施［J］.南京体育学院学报（自然科学版），2014（3）：1-5.

［116］成聪聪.论体育教育本科专业人才培养师范性的缺失及加强［J］.河北体育学院学报，2013，27（5）：49-53.

［117］沈佳，姚颂平.大型体育赛事的战略管理研究［J］.上海体育学院学报，2008，32（6）：19-23.

［118］白丽，孙晨晨.互联网时代体育产业人才的培养［J］.体育学刊，2016，23（4）：63-67.

［119］杨越.新时代电子竞技和电子竞技产业研究［J］.体育科学，2018，38（4）：8-21.

［120］陈家鸣，元乙涵.我国体育竞赛表演市场面临的机遇和挑战——以中超联赛为例［J］.辽宁体育科技，2015，37（2）：8-10.

［121］国务院办公厅.关于加快发展体育竞赛表演产业的指导意见（国办发［2018］121号）［Z］.2018.

［122］刘玲灵，王伟达.竞技体育伦理重构及其价值回归问题研究［J］.沈阳体育学院学报，2013，32（4）：135-136.

［123］王子朴，朱亚成."一带一路"体育赛事现状分析及发展方向［J］.西安体育学院学报，2016，33（4）：390-395.

［124］石海娥.健身产业的机遇与挑战［J］.光彩，2017（7）：18-23.

［125］邱林飞.基于产业价值链视角的浙江体育产业发展研究［J］.广州体育学院学报，2016，36（3）：54-59.

［126］新华字典［M］.北京：北京商务印书馆，2011.

［127］省发展改革委、省体育局：《江苏省"十三五"体育产业发展规划》的通知［EB/OL］.（2017-1-14）［2023-2-18］.http：//jsstyj.jiangsu.gov.cn/art/2017/1/14/art_40614_3097896.html.

［128］吕文婕，汤继芹等康复治疗学专业就业现状调查及需求分析［J］.卫生职业教育，2014，32（13）：110-111.

［129］汤婧，夏杰长.我国服务贸易发展现状、问题与对策建议［J］.国际贸易，2016（10）：48-53.

［130］刘泉，陈炜.当前我国体育产业存在问题及对策［J］.中国商贸，2010（6）：208-209.

［131］张安红.浅析我国体育传媒的发展［J］.无线互联科技，2014（4）：130，157.

［132］郑敬容.我国体育传媒发展现状及对策探讨［J］.宁德师专学报（哲学社会科学版），2006（3）：97-99.

［133］曾文杰.五大发展理念引领中国文化产业发展研究［D］.重庆：重庆理工大学，2018.

［134］国家体育总局：提升场馆利用率"互联网+"能做些什么.［EB/OL］.（2015-4-30）［2023-2-18］.https：//www.sport.gov.cn/n20001280/n20001265/n20067708/c20108842/content.html.

［135］国家体育总局：河南体彩冠名支持郑州三万余人徒步健身.［EB/OL］.（2018-9-20）［2023-2-18］.https：//www.sport.gov.cn/n20001280/n20745751/n20767277/c21343479/content.html.

［136］国家体育总局：河北体育彩票连续多年倾力打造品牌赛事.［EB/OL］.（2018-9-19）［2023-2-18］.https：//www.sport.gov.cn/n20001280/n20745751/n20767297/c21161445/content.html.

［137］国家体育总局：上海市政府召开新闻发布会介绍上海市体育产业发展情况.［R］［2015-9-29］.https：//www.163.com/news/article/B4MM096800014SEH.html.

［138］兰红光. 习近平在听取北京冬奥会、冬残奥会筹办工作情况汇报时强调，绿色办奥共享办奥开放办奥廉洁办、奥，办成一届精彩非凡卓越的奥运会［N］. 人民日报，2016-3-19（001）.

［139］李格非. 供给侧结构性改革与中国体育产业发展［J］. 武汉体育学院学报，2016，50（4）：46-50.

［140］国家体育总局：浙江出台《实施意见》十年烘焙五千亿元"体育大蛋糕".［EB/OL］.（2015-7-9）［2023-2-18］. https：//www.sport.gov.cn/n315/n20066836/c20704075/content.html.

［141］国家体育总局：《意见》发布体育产业正待妙手著文章.［EB/OL］.（2015-10-9）［2023-2-18］. https：//www.sport.gov.cn/n20001280/n20745751/n20767297/c21211079/content.html.

［142］新浪网站：近30家厂商逐鹿共享单车，冬天过后将洗牌.［EB/OL］.（2017-1-6）［2023-2-18］. http：//tech.sina.com.cn/i/2017-01-06/doc-ifxzkfuh5593018.shtml.

［143］雷芸. 持续发展城市绿地系统规划理法研究［D］. 北京：北京林业大学，2009.

［144］姜同仁，张林，王松，刘波. 中国体育产业演进的内在逻辑、政策趋向和高质量发展路径［J］. 天津体育学院学报，2020，35（6）：658-665.